Lisa Glauche · Matthias Löwe
Campus-Mord in Bielefeld

Der Sohn eines Professors wird tot aus dem Schwimmbecken der Universität Bielefeld geborgen. Bröker, der sich nach seinem letzten Fall nicht recht mit der wiedergewonnenen Ruhe anfreunden kann, ist zufällig Zeuge. Ihm kommt der Fall wie gerufen. Die Polizei hat jedoch schnell einen Verdächtigen ausgemacht. Alle Indizien sprechen gegen ihn. Doch der Gourmet-Detektiv vom Sparrenberg folgt seinem Spürsinn und ermittelt auf eigene Faust. Bröker muss viel auf sich nehmen und gerät in einige heikle und gefährliche Situationen, aus denen er sich nur mit viel Glück retten kann. Mit Hilfe seiner Mitbewohner Gregor und Ulf fügt Bröker die undurchsichtigen Puzzleteile zusammen. Dabei kommt er der Vergangenheit der Familie Schritt für Schritt näher – und entdeckt ein düsteres Geheimnis.

Lisa Glauche wurde 1980 in Oldenburg geboren. Sie studierte Philosophie und Neuere Deutsche Literaturwissenschaft in Bochum. Seit 2007 lebt sie in Berlin und arbeitet als Projektassistentin bei einem Unternehmen für psychologische Personalsoftware. Zusammen mit Matthias Löwe betreut sie seit 2005 das Online-Literaturforum www.blauersalon.net.

Matthias Löwe wurde 1964 in Löhne (Westfalen) geboren. Er studierte in Bielefeld und wohnte in der Teuto-Stadt – mit Unterbrechungen – von 1985 bis 1998. Nach einigen Lehrtätigkeiten in der Bundesrepublik und den Niederlanden ist er seit 2003 Professor für Mathematik in Münster.

Lisa Glauche • Matthias Löwe

CAMPUS MORD
IN BIELEFELD

PENDRAGON

Kapitel 1
Hunger

Wer schläft, den hungert nicht, sagt ein französisches Sprichwort. An Bröker war wenig Französisches, doch sein guter Schlaf hatte seinem Körper in den letzten 41 Jahren zumindest einen Rest an Form bewahrt. Dabei war es egal gewesen, an welchem Ort er sich befand oder wie spät es gerade war – wenn Bröker müde war, dann schlief er. Sein Großvater hatte gern und oft eine Anekdote über seinen Enkel erzählt, in der dieser, damals vier- oder fünfjährig, auf dem Bielefelder Schützenfest neben der fünfzehnköpfigen Blaskapelle eingeschlafen war.

Doch seit einigen Monaten war es damit vorbei. Bröker plagte eine profunde Schlaflosigkeit. Manchmal schreckte er aus Albträumen hoch, in denen ihm seine Mutter erschien. In anderen Nächten wieder wälzte er sich von einer Seite auf die andere, ohne überhaupt erst einschlafen zu können. Dann verfluchte er Uli, seinen mauzenden, übergewichtigen Kater, und meinte doch nur seine Gedanken, die sich unruhig bald hierhin, bald dorthin wandten. In beiden Fällen endete es zumeist damit, dass er schließlich das Licht wieder anknipste, im Schein der Nachttischlampe vor sich hin sann und seine Blicke zum Wecker wandern ließ, dessen Zeiger sich nicht bewegen konnten, weil sich schon seit geraumer Zeit keine Batterie mehr in ihm befand. Eines Nachts hatte Bröker diesen Anblick nicht mehr ausgehalten und das halbe Haus auf den Kopf gestellt, um Ersatz zu finden. Er hatte geflucht und sich, nur mit einer Unterhose bekleidet und auf nackten Füßen durchs Haus stöbernd, so verkühlt, dass ihn zwei Wochen lang ein heftiger Husten geplagt hatte. Doch er war fündig geworden. Für ein paar Tage hatte ihm daraufhin das zähe Vorrücken der Zeiger den ersehnten Schlaf zurückgebracht. Dann jedoch hatte er herausgefunden, dass wohl er selbst die Batterie entfernt haben musste: Der Wecker besaß nämlich die unangenehme Angewohnheit, stets entweder mittags um zwölf oder morgens um fünf zu klingeln, obwohl er nicht auf diese Zeiten gestellt war. So hatte Bröker die Batterie wieder herausgenommen und nach einem neuen Ausweg aus seiner Schlaflosigkeit gesucht. Diesen hatte er schließlich in einer Mischung aus mittelmäßigem Rotwein und ebenso mittelmäßiger Nachtlektüre gefunden, die ihn genau im richtigen Maße langweilen musste, um ihn schläfrig zu machen. Doch kam es dabei auf die Dosierung an.

In dieser Nacht schien er die falsche gewählt zu haben. Bröker war zur Geisterstunde ins Bett gegangen und die Flasche *Merlot*, die er zuvor geleert hatte, schenkte ihm zusammen mit Jack Londons Erzählung *Westwärts* für die ersten Stunden die nötige Bettschwere. Um halb fünf aber schreckte er hoch und schrie zweimal laut auf – das erste Mal noch aus einem Albtraum heraus, in dem er als Kapitän in einen Sturm geraten war. Das Schiff kenterte und Bröker strandete auf einem kleinen Eiland, auf dem einzig sein Haus am Sparrenberg stand. Auf der Insel stieß er auf einen Doppelgänger von sich, der sich als Arzt ausgab und nicht davon abließ, ihn untersuchen zu wollen. In Panik war er davongelaufen, hatte dabei jedoch ertastet, dass er tatsächlich dringend Hilfe benötigte: In seinem Bauch klaffte ein gewaltiges Loch.

Das zweite Mal schrie er, weil seine Hände, die sich wohl instinktiv der Unversehrtheit seines Körpers versichern wollten, auch dann noch in etwas Kaltes und Hohles griffen, als er schon längst nicht mehr träumte. Bröker sah hin – und schämte sich. Richtig, da war ja außer dem Merlot und Jack London noch diese Himbeertorte gewesen, an der er am Nachmittag sein Talent als Konditor erprobt hatte und die er noch am Abend bis auf den letzten Krümel verzehrt hatte.

Bröker schob die leere Springform zur Seite, schnaufte verdrießlich und setzte sich auf.

Warum nur schlief er seit einiger Zeit so schlecht? So hätten die Journalisten, die ihn noch vor Monaten zum „Mr. Marple von Bielefeld" gekürt hatten, sich ihn sicherlich nicht vorgestellt: Der Meisterdetektiv, wie er sich von Albträumen geplagt in den Laken wälzte und schließlich hilflos vor sich hinstarrte!

Er hatte Schlaflosigkeit, wie sie etwa seine Mutter gequält hatte, stets eher als ein Symptom unterdrückter Hysterie betrachtet. Und nun musste er sich selbst zu diesen Hysterikern zählen. Doch nicht nur diese fruchtlose Selbstreflektion machte Bröker zu schaffen. Wenn er in sich hineinhorchte, dann war da noch ein anderes Gefühl. Ein Ziehen, das immer drängender, ja sogar schmerzhaft wurde, je länger er sich darauf konzentrierte. Meine Güte, er kannte das Gefühl doch aus seinem Traum! *Das* also hatte ihn geweckt: Er hatte tatsächlich ein Loch in seinem Bauch, der Schmerz war nichts anderes gewesen als Hunger!

Bröker zögerte. Einerseits aufgrund der leeren Springform, auf die nun abermals sein Blick fiel. Sogar ihn erstaunte es, dass er schon wieder Hunger verspüren konnte. Andererseits, weil er fürchtete, Gregor könnte ihn bei seinem angedachten Nachtmahl entdecken. Sein siebzehnjähriger Mitbewohner hatte in letzter Zeit angefangen, sich ernstlich Sorgen um Brökers Gesundheit zu machen. Denn für Bröker galt das französische Sprichwort auch im Umkehrschluss: Wer nicht schläft, der hungert. Und so hatte er in den letzten Monaten seiner Schlaflosigkeit noch einmal ordentlich zugelegt, obwohl er schon zuvor mehr als zwei Zentner auf die Waage gebracht hatte.

Da Gregor in letzter Zeit immer häufiger auswärts übernachtete, war es Bröker bisher gelungen, seine Essattacken zu verheimlichen. Doch der Preis dafür war, dass er auf seinen nächtlichen Streifzügen wie ein Dieb durchs eigene Haus schlich. Es fühlte sich würdelos an, doch der Hunger war stärker.

So auch heute. Leise, da er nicht wusste, ob Gregor zu Hause war oder nicht, stand er auf und angelte mit den Zehen nach seinen Pantoffeln. Seitdem er sich auf der Suche nach der Batterie den schlimmen Husten eingefangen hatte, besaß er die Angewohnheit, sie zu tragen. Die Sohlen lösten sich bereits vom Rest der Schuhe ab und der karierte Stoff war an einigen Stellen zerfleddert. Vermutlich stammten die Schlappen noch von seinem Vater. Doch Bröker störte das nicht.

Noch etwas verschlafen glitt er in den ersten, der zweite aber lag schief. Er stolperte, stieß sich den großen Zeh und konnte sich gerade noch an dem Sessel abstützen, in dem Uli schlief. Der sprang mit einer Behändigkeit auf, die man einem derart fetten Kater selbst dann nicht zugetraut hätte, wenn man gewusst hätte, dass er nach der ehemaligen Bielefelder Torwartlegende Uli Stein benannt worden war. Ein vorwurfsvolles Jammern begleitete Ulis Abgang aus Brökers Zimmer.

„Uli! Verdammt!" Bröker versuchte mit gedämpfter Stimme zu fluchen, was ihm allerdings nur mäßig gelang. Hoffentlich hatte der Radau Gregor nicht geweckt. Er horchte, ob sich etwas regte, doch alles blieb still und so schlich er die Treppe ins Untergeschoss hinab.

Als Bröker die Küche betrat, lächelte er verstohlen. Sein Zorn auf Uli war angesichts der bevorstehenden Mahlzeit ebenso verflogen wie seine Scham, schon wieder Hunger zu haben, und auch die Wut über seine Tollpatschigkeit hatte sich in Luft aufgelöst. Hatte er nicht noch einen Teller von dem Schweinebraten mit Bratkartoffeln übrig gelassen, den er sich vor ein paar Tagen gemacht hatte? Voller Vorfreude öffnete Bröker die Kühlschranktür. Seine gute Laune trübte sich jedoch merklich, als er darin zwar den erhofften Teller entdeckte, jedoch ohne Bratenstück. Ob Gregor es gegessen hatte? Dann aber erinnerte sich Bröker, dass es die erhofften Reste niemals gegeben hatte. Er hatte beim Essen in einem Buch geblättert, das er schon seit Kindertagen besaß. Dort wurden die ersten Jahre der Fußball-Bundesliga geschildert und ausgerechnet beim so genannten Bundesligaskandal und dem damit verbundenen Zwangsabstieg der Arminia war er hängengeblieben. Bröker hatte daraufhin vor Aufregung den kompletten Schweinebraten vertilgt und offenbar anschließend, noch ganz in Gedanken, den leeren Teller im Kühlschrank deponiert. Betrübt schüttelte er den Kopf.

Bei genauerer Betrachtung sah die Lage in seinem Kühlschrank sogar noch trostloser aus. Nicht nur, dass sich kein Braten darin befand, auch andere Leckereien waren nicht zu entdecken. Nur im Gemüsefach lagen noch zwei Schachteln Frischkäse light, die Gregor ihm erfolglos hatte schmackhaft machen wollen, und bei denen Bröker nicht wagte, auf das Haltbarkeitsdatum zu schauen. Reuevoll dachte er daran, dass er eigentlich am Vortag geplant hatte einzukaufen, dies aber dann aus Bequemlichkeit verschoben hatte.

Tatsächlich war er in den vergangenen Monaten nicht nur erheblich dicker, sondern auch um einiges träger geworden, als er es ohnehin schon war. Nun ja, versuchte sich Bröker selbst zu trösten, dass träge Masse und schwere Masse äquivalent waren, hatten schließlich schon alle großen Physiker von Galilei über Newton bis hin zu Einstein gewusst. Der Anblick seines Kühlschranks schien ihm angesichts dessen eine beinahe ungerechte Strafe.

Bröker fiel das Eisfach ins Auge. Vielleicht waren ja dort noch Reste zu finden, die er eingefroren hatte. Allerdings konnte er sich nicht entsinnen, wann das gewesen sein sollte. Skeptisch öffnete er die Tür des Gefrierfachs. Wider Erwarten befand sich dort tatsächlich eine einzelne verwaiste Packung, die er vorsichtig herauszog und von ihrer Schneeschicht befreite. *Königsberger Klopse* las Bröker und konnte nicht glauben, dass es schon so weit mit ihm gekommen war, dass er Fertiggerichte kaufte. Vorsichtshalber schaute er deshalb hier doch auf das Haltbarkeitsdatum. Nicht, dass die Klopse noch vom Hauspersonal seiner Mutter stammten. Das Datum lag jedoch noch zwei Jahre in der Zukunft. Damit musste die Tiefkühlkost wohl Gregor gehören. Bröker beschloss, dass sein Freund es ihm sicher nicht übel nähme, wenn er sich die Klopse für eine Nacht auslieh.

Zu dem Fertiggericht passte Reis wohl am ehesten. Gut, dass er zumindest davon noch etwas im Vorratsschrank hatte.

Nun wieder deutlich entspannter setzte Bröker in zwei Töpfen Wasser auf, tat in den einen etwas Reis und nahm die Königsberger Klopse aus ihrem Pappkarton. Mit dem Blick eines Meisterkochs hob er den Deckel vom zweiten Topf und warf den Beutel hinein. Eine Reihe großer Luftblasen stieg auf. Doch so recht warm werden wollten die Klopse nicht. Die Luft, die mit in den Kochbeutel eingeschweißt worden war, ließ diesen immer wieder nach oben treiben. Schließlich verlor Bröker die Geduld und drückte das Plastik mit einer Nudelzange in das brodelnde Wasser. Nach einer geschlagenen halben Stunde zog er den Beutel schließlich heraus und versuchte, ihn mit spitzen Fingern aufzureißen.

„Verdammt!", fluchte er nun schon zum zweiten Mal in dieser Nacht, als er sich die Finger verbrühte. Dann schnitt er den Beutel auf und gab den Inhalt zusammen mit dem inzwischen leicht verkochten Reis in einen tiefen Teller.

„Fade", urteilte er, nachdem er vorsichtig gekostet hatte, und würzte mit etwas Salz und Pfeffer nach. Aber was konnte man auch schon von einer Tiefkühlmahlzeit erwarten, die man nachts zwischen vier und fünf Uhr zubereitete. Nun, immerhin würde sie ihren Zweck erfüllen und den größten Hunger stillen. Vielleicht wären ihm so noch ein paar Stunden Schlaf vergönnt. Noch einmal würzte er mit Salz und Pfeffer nach und schob sich die nächste Gabel des Schnellgerichts in den Mund. Er aß im Stehen an die Arbeitsplatte gelehnt, ohne Genuss, aber mit einem Appetit, den zumindest er selbst als gesund bezeichnet hätte, sofern ihn jemand danach gefragt hätte.

Plötzlich öffnete sich die Küchentür mit einem leisen Quietschen. Bröker durchfuhr es heiß. Gregor stand vor ihm. Schmächtig und in Boxershorts schaute er ihn aus seinen schwarzen Augen an.

„Bröker, was machst du mitten in der Nacht in der Küche? Ich habe Geräusche gehört und wollte schon die Polizei rufen!", sagte der Junge aufgeregt. Sein Gesichtsausdruck strafte jedoch seine Worte Lügen. Dann sah er den Teller vor Bröker und musste lachen. „Sag mal, wenn ich so deine Figur betrachte: Du machst das in letzter Zeit nicht zufällig öfter?"

„Wenn du etwas mehr äßest, hättest du vielleicht bessere Nerven und würdest nachts schlafen, anstatt in meinem Haus Verbrecher zu jagen", entgegnete Bröker und versuchte dabei, den Teller unauffällig in der Spüle verschwinden zu lassen.

„Hey, was genau isst du da eigentlich? Sag nicht, das sind meine Klopse?"

Bröker schaute betreten zu Boden. „Entschuldige, es war nichts anderes mehr da."

„Bröker, das ist Mundraub! Ich hatte ganz Recht damit, die Polizei rufen zu wollen. Dass du dich nicht schämst, einen armen Schüler zu bestehlen! Mal sehen, was passiert, wenn ich Mütze davon erzähle – oder noch besser Charly!"

Mütze und Charly waren schon seit Jahrzehnten Brökers Freunde. Mit Mütze, dem Polizisten, hatte er bei der Aufklärung des letzten Falles eng zusammengearbeitet, während Charly, die Journalistin, den Fall publik und Bröker damit für kurze Zeit zu einer lokalen Berühmtheit gemacht hatte.

„Was meinst du, wie die Leute sich freuen, wenn sie demnächst in der *Neuen Westfälischen* lesen ‚Mr. Marple bestiehlt mittellosen Schüler‘?"

Dabei musste Gregor aber so lachen, dass Brökers schlechtes Gewissen verflog und er rasch den Teller mit den Klopsen wieder aus der Spüle holte und sie in sich hineinschaufelte.

„Das Zeug ist zwar keine Haute Cuisine, aber wenn man mitten in der Nacht nichts anderes hat, erfüllt es seinen Zweck", grunzte er dazu.

„Na, dann können wir ja wieder schlafen gehen!", befand Gregor erleichtert, als Bröker sein Nachtmahl beendet hatte, und klopfte seinem Freund auf die Schulter.

„Aber erst weiche ich noch den Teller ein!"

Gregor schüttelte lachend den Kopf und machte sich auf den Weg nach oben in sein Zimmer.

Noch vor einem Jahr hätte auch Bröker über diesen Satz aus seinem Munde lachen müssen. Aber seit dem Tod seiner Mutter und der Kündigung der Haushälterin wenige Wochen später wusch er selbst ab und nach kurzer Zeit hatte er beschlossen, sich an dieser Stelle ein wenig Spießigkeit zu erlauben. Schnell stellte er also den Teller im Spülbecken ab und füllte das Bassin so lange mit Wasser, bis das Geschirr bedeckt war. Dann löschte er das Licht.

Kapitel 2
Sport ist Mord

An Schlaf war jedoch nicht mehr zu denken. Die nächtliche Begegnung mit dem Jungen in der Küche ließ Bröker nicht mehr los. Unruhig zog er die Bettdecke zurecht. Natürlich war er Gregors Sticheleien gewohnt. Ja, gerade dass man sich mit ihm so herrliche Wortgefechte liefern konnte, war einer der Gründe, weshalb er den Jungen so mochte. Dennoch fiel ihm auf, dass ihn sein Freund nun schon zum wiederholten Male darauf angesprochen hatte, deutlich an Leibesfülle gewonnen zu haben. Die Schönheitsideale der Werbeindustrie hatten nie besonderen Eindruck auf Bröker gemacht. Aber er wusste natürlich, dass ihn nicht nur ein paar Kilos von der Figur eines Models trennten und irgendwann auch seine Gesundheit unter dem Übergewicht zu leiden begann. Eigentlich plante er ja, nicht älter als 68 zu werden, weil zu diesem Zeitpunkt sein Erbe aufgezehrt sein würde, wie er sich einmal in einer sehr objektiven Stunde ausgerechnet hatte. Deutlich früher zu sterben, hielt er aber auch für Verschwendung. Vielleicht sollte er wirklich einmal etwas anderes für seinen Körper tun, als ihm Wein und reichhaltige Kost einzuflößen. Sportliche Aktivitäten sollten ja hilfreich sein, wenn man den Fitnessaposteln Glauben schenken durfte. Doch Bröker hatte in seinem ganzen Leben keinerlei Sport getrieben. Nun gut, er hatte Schach gespielt, aber er sah selbst ein, dass dies nicht zählte. Und er hatte einmal einem Fußballverein beitreten wollen. Da seine Eltern dies jedoch als einen Arme-Leute-Sport ansahen, hatten sie ihm die Mitgliedschaft verboten. Bröker wiederum hatte in der Folge aus Trotz alle Sportarten, die seinen Eltern genehmer gewesen waren, abgelehnt. Was also konnte er tun?

Er könnte natürlich beginnen, allmorgendlich zu joggen. Bei diesem Gedanken musste Bröker jedoch laut lachen. Er sah sich in eng anliegender Läuferkleidung um den Obersee rennen, wobei dies vermutlich nicht die richtige Bezeichnung für seine Art der Fortbewegung gewesen wäre. Aber vielleicht ginge ja Schwimmen?

Es war schon Jahre, vermutlich sogar Jahrzehnte her, dass sich Bröker in ein öffentliches Schwimmbad getraut hatte, doch in diesem Moment schien es ihm die einzige Möglichkeit, sein sportliches Vorhaben nicht schon aufzugeben, bevor er es überhaupt in Angriff genommen hatte. Nur hatte um diese frühe Uhrzeit vermutlich kein einziges Bad geöffnet. Schon wollte sich Bröker erleichtert wieder in die Kissen sinken lassen, da fiel ihm ein, dass das Schwimmbad in der Uni von halb acht bis halb neun Uhr morgens freies Schwimmen anbot. Jedenfalls war das vor beinahe zwanzig Jahren so gewesen. Charly hatte dort regelmäßig ein paar Bahnen gezogen und war anschließend manchmal zu Bröker hinausgefahren, um einen Artikel für den *Rotbarsch*, die Studentenzeitung, die sie damals gemeinsam herausgegeben hatten, zu besprechen.

Entschlossen stand Bröker auf. Dann fiel ihm ein, dass er, auch wenn Schwimmen verglichen mit Golf oder Tennis eine wenig aufwendige Sportart darstellte, zumindest eine Badehose und ein Handtuch benötigen würde. Letzteres war schnell gefunden, doch bezüglich der Badehose hatte Bröker Zweifel. Er durchwühlte seinen Kleiderschrank. Erst als er die Suche schon aufgeben wollte, entdeckte er im hintersten Winkel eine knappe braune Shorts, deren Acrylstoff ihm entgegenglänzte. Misstrauisch betrachtete Bröker das Kleidungsstück. Mit einem Mal schien ihm das Joggen im eng anliegenden Laufanzug eine erwägenswerte Alternative. Ach was, beschloss er dann, es würde schon nicht zu einer Schönheitskonkurrenz um die angesagteste Badebekleidung kommen. Er packte die Schwimmsachen in einen moosgrünen Stoffbeutel. Den hatte noch seine Mutter genäht und mit fünf Kreisen bestickt, die die olympischen Ringe darstellen sollten. Er hatte ihn schon zu Schulzeiten als Turnbeutel verwendet und war eigentlich recht zufrieden mit ihm gewesen, bis er die spöttischen Kommentare seiner Schulkameraden gehört hatte. Doch ähnlich wie bei der Badeshorts war die Anzahl der Alternativen, die sich boten, übersichtlich. Eine dieser modernen Sporttaschen besaß er einfach nicht. Er zuckte mit den Achseln und machte sich auf den Weg zur Stadtbahn.

Um zwanzig nach sieben betrat er das Universitätsgebäude durch den Haupteingang. Wie viele Menschen sich hier schon zu dieser nachtschlafenen Zeit aufhielten. Und das, obwohl es immer noch so gut wie dunkel war! Die meisten davon schienen sogar Studenten zu sein. Bröker setzte sich auf eine der Bänke in der bahnhofsähnlichen Halle und beobachtete das Treiben. Irgendetwas musste sich an den Studienbedingungen in den vergangenen fünfzehn bis zwanzig Jahren geändert haben. Bröker konnte sich nicht erinnern, zu seiner Studienzeit die Uni jemals vor zehn Uhr betreten zu haben. Und das war zumeist noch früh genug gewesen, um in Ruhe einen Kaffee trinken und ein oder zwei Brötchen frühstücken zu können, bevor seine erste Veranstaltung begann.

Auch vor der Schwimmhalle wartete schon ein kleiner Pulk, der fast nur aus jungen Menschen bestand – das morgendliche freie Schwimmen schien also nach all den Jahren tatsächlich noch angeboten zu werden. Gerade als Bröker sich zu ihnen gesellt hatte, schloss der Hausmeister auf und brummelte: „Geht schon mal rein. Ich muss noch kurz was erledigen. Denkt dran zu duschen, bevor ihr ins Wasser geht!"

Der Pulk schien solche Ansagen des Personals zu kennen und strömte gleichmütig in die Kabinen. Bröker ließ sich mitziehen. Als er in der Umkleide jedoch die athletischen Körper der Schwimmer sah, zweifelte er, ob sein Entschluss zum Frühsport wirklich eine gute Idee gewesen war. Hinausstehlen mochte er sich aber nun auch nicht mehr. Nervös kramte er eine Weile in seinem Stoffbeutel. Schließlich gab er sich einen Ruck und begann sich umzuziehen. Als er sein Unterhemd lüftete, sah er, dass Gregor mit den Bemerkungen über seine Figur nicht ganz Unrecht gehabt hatte. Das, was Bröker früher schon beschönigend als einen kleinen Bauchansatz bezeichnet hatte, sah nun aus, als hätte er eine Wassermelone verschluckt und bildete seine markanteste körperliche Eigenschaft.

Als Bröker seine Aufmerksamkeit wieder von seinem Körper abwandte, bemerkte er, dass sich nur noch ein weiterer Badegast mit ihm in der Umkleide befand. Der Mann war ungefähr im gleichen Alter wie er, in allem anderen aber das genaue Gegenteil von ihm. Während Bröker etwa durchschnittlich groß, dafür jedoch überdurchschnittlich schwer war, maß sein Mitsportler an die zwei Meter und war von nahezu leptosomem Körperbau. Als sie sich gegenseitig anblickten, musste Bröker lachen, denn auch sein Gegenüber trug eine Schwimmhose aus glänzend braun schimmerndem Gewebe.

„Ich bin heute zum ersten Mal hier. Mein Hausarzt hat mir wegen meiner schwachen Rückenmuskulatur dazu geraten", sagte sein in die Länge gezogenes Spiegelbild etwas verunsichert. „Ich heiße Ulf!"

17

Bröker hätte wetten mögen, dass Ulf ihm die Hand gegeben hätte, wäre dies nicht angesichts ihrer Badebekleidung ein wenig merkwürdig gewesen.

„Ich bin Bröker", entgegnete Bröker mit einem Grinsen. „Und ich trainiere hier täglich!"

Bröker wartete darauf, dass sein Gegenüber anfing zu lachen, doch der sah ihn nur ungläubig an.

„Das war natürlich ein Scherz", erklärte er deshalb beflissen. Doch noch immer verzog Ulf keine Miene. Bröker zuckte mit den Schultern und machte sich auf den Weg zu den Duschen. Ulf schlurfte hinter ihm her.

Als die beiden die Schwimmhalle betraten, bot sich ihnen ein seltsamer Anblick. Die Athleten pflügten nicht etwa, wie Bröker erwartet hatte, schon ihre Bahnen im Wasser, sondern standen einmütig um den Beckenrand versammelt. Dafür trieb auf der Wasseroberfläche ein gutes Dutzend roter Bälle. In der Nähe der Tribüne lagen eine umgekippte Sauerstoffflasche und eine Flosse. Noch merkwürdiger aber war, dass sich am Beckengrund nicht nur die zweite Flosse und mehrere Tauchringe fanden, sondern auch ein großes sackartiges Etwas. Bröker bekam ein ungutes Gefühl. Er blickte zu Ulf, doch der ließ nur seine dürren Arme hängen.

Inzwischen war auch der Hausmeister in der Halle angekommen und schien sich mit den sportlichen Studenten zu beraten. Einer von ihnen sprang ins Wasser und versuchte, das Gebilde zu bergen. Doch er tauchte erfolglos wieder auf. Ein zweiter kam hinzu und mit vereinten Kräften zogen sie den seltsamen Fund, der tatsächlich eine Art blauer Plastiksack zu sein schien, an die Oberfläche und hievten ihn über den Beckenrand.

„Das Ding ist verteufelt schwer!", keuchte einer der beiden Schwimmer, als er aus dem Wasser stieg.

„Das ist der Sack, in dem die Bälle, Schwimmwürste und das andere Wasserspielzeug aufbewahrt werden", schnarrte der Hausmeister aus dem Hintergrund.

Bröker blickte auf die Wasseroberfläche, auf der immer noch die roten Bälle trieben. „Nun, gerade scheint sich etwas anderes darin zu befinden."

Die Umstehenden blickten zu Bröker, dann auf den Sack und wieder zu Bröker. Allen schien zugleich derselbe Gedanke zu kommen. Und das nicht ohne Grund. Je mehr Wasser aus dem auf dem Abtropfgitter liegenden Sack wich, desto deutlicher begann sich die Kontur eines menschlichen Körpers abzuzeichnen. Die Teilnehmer des morgendlichen freien Schwimmens standen unsicher umher, ratlos darüber, was nun zu tun sei. Schließlich ergriff der Hausmeister die Initiative. Entschlossen trat er vor und kniete sich neben den Sack.

„Er ist verdammt fest zugeschnürt", stellte er nach einer kurzen Inspektion fest und versuchte sich gleich daran, den Knoten zu lösen.

„Wir sollten die Polizei rufen!", schlug einer der Schwimmer vor und machte sich auf den Weg zu den Umkleidekabinen.

Doch eine Blondine hielt ihn auf. „Ich habe mein Handy hier!", warf sie ein und eilte zu ihrer Sporttasche, die sie auf den Zuschauertribünen am Kopfende des Bades deponiert hatte. Unterdessen befingerte der Hausmeister, der vor dem Knoten kapituliert zu haben schien, den Sack weiter. Schließlich verlor er die Geduld, zog seinen Schlüsselbund hervor und bohrte ein Loch in das Plastik. Quietschend riss es ein Stück weit auf und der Hausmeister griff in den Sack hinein. Eine Studentin in lilafarbenem Badeanzug kreischte laut auf, als er tatsächlich einen Arm herauszog. Bröker, der das Ganze aus dem Hintergrund beobachtet hatte und zunehmend nervöser geworden war, drängte sich nach vorn.

„Nichts anfassen! Das sind doch Beweismittel!", rief er aufgeregt und kam sich dabei beinahe vor wie Mützes Stellvertreter. Der Hausmeister ließ den Arm mit einem abfälligen Protestlaut fallen.

Viel war auf den ersten Blick nicht zu erkennen, da die Person in dem Sack einen kurzärmligen Neoprenanzug trug. Aber der Arm war starr zu Boden gefallen, weshalb der Universitätsbedienstete wohl auch darauf verzichtet hatte, den Puls zu prüfen.

Bröker betrachtete die Hand. Die Fingerspitzen waren runzelig, viel stärker als seine, wenn er lange in der Badewanne gelegen hatte. Auf dem Handrücken kräuselten sich kleine schwarze Haare. Vermutlich handelte es sich also um einen Mann.

„In dem Sack ist vielleicht ein Toter!", riss ihn die Fistelstimme eines Muskelpakets aus seinen Überlegungen.

„Ja, das ist sicher kein ganz verkehrter Gedanke", bestätigte Bröker ironisch.

„Wir müssen versuchen, ihn wiederzubeleben!"

Der Sportler war anscheinend Rettungsschwimmer oder fühlte sich zumindest zu einem solchen berufen. Bröker wurde angesichts solcher Naivität wütend.

„Du gehst doch auch nicht auf den Friedhof und versuchst dort jemanden zu reanimieren, oder? Der Sack hier scheint mir jedenfalls schon eine ganze Weile auf dem Grund des Beckens gelegen zu haben."

Das Muskelpaket widersprach nicht, trat aber unruhig von einem Bein aufs andere. Die Studentin, die eben noch gekreischt hatte, machte inzwischen Fotos mit ihrem Handy. Bröker war nahe daran, die Geduld zu verlieren.

„Das Einzige, was wir bewirken, wenn wir so weiter-machen, ist, dass kein Polizist der Welt mehr in der Lage sein wird, eventuell vorhandene Spuren des Täters zu erkennen!"

„Meinst du, es war Mord?", flüsterte die Studentin und ließ ihr Handy sinken. Auf den Gesichtern der Um-stehenden spiegelte sich echtes Entsetzen.

„Nein, ich denke, den Toten hat einfach die Müdig-keit an einer ungünstigen Stelle übermannt!" Bröker war nun endgültig überzeugt, dass Sport nicht gesund war. Vor ihm lag jemand, dem ein Schwimmbad zum Verhängnis geworden war, und was die Umstehenden in den muskulösen Armen und Beinen zu haben schienen, fehlte ihnen definitiv im Kopf. „Das muss die Polizei feststellen", fügte er nur knapp hinzu.

Dann blickte er in die Runde und bemerkte, dass er inzwischen die Blicke aller Anwesenden auf sich gezo-gen hatte. Wie bei einer Nahtoderfahrung sah er seinen Körper in der knappen, braunen Badeshorts stecken, über die sich sein beträchtlicher Bauch wölbte. Peinlich berührt versuchte er wieder in der Menge der Schwim-mer unterzutauchen.

„Ich habe die Polizei gerufen! In zehn Minuten ist sie da!" Die blonde Schwimmerin befreite Bröker aus seiner peinlichen Lage. Er atmete auf. Nun würden sich Beamte der Lage annehmen, die wussten, was zu tun war. Mit einem Lächeln dachte Bröker an Mütze. Der befreundete Kommissar hatte sicher mehr Routine da-rin, einen Tatort abzusichern und nach verwertbaren Spuren abzusuchen. Ihn durchfuhr ein Schreck. Him-mel, Mütze! Vielleicht kam der ja wirklich. Der musste ihn nun nicht auch noch in seinem Badehöschen mit deutlich hervorgeschobenem Feinkostgewölbe herumlaufen sehen. Dann bräuchte er sich nicht mehr bei den Heimspielen der Arminia blicken zu lassen, bei denen sie sich regelmäßig trafen. Schnell schwang Bröker sich sein Handtuch um die Hüften und verschwand in den Umkleideräumen. Dort traf er erneut auf Ulf, der auf einer der Bänke saß und sich nur ein Feinripp-Unterhemd über den mageren Oberkörper gestreift hatte. Erschöpft stützte er den Kopf in die Hände.

„Machst du so etwas öfter?", fragte er, als er Bröker erkannte. „Das sah so professionell aus."

„Nein, ich bin blutiger Amateur", erwiderte Bröker und merkte erst in dem Moment, in dem er es aussprach, wie unpassend das Wort „blutig" gerade anmuten musste.

„Ich meine, ich habe erst ein Mal mit einem Mordfall zu tun gehabt und das war purer Zufall. Zudem ist dabei einiges schiefgegangen. Um ein Haar hätten sie den Falschen eingebuchtet, der noch dazu ein Freund von mir ist."

Ulf schaute ihn mit großen Augen an. Bröker wollte noch etwas vorbringen, was ihn möglichst normal erschienen ließ, doch plötzlich waren Stimmen zu hören. Anscheinend war die Polizei schon eingetroffen. Bröker zog sich in Rekordgeschwindigkeit an.

„Ich schau mir das Ganze jetzt lieber von draußen an. Direkt vor dem Schwimmbad gibt es die *Poolbar*. Da bekommt man zwar nicht gerade das beste Frühstück, aber immerhin irgendetwas zu essen und das brauche ich jetzt. Eine Leiche auf leeren Magen ist nichts für mich!"

Obwohl Ulf noch über keinen von Brökers Witzen gelacht hatte und ihn skeptisch beäugte, zog dieser sich ebenfalls an und folgte ihm getreulich nach draußen.

Kapitel 3
Alte Unbekannte

Brökers Frühstücksvorschlag kam nicht von ungefähr. Er liebte diese erste Mahlzeit des Tages und immer, wenn er sich nicht selbst mit dem Gedanken an Frühsport überraschte, also beinahe an jedem Tag außer dem heutigen, fand man Bröker gegen halb elf mit Kaffee, Rührei und Lachs in die beiden Bielefelder Lokalblätter *Westfalen-Blatt* und *Neue Westfälische* vertieft.

Die Tatsache, dass er sonst morgens um acht noch schlief, ließ seinen Appetit auf einen großen, tiefschwarzen Kaffee nun umso stärker aufkeimen. Auf Rührei und Lachsbrötchen würde er heute jedoch verzichten müssen, wenn er das Schwimmbad weiter im Blick haben wollte. Man musste eben Opfer bringen.

Die von Bröker erwähnte *Poolbar* hatte ihren Namen nicht zu Unrecht, bot sie doch einen Blick auf das Schwimmbad der Universität. An Palmen, Strand und Sonne erinnerte ansonsten aber wenig.

An einem kioskähnlichen Stand wurden gerade die Jalousien nach oben gezogen. Bröker begrüßte die freundliche Bedienung, deren Gesicht der soeben beginnende Arbeitstag nicht anzusehen war. Er orderte einen Kaffee samt Croissant und ließ sich damit auf einer der Biergartenbänke nieder, die das Mobiliar der *Poolbar* bildeten. Ulf setzte sich mit einer Tasse Kräutertee zu ihm.

„Nach Cornflakes brauche ich hier wohl gar nicht erst zu fragen", maulte er und schaute betrübt in das heiße Wasser, das langsam eine grünliche Färbung annahm. „In der ganzen Uni gibt es bestimmt keine!"

„Du kannst welche bei *Eddy* kaufen", grinste Bröker

und deutete auf den kleinen Supermarkt, der sich ebenfalls auf dem Campus befand.

„Ach", entgegnete Ulf resigniert, „dass ich keine Cornflakes bekomme, passt irgendwie zu diesem Tag."

„Wieso?", fragte Bröker und dachte daran, dass der Tag auch für ihn nicht gerade angenehm begonnen hatte.

„Na ja, zum einen musste ich heute zum ersten Mal schwimmen. Und dann die Leiche! Und als wäre das nicht schon genug, muss ich heute Nachmittag auch noch meine Wohnung räumen. Eigenbedarfskündigung. Und ich weiß immer noch nicht, wohin ich mit meinen Sachen soll. In so einer Situation fragt man wohl seine Freunde um Rat …"

Bröker wartete einen Moment. Doch Ulf schwieg. Allzu viele Freunde schien er nicht zu haben. Vermutlich gar keine. Bröker überkam das Gefühl, etwas sagen zu müssen.

„Also, wenn du gar nichts findest, könntest du ja erst einmal bei mir unterkommen", schlug er daher vor, obwohl er sich nicht sicher war, ob das eine gute Idee war.

„Aber du kennst mich doch gar nicht!", wunderte sich Ulf und schaute ihn misstrauisch an.

Obwohl ein Teil Brökers diese Zweifel teilte, fühlte der andere Teil sich von Ulfs Ausruf nur umso stärker dazu gedrängt, auf dem Angebot zu bestehen. „Mach dir mal keine Sorgen. Ich habe ein relativ großes Haus. Da findet sich sicher noch ein Zimmer für dich. Du müsstest allerdings nicht nur mit mir, sondern auch mit meinem Mitbewohner auskommen."

Ulf zögerte einen Moment. Dann fragte er misstrauisch: „Ihr seid aber nicht schwul?"

Bröker musste lachen, als er Ulfs misstrauischen Blick sah.

24

„Nein", beruhigte er ihn. „Sind wir nicht. Gregor, das ist der besagte Mitbewohner, hat mich das mit demselben sorgenvollen Ton auch gefragt, als er bei mir eingezogen ist. Ihn habe ich übrigens ebenfalls aufgenommen, weil er keine richtige Bleibe hatte. Gregor ist 17 und hat mal mehr, mal weniger Ärger mit seinen Eltern."

„Mhmm", machte Ulf und es war nicht zu erkennen, welche Emotion dieser Laut ausdrücken sollte. Bröker meinte jedoch zu sehen, dass sich die Miene seines Gegenübers tatsächlich das erste Mal an diesem Tag um eine Nuance aufhellte. Vermutlich hatte sich vor dessen innerem Auge gerade die Vorstellung aufgelöst, Brökers verführerischem Lächeln widerstehen zu müssen.

„Und wo wohnst du genau?", fragte Ulf, neugierig geworden.

„Am Sparrenberg!" Bröker zog sein abgegriffenes Notizbuch und einen Kugelschreiber aus der Hosentasche, notierte die Adresse und schob sie Ulf über den Tisch. „Melde dich einfach, falls du nichts finden solltest!"

„Ach, ich suche schon eine ganze Weile erfolglos. Ich glaube, ich nehme dein Angebot einfach an", sagte sein Gegenüber mit einem Schulterzucken und steckte das Stück Papier mit der Adresse in seine Jackentasche. „Ich muss aber noch meine Sachen holen."

Bröker nickte bemüht, auch wenn ihm der bevorstehende Einzug nicht ganz geheuer war. Dann schaute er auf seinen Teller und wurde ein wenig verdrießlich, weil das Croissant schon längst in seinem Magen verschwunden war, er aber noch ebenso viel Hunger verspürte wie zehn Minuten zuvor. Seinem Gegenüber schien es ähnlich zu gehen. Mit wehleidigem Blick starrte Ulf auf den Kiosk: „Einfach zu blöd, dass sie keine Cornflakes

haben. Ich brauche die zum Frühstück. Dieser Kräutertee macht mich irgendwie ganz verrückt."

Bei dieser Bemerkung drückte er mit seinem Finger
auf den feuchten Teebeutel, den er auf dem Biertisch
deponiert hatte. Bröker erinnerte sich, dass zu seinen
Studienzeiten die Aschenbecher als Tischmülleimer
hatten herhalten müssen. Aber seitdem die Universität sich zur rauchfreien Zone deklariert hatte, standen
die Raucher selbst bei Minusgraden um die großen
Aschenbecher vor den Eingangstüren. Dafür lagen nun
die Teebeutel auf den Tischen der *Poolbar*. Bröker wusste nicht, ob er das für einen Fortschritt halten sollte.

„Guck mal, nun tut sich was!", unterbrach Ulf Brökers Schwenk in die Vergangenheit. Die beiden hatten
während ihres Gesprächs immer wieder einen Blick darauf geworfen, wie sich das Treiben im Schwimmbad
entwickelte, aber bis eben war nichts Nennenswertes
geschehen. Nun aber deutete Ulf auf die beiden Uniformierten, die zwischen all den Gestalten in Badesachen
merkwürdig nackt aussahen und bisher steif wie zwei
Bobbys neben dem Sack gestanden hatten. Zu diesen
trat jetzt zusammen mit einem Sanitäter ein dritter Beamter, der keine Uniform trug und sich schon dadurch
als leitender Ermittler zu erkennen gab, wenn er auch
erstaunlich jung aussah.

„Und mit solchen Typen hast du bei deinen Ermittlungen zu tun gehabt?", erkundigte sich Ulf.

„Na ja, meine Typen waren eher weiblich", erinnerte
sich Bröker. „Die hier kenne ich jedenfalls nicht."

In der Schwimmhalle schien nun der Vorgesetzte
das Wort zu führen. Er sprach mal mit diesem, mal
mit jenem der Sportler, während die beiden Streifenhörnchen, wie Bröker sie im Stillen getauft hatte, im

Wesentlichen weiterhin ihre dekorative Funktion aus-
übten. Immerhin schienen sie sich Notizen machen
zu dürfen und als der Sanitäter sich über den Sack
beugte, jedoch sichtliche Schwierigkeiten damit hatte, ihn so weit zu öffnen, dass er den darin befindli-
chen Körper herausziehen konnte, ließ sich eines der
beiden Hörnchen dazu herab, ihm zu helfen. Bröker
und Ulf schauten gebannt durch die Scheiben, konnten aber recht wenig erkennen, da sich augenblicklich
eine Menschentraube um die Polizisten gebildet hatte,
nachdem der Sack endgültig geöffnet worden war. Als
die Menge auf Geheiß des Ermittlers schließlich doch
eine Art Gasse bildete, war zu sehen, dass der Sanitäter
seine Sachen wieder zusammenpackte und der anscheinend für tot Befundene inzwischen von seiner Tauchmontur befreit worden war und auf einer Bahre von
den beiden Uniformierten weggetragen wurde. Wenn
Bröker es auf die Distanz richtig erkannte, handelte es
sich bei der Leiche um einen Mann, der vielleicht Mitte
zwanzig sein mochte.

„Der ist wirklich tot!", übte sich Ulf in kriminalistischen Mutmaßungen.

Derweil hatten die Beamten im Inneren der Schwimmhalle ihre Befragungen fortgesetzt. Über irgendetwas war
offenbar eine Diskussion entbrannt. Zu dumm, dass er
nichts hören konnte, dachte Bröker genau in dem Moment, als jemand auf ihn deutete. Eine zweite Hand zeigte auf Ulf. Ein paar andere Schwimmer nickten. Nun
war auch der Vorgesetzte der beiden Streifenhörnchen
auf Ulf und Bröker aufmerksam geworden. Seine rechte
Hand machte mit Zeige- und Mittelfinger eine auffor-
dernde Geste. Wie es aussah, sollten die beiden *Poolbar-
besucher* zum Eingang der Schwimmhalle kommen.

Ulf schaute Bröker an. „Ich glaube, der meint uns!"

„Ja, ich fürchte auch", bestätigte Bröker und erhob sich.

Als sie vor der Eingangstür zur Schwimmhalle eintrafen, warteten dort schon der leitende Ermittler und einer der beiden Uniformierten.

„Guten Tag, Schewe mein Name!", begrüßte der Vorgesetzte die beiden und zückte seinen Dienstausweis.

Bröker sah über das Dokument hinweg. „*Sie* sind Schewe?"

Der Beamte hob die Augenbrauen. „Ja, der bin ich, Hauptkommissar Schewe. Gibt es einen Grund, weshalb ich der nicht sein sollte?"

„Oh, der können Sie gerne sein!", gab Bröker zurück. „Aber in dem Fall haben wir schon voneinander gehört. Mein Name ist Bröker!"

„*Der* Bröker?" Nun war es an Schewe zu staunen. Bröker nickte vergnügt. „Und wer ist Ihr Begleiter? Ist das etwa dieser Junge?"

Bröker musste lachen. „Gregor? Viel haben Sie über ihn dann aber nicht gehört. Gregor ist 17 und auch wenn sich der Mann an meiner Seite ganz gut gehalten hat, so jung sieht er nun wirklich nicht aus. Nein, das ist Ulf, den ich erst seit gut einer Stunde kenne."

Der Schewe untergebene Polizist hatte bei diesen Ausführungen seinen Notizblock gezogen und schrieb fleißig mit. Der Kommissar bedachte ihn mit einem tadelnden Blick. Er schien zwar kaum älter als sein Begleiter, doch man konnte an jeder seiner Gesten den Vorgesetzten erkennen.

„Ah ja", sagte er leicht verärgert. „Bröker, da Sie schon einmal in Mordermittlungen verwickelt waren, hätten

Sie nun wirklich wissen müssen, wie man sich an einem Tatort verhält!"

Ulf, der der Konversation mit einer Mischung aus Staunen und Unverständnis gefolgt war, schaltete sich an dieser Stelle ein.

„Wieso? Was hätten wir denn anders machen sollen? Bröker ist doch sogar eingeschritten, als die anderen versucht haben, die Leiche aus dem Sack zu holen!"

„Das mag sein", entgegnete Schewe ungerührt. „Aber damit steht eben auch fest, dass er ein Zeuge ist. Ebenso wie Sie im Übrigen!"

„Na klar sind wir Zeugen!", nickte Ulf. Er schien ein wenig stolz auf diese Tatsache zu sein.

„Eben. Und als Zeuge sollten Sie sich nicht vom Tatort entfernen, bevor wir nicht Ihre Aussage aufgenommen haben!", belehrte ihn Schewe.

Bröker nickte schuldbewusst. Natürlich, das war blöd von ihm gewesen. Vor lauter Sorge, Mütze könnte sehen, wie sich sein Bauch über die wenig kleidsame Badehose erhob, hatte er die elementarsten kriminalistischen Regeln aus den Augen verloren.

„Wir haben uns nur rasch einen Kaffee geholt und waren ja nicht aus der Welt", versuchte er zu beschwichtigen. „Das kann ja nun nicht verboten sein."

„Genau genommen hätten Sie die Schwimmhalle nicht verlassen dürfen", schlug nun auch Schewe einen moderateren Ton an. „Aber wir wollen mal nicht so sein."

„Gibt es denn noch etwas, was Sie von uns wissen wollen?", hakte Bröker nach. In ihm keimte der Wunsch auf, einen kleinen Widerhaken in Schewes Gönnerhaftigkeit zu bohren.

„Nun ja, wie es aussieht, haben wir alles Wesentliche

schon erfahren", musste der Kommissar zugeben und man konnte sehen, wie er sich innerlich wand, als er sein Gegenüber triumphieren sah. „Aber vielleicht ist Ihnen ja noch etwas Wichtiges aufgefallen?"

„Nein, nichts", sagte Bröker überzeugt. „Wir sind erst hinzugekommen, als der Sack aus dem Wasser gezogen wurde. Und selbst da haben wir kaum etwas sehen können, weil die anderen uns die Sicht versperrten."

Ulf nickte zustimmend.

„Gibt es denn irgendwelche Hinweise darauf, wer der Tote sein könnte?" Bröker wollte nun seinerseits die Chance nutzen, um ein paar Informationen einzuholen. Er musste zugeben, dass die Geschehnisse seine Neugier doch geweckt hatten.

„Nun haben wir die Leiche ja gerade erst einmal geborgen", sagte Schewe und gab damit indirekt zu, dass er keine brauchbaren Informationen besaß.

„Schade", sagte Bröker ernstlich enttäuscht.

„Nun ja, schade für uns!", betonte Schewe. „Sie werden wohl diesmal keine Gelegenheit haben, sich des Falles anzunehmen, Bröker. Ich hoffe, mich nicht zu weit aus dem Fenster zu lehnen, wenn ich Ihnen im Gegenzug verspreche, keinen Ihrer Freunde zu verdächtigen."

„Man wird sehen", beschloss Bröker die Unterhaltung mit einem Lächeln, das möglichst undurchsichtig wirken sollte. Er wandte sich um und strebte mit Ulf im Schlepptau dem Haupteingang entgegen. Schewes letzter Satz hatte seinen Ehrgeiz geweckt.

Kapitel 4
Aller guten Dinge sind zwei

Bröker schnarchte. Er hatte sich völlig zerschlagen gefühlt, als er aus der Universität zurückgekehrt war. Seufzend hatte er sich in dem freien der beiden orangefarbenen Cordsessel im Wohnzimmer niedergelassen. Auf dem anderen hatte sich Uli zusammengerollt. Bröker war nach einem richtig starken Kaffee zumute gewesen, aber er hatte sich nicht aufraffen können, in die Küche zu gehen, um sich einen zu kochen. Nur für einen Moment hatte er die Augen geschlossen – und war eingeschlafen.

Schnarchend fand ihn auch Gregor fünf Stunden später vor, als er aus der Schule heimkehrte. Er war beinahe gerührt, als er seinen untersetzten Freund mit zurückgelegtem Kopf und geöffnetem Mund am helllichten Tag schlafen sah. Dann aber rüttelte er ihn doch sanft am Arm. Bröker blinzelte verschlafen.

„Was ist das nur für ein Lebenswandel?", grinste Gregor ihn an. „Nachts stiehlst du Lebensmittel aus der Küche und tagsüber liegst du schnarchend im Wohnzimmer. Was soll nur aus dir werden!"

„Solltest du nicht in der Schule sein?", fragte Bröker müde und reckte sich.

„Ich *war* in der Schule!", gab Gregor zurück und schaute seinen Freund dabei überlegen an. „Aber weißt du, bei uns hat sich die merkwürdige Tradition eingebürgert, dass auch die Schüler irgendwann nach Hause dürfen."

„Ein unverzeihlicher Fehler."

Gregor, der das Gespräch in versöhnlicheres Fahrwasser leiten wollte, fragte: „Hast du uns wenigstens etwas

Leckeres gekocht?" Er war sich sicher, dass Bröker wie so oft etwas gezaubert hatte. Doch sein Freund schaute ihn nur verwundert an. „Ist es denn schon so spät?"

„Es ist drei Uhr nachmittags. Ich bin aus der Schule zurück!"

„Drei Uhr? Das kann doch nicht sein. Ich bin doch schon um halb zehn wieder zu Hause gewesen!"

„Ach, Bröker!" Gregor lächelte gespielt mitleidig. „Wenn du nun immer tagsüber schläfst, muss ich mir wohl einen ganzen Vorrat an Fertiggerichten anlegen."

„Warte, ich schaue mal, was ich machen kann." Mit schuldbewusstem Blick begab sich Bröker in die Küche, nur um umgehend wieder zurückzukommen: „Himmel, Gregor. Es ist ja wirklich schon beinahe drei Uhr!"

„Also, wenn du der alten Küchenuhr mehr Glauben schenkst als mir, hast du wirklich ein Problem." Gregor kam nicht mehr aus dem Grinsen heraus. „Aber wieso beunruhigt dich das überhaupt? Du isst doch auch sonst ganz gerne um drei Uhr – egal, ob es drei Uhr morgens oder drei Uhr nachmittags ist."

Doch Bröker bekam die Sticheleien seines jugendlichen Freundes nicht mehr mit. Aufgescheucht lief er umher. „Dann kommt Ulf ja gleich schon!"

„Ulf? Wer ist das?"

„Ach, das ist eine verwickelte Geschichte."

Gregor wurde hellhörig und hob die Augenbrauen. Wenn sein Freund auswich, bedeutete dies meistens, dass er sich in irgendeine schwierige Lage gebracht hatte.

„Na, sag schon. Ich verspreche auch nicht zu schimpfen."

Bröker nahm mit einem Seufzen Anlauf. „Also, ich bin heute Morgen in der Uni schwimmen gewesen …"

„Du bist was?", unterbrach der Junge ihn. „Hast du Fieber? Oder hast du eine Wette gegen diesen Ulf verloren?"

„Keines von beidem. Du sagst doch ständig, dass ich immer dicker werde!"

Bröker sah wie ein Schuljunge auf seine Pantoffeln. Gregors Augen weiteten sich.

„Und deshalb bist du schwimmen gegangen? Bröker, du bist niedlich."

„Nun ja, geschwommen bin ich nicht wirklich", gab Bröker zu.

„Du hast nur am Rand gestanden und Ulf beobachtet? Ich sag's dir nicht gerne, aber erstens klingt das schon etwas seltsam und zweitens wirst du davon nicht abnehmen!"

„Ich wollte ja! Wirklich! Aber leider schwamm schon eine Leiche im Wasser."

Gregor schaute Bröker ungläubig an. „Das glaube ich nicht!"

„Kein Witz! Als ich ins Schwimmbad kam, fischten sie gerade einen Toten aus dem Wasser." In groben Zügen skizzierte Bröker, was am Vormittag geschehen war. „Und stell dir vor, ich habe sogar Schewe getroffen", schloss er schließlich seinen Bericht.

„Langsam bekomme ich Angst vor dir. Das ist nun schon die zweite Leiche, mit der du ‚zufällig' zusammentriffst."

„Ich verspreche dir, Gregor, es ist mir genauso unangenehm wie dir! Was soll denn dieser Schewe von mir denken."

„Na, der wird auch nichts anderes denken als ich, vermute ich. Anscheinend duzt ihr euch ja schon."

„Wieso?", fragte Bröker überrascht.

„Na, ich schätze, Schewe ist dieser Ulf, der gleich vorbeikommt?"

„Nein, Ulf habe ich in der Umkleidekabine kennengelernt", korrigierte Bröker.

„Oh, dann will ich vielleicht gar nicht so genau wissen, wer er ist."

„Nun ja, auch das ist ein wenig kompliziert", fasste sich Bröker ein Herz. „Jedenfalls hat er gerade keine Wohnung und ich habe ihm angeboten, bei mir, also bei uns, zu wohnen."

„Du hast was?" Gregor war von einem Moment auf den anderen völlig aufgebracht.

„Ich habe gedacht, dass es nicht so tragisch wäre, wenn wir hier noch jemandem Unterschlupf gewähren?"

Bröker fühlte sich durch die Reaktion des Jungen verunsichert und brachte den Satz wenig überzeugend vor.

„Ich halte das für keine gute Idee! Wir sind so ein gutes Team. Ich kann mir nicht vorstellen, dass das hinhaut, wenn noch jemand hier einzieht." Das Grinsen war gänzlich aus Gregors Gesicht verschwunden.

„Es ist doch nur für ein paar Tage. Bis er was Neues gefunden hat", versuchte Bröker abzuwiegeln. „Er tat mir einfach leid."

„Aber du kannst doch nicht nur aus Mitleid jemand völlig Fremden ins Haus holen!"

Bröker staunte, wie emotional Gregor reagierte. Er wollte ihn schon daran erinnern, dass auch er ein paar Monate zuvor dankbar Brökers Hilfsbereitschaft angenommen hatte, ahnte jedoch, dass ihn dies nicht beruhigen würde. Hilflos kratzte er sich mehrere Male am Hinterkopf.

Ein langes, ununterbrochenes Klingeln an der Haustür machte der Szene ein Ende. Bröker erschrak. Auch

Uli floh hinter die bestickten weißen Wohnzimmergardinen. Bröker eilte zur Tür. Durch das gelbliche Glas sah er Ulfs schlaksige Gestalt. Nervös trat sie von einem Bein aufs andere und bot dabei für einen Moment das Bild eines Tänzers am Rande des Wahnsinns.

Bröker öffnete.

„Ulf!", schrie er gegen das Geklingel an, um seinen Gast zu begrüßen.

„Da hat sich irgendwas verhakt!", schrie der nervös zurück. „Es hört einfach nicht mehr auf!"

Hastig fummelte Bröker an dem alten Messingknopf herum und schaffte es schließlich, dem Lärm ein Ende zu machen.

„Puh!", sagte er lachend. „Traust du dich noch rein?"

„Nun ja, es ist ja nur vorübergehend", entgegnete Ulf und beruhigte sich etwas, blieb aber weiterhin in der Tür stehen.

„Na, dann komm doch erst einmal ins Haus!", forderte ihn Bröker auf. Er hatte von klein auf gelernt, gastfreundlich zu sein.

„Oh, vielleicht hole ich erst einmal meine Sachen. Ich habe sie draußen im Auto."

Ulf wandte sich um und lief zur Straße zurück.

„Na, da hast du aber einen echten Clooney aufgegabelt. Der strotzt ja vor Selbstbewusstsein und Esprit!" Gregor hatte die ganze Szene aus dem Hintergrund beobachtet.

„Es kann eben nicht jeder so ein einnehmendes Wesen haben wie du", stichelte Bröker zurück, bedauerte aber, dass Ulfs Erscheinen nicht zu einer Meinungsänderung Gregors geführt hatte. Es blieb ihm jedoch keine Zeit, weiter darüber nachzudenken, denn schon kehrte Ulf zurück. In seinen weit ausgebreiteten Armen hielt er einen gewaltigen Flachbildfernseher, dessen Bildschirmdiagonale Bröker auf gut einen Meter schätzte.

„Ich habe ansonsten nur noch zwei große Koffer im Auto, der Rest gehörte zur Wohnung", ächzte der neue Mitbewohner.

Als Bröker sich umwandte, um Ulf den Weg freizumachen, sah er, wie Gregor die Augen verdrehte. Hilflos wendete er sich wieder dem Ankömmling zu.

„Ich zeige dir erst einmal dein Zimmer. Es ist im Obergeschoss."

Ulf schnaufte vernehmbar, als er die Treppe in den ersten Stock hinaufstieg, aber Bröker wusste nicht, wie er ihm beim Transport des sperrigen Fernsehers helfen konnte, und Gregor stand unten wie festgenagelt.

„Es ist hier hinten", sagte Bröker oben angekommen und öffnete die Tür zu einem kleinen Zimmer, in dem sich außer einem Bett, einem Stuhl und einem alten Duschvorhang, von dem Bröker nicht hätte sagen können, wie er in den Raum geraten war, nichts befand.

„Das Zimmer ist nicht besonders groß und müsste eigentlich auch mal wieder sauber gemacht werden", sagte er schuldbewusst. „Aber ich hab das jetzt so auf die Schnelle nicht mehr geschafft. Gregor, den du vielleicht schon unten gesehen hast, hat sein Zimmer übrigens auch hier oben."

Ulf, der inzwischen unter seiner Last merklich zu schwitzen begonnen hatte und sie mit verkrampftem Gesichtsausdruck umklammerte, war zu keiner Antwort fähig.

„Oh, warte", sprang Bröker hinzu und half, das Ungetüm auf dem Boden abzustellen. „Soweit ich mich erinnere, hat der Raum sogar einen TV-Anschluss."

„Ach, so wichtig ist das nicht", winkte Ulf ab. „Nicht, dass du denkst, ich sei so ein Fernsehjunkie, aber dalassen wollte ich ihn natürlich nicht. Und über das eine oder andere informiert zu sein, schadet ja auch nicht."

„Also ich lese da lieber täglich die *Neue Westfälische* und das *Westfalen-Blatt*", entgegnete Bröker. Sein neuer Mitbewohner zuckte mit den Schultern.

Als sie die Treppe wieder hinunterkamen, hatte sich Gregor noch immer nicht von der Stelle gerührt. Damit sah sich Bröker gezwungen, die beiden einander vorzustellen.

„Ulf, das ist Gregor und Gregor, das ist …"

„… Ulf, ja. Hab ich mitbekommen!" Gregor stieg drei Treppenstufen höher und war nun tatsächlich mit Ulf auf Augenhöhe. Der gab Gregor die Hand und verbeugte sich linkisch.

„Angenehm", murmelte er dabei kaum verständlich.

Gregors Mundwinkel schoben sich verdächtig weit in Richtung seiner Ohren.

„Mir ist es auch äußerst angenehm", entgegnete er und schüttelte kräftig Ulfs Hand. „Wie lange möchtest du uns denn mit deinem Besuch beehren?"

Bröker, der sich das zwar auch schon gefragt hatte, aber die Frage aus Höflichkeit vermutlich auch nach einem Jahr noch nicht gestellt hätte, lief ein Schauer über den Rücken.

„Das weiß ich noch nicht", erklärte Ulf und es kam Bröker vor, als versuche er, seine Stimme verbindlich klingen zu lassen. „Ich bemühe mich schon seit ein paar Wochen um eine neue Wohnung. Aber das ist derzeit nicht einfach. Besonders wenn man nicht beliebig viel Geld zur Verfügung hat."

„Schon klar", nickte Gregor mit ehrlichem Verständnis. „Was arbeitest du denn?"

„Ich bin Lehrer."

„Oh, da sind die Gehälter aber doch nicht so schlecht?"

„Na ja … ich unterrichte nicht."

„Wie? Also, versteh mich nicht falsch. Lehrer, die nicht unterrichten, sind mir die weitaus liebsten. Ich bin ja noch Schüler", versuchte Gregor scherzhaft eine erste Annäherung. „Aber wie verdienst du deinen Lebensunterhalt?"

„Ich bin frühpensioniert worden."

„Oh, wie wird man denn als Lehrer frühpensioniert. Hast du eine Schülerallergie bekommen?", spottete Gregor.

Bröker fand das Auftreten des Jungen ein wenig forsch. Auf seiner Stirn begannen sich erste Schweißperlen zu bilden. Hoffentlich ginge das nicht die nächsten Tage so weiter.

„Nein, keine Schülerallergie", sagte Ulf geknickt. „Es hat aber tatsächlich gesundheitliche Gründe …" Doch dann brach er ab. Er schien auf die Umstände nicht genauer eingehen zu wollen. Gregors Art zu fragen schien ihn nicht eben ermutigt zu haben.

„Ich mache uns erst mal einen Kaffee!", warf Bröker ein, um der unangenehmen Situation ein Ende zu bereiten.

„Ich trinke keinen Kaffee", sagte Ulf leise.

Gregor sah Bröker bedeutungsschwanger an. Der wusste nicht mehr, was er tun sollte, und somit hatte Gregor endgültig freie Hand.

„Dann bist du demnächst also tagsüber immer hier?", bedachte der Junge die praktischen Konsequenzen von Ulfs Berufsunfähigkeit.

„Nun ja, immer nicht, ich bin auch schon mal unterwegs. Ein paar Mal die Woche muss ich schwimmen gehen. Und nach einer neuen Bleibe werde ich ja auch suchen müssen."

„Du bist auch nicht immer da", wandte Bröker ein. „Unter der Woche ist vormittags Schule. Manchmal sogar nachmittags. Und abends warst du in letzter Zeit ja auch relativ oft unterwegs."

„Stimmt", nickte Gregor und sah etwas unsicher zur Seite.

Bröker, den schon seit Wochen die Frage beschäftigte, wo Gregor sich so häufig herumtrieb, sich aber bisher nicht getraut hatte, ihn darauf anzusprechen, fasste sich nun ein Herz: „Darf man denn wissen, wo du so bist?"

Aber Gregor wich aus. „Ach, mal hier, mal dort. Du weißt doch, ich habe viele Interessen."

„Aber eine neue Freundin hast du nicht, oder?", hakte Bröker vorsichtig nach.

„Nein, keine Sorge, da gibt es niemanden!"

„Eigentlich hätte ich mich über eine neue Freundin eher gefreut", entgegnete Bröker und fügte in Gedanken hinzu, dass er dann nämlich nicht befürchten müsste, dass sich Gregor nur deshalb immer seltener bei ihm sehen ließ, weil er sich in seiner Gegenwart langweilte.

Gregor zuckte mit den Schultern. Dann schlug er versöhnlich vor: „Komm, helfen wir Ulf!"

Der Junge hatte bemerkt, dass sich ihr neuer Mitbewohner heimlich davongestohlen hatte und zu seinem Wagen gegangen war, um den Rest seiner Sachen zu holen. Bröker nickte und zusammen liefen die beiden Freunde hinter Ulf her.

Kapitel 5
Ansichtssache

Wenig später waren Ulfs Habseligkeiten in seiner neuen Behausung untergebracht und Bröker ging mit suchendem Blick an den Wänden des Zimmers entlang.

„Ich hätte schwören können …", murmelte er dabei ein aufs andere Mal. Gregor feixte.

„Lass das nicht Palshöfer hören", kommentierte er Brökers Verzweiflung in Anspielung auf einen Freund, der als Richter am Amtsgericht tätig war. „Der kriegt dich glatt wegen Meineid dran!"

„Bei dem habe ich noch was gut", erwiderte Bröker geistesabwesend. „Seit ich ihn vor dem Gefängnis bewahrt habe, liebt er mich heiß und innig." Dann fing er wieder an: „Ich bin mir aber sicher, dass es in diesem Zimmer einen Kabelanschluss gegeben hat!"

Ulf schaute sich die Szene mit betretener Miene an. „Es ist ja nicht so tragisch", versuchte er abzuwiegeln. „Wie gesagt, ich bin ja nicht abhängig von dem Gerät. Ich will nur informiert sein."

„Dann solltest du vielleicht lieber gar nicht fernsehen", nuschelte Bröker mürrisch. Er konnte Ulfs Fernsehaffinität nichts abgewinnen. Doch sein neuer Mitbewohner schien seinen letzten Satz nicht gehört zu haben, was sicherlich auch besser so war. Der Einzug hatte sich schon schwierig genug gestaltet.

„Nun, vielleicht kann ich ja bei dir schauen, wenn etwas Wichtiges kommt", schlug Ulf vor.

„Das wird nicht gehen."

„Wieso nicht? Ich überlasse dir auch die Fernbedienung", warb Ulf.

„Ach, darum geht es nicht", winkte Bröker lachend

ab. „Ich habe schlichtweg keinen Fernseher! – Aber warte, du bringst mich auf eine Idee. Ich meine, im Wohnzimmer müsste ein Anschluss liegen."

„Schau lieber erst einmal nach", mischte sich nun Gregor ein. „Bei diesem Zimmer warst du dir schließlich auch sicher. Sonst schleppen wir das schwere Ding noch ein paar Mal umsonst hoch und runter."

„Ja, natürlich", machte sich Bröker eilfertig auf den Weg. Doch schon bevor er vermelden konnte, dass sich im Wohnzimmer tatsächlich eine Kabeldose direkt neben der massiven Schrankwand befand, hatte Ulf sein Flachbildgerät gepackt und beförderte es keine Stunde, nachdem es gekommen war, wieder die Treppe hinunter.

Wenige Minuten später, als das Antennenkabel eingesteckt und der Fernseher mit Strom versorgt war, saß er mit einem seligen Lächeln davor.

„Weißt du eigentlich, welchen Kabelanbieter du hast?", erkundigte er sich, während seine Finger die Fernbedienung bearbeiteten.

„Ich habe keine Ahnung, ob ich überhaupt einen habe", entgegnete Bröker. „Ich kann mich jedenfalls nicht entsinnen, dass ich dafür eine Gebühr bezahle."

„Das könntest du vermutlich bei der Müllabfuhr auch nicht", grinste Gregor, „und doch wird unser Müll jede Woche abgeholt."

Bröker musste zugeben, dass der Junge nicht ganz Unrecht hatte.

„Jedenfalls empfange ich ein Signal, egal, ob du es bezahlst oder nicht", rief Ulf aufgeregt dazwischen. Der elektronische Sendersuchlauf raste durch die verschiedenen Frequenzen und speicherte im Sekundentakt neue Programme.

„So, die Wichtigsten haben wir inzwischen", verkündete der neue Mitbewohner nach ein paar weiteren Minuten und klang dabei so stolz, als habe er soeben das Fernsehen und mindestens die Hälfte der Rundfunkanstalten persönlich erfunden. „Nun noch ein paar Regionalsender, dann bin ich schon ganz zufrieden. Ich mag ja eigentlich Satellitenschüsseln lieber. Da bekommt man viel mehr Programme geboten, auch die ausländischen", bemängelte er fachmännisch. Als er jedoch sah, wie sich Brökers Miene verzog, lenkte er schnell ein: „Aber natürlich reicht so eine Kabelverbindung für die meisten Zwecke auch!"

Als er alle Sender, mit denen der Anbieter aufwarten konnte, gespeichert hatte, betrachtete Ulf das Ergebnis noch einmal im Schnelldurchlauf. Und zwar so flink, dass Bröker meist noch nicht einmal wusste, welches Programm lief, geschweige denn, was dort gezeigt wurde. Wehmütig dachte er an den alten Fernseher seines Großvaters, der noch ein Möbelstück auf vier Beinen in einer Holzummantelung gewesen war und auf dem eine Kranichfigur gestanden hatte. Der Apparat hatte genau drei Knöpfe gehabt: einen für „An" und „Aus", einen für das erste und einen für das zweite Programm. Er kam sich der Flut an Stationen gegenüber ähnlich hilflos vor, wie es wohl auch sein Großvater gewesen wäre. Ulf hingegen schien sehr zufrieden.

„Was war denn das gerade, kannst du schnell noch einmal zurückzappen?" Gregor schien dem raschen Programmwechsel im Gegensatz zu seinem Freund mühelos folgen zu können. Ulf tat wie ihm geheißen. Auf dem vorletzten Programm, dessen Symbol verriet, dass es sich um das Regionalprogramm des WDR handelte, liefen gerade die Lokalnachrichten.

„ … wurde heute früh die Leiche des achtundzwanzigjährigen Florian S. gefunden", verkündete die Fernsehmoderatorin gerade. „Unser Reporter Fabian Fuchs kennt Einzelheiten."

„Ich wusste es! Guckt mal, da geht es um euren Mord!", rief Gregor dazwischen.

„Es war nicht ‚unser Mord'", korrigierte ihn Bröker. „Und jetzt pscht. Ich will das sehen!"

Fabian Fuchs sah in Brökers Augen erstaunlich jung aus. Allerdings hatte er sich daran gewöhnt, dass mit den Jahren immer mehr Menschen erstaunlich jung für ihn aussahen. Wahrscheinlich wurde er einfach nur alt.

Der Reporter stand in der Unihalle, keine fünf Meter von dem Fleck entfernt, an dem einige Stunden zuvor Bröker und Ulf gefrühstückt hatten. Neben Fabian Fuchs stand sein Interviewpartner.

„Das ist Schewe!", rief Bröker und bemerkte, dass seine Stimme ein wenig aufgeregt klang. So oft kam es nicht vor, dass Menschen, die er persönlich kannte, im Fernsehen zu sehen waren. Unterdessen hatte Fabian Fuchs den Kommissar nach dem mutmaßlichen Ablauf der Mordnacht befragt. Schewe gab sich kryptisch: „Fest steht nur so viel: Florian S. ist keines natürlichen Todes gestorben. Man kann davon ausgehen, dass sein Mörder ihn zunächst mit einem Elektroschocker betäubt und in den Plastiksack gesteckt hat, in dem wir ihn aufgefunden haben. Danach hat er sein Opfer im Schwimmbecken versenkt."

„Wieso wird uns nicht der volle Name des Toten mitgeteilt?", fragte der Reporter mit routinierter Empörung.

„Der Tote ist ein Angehöriger einer Person des öffentlichen Lebens." Schewe schien sich bei dieser etwas gestelzten Erklärung nicht sonderlich wohlzufühlen und knetete mit einer Hand den kleinen Finger der anderen.

„Gibt es denn schon Hinweise auf den Täter?"

„Darüber darf ich derzeit leider nichts sagen." Der Kommissar gewann während dieser Antwort wieder an Sicherheit. „Ich kann aber so viel verraten: Wie es aussieht, haben wir eine heiße Spur!"

„Aber was für eine heiße Spur das ist, können Sie uns nicht preisgeben?" Fabian Fuchs stand in puncto Hartnäckigkeit seinen erfahreneren Kollegen in nichts nach.

„Ich kann leider nicht über Details sprechen, die für unsere Ermittlungen noch wichtig sein könnten, aber es scheint, dass der Täter ein wichtiges Beweisstück am Tatort zurückgelassen hat."

„Was für ein Beweisstück?", hakte der Reporter nach. Doch Schewe schüttelte nur den Kopf.

„Dann gebe ich jetzt zurück ins Studio", verabschiedete sich der Reporter mit einem selbstzufriedenen Lächeln und es erschien wieder das Gesicht der Moderatorin.

„Wie inzwischen aus gut unterrichteten Kreisen bekannt geworden ist, soll es sich beim Vater des Ermordeten um einen renommierten Soziologieprofessor an der Universität Bielefeld handeln", schloss sie den Beitrag, um mit einem Bericht über die Verletzungsmisere in der Abwehr der Bielefelder Arminia fortzufahren.

„Der Vater ist Soziologe?", entfuhr es Bröker, der das Interview mit größerer Aufmerksamkeit verfolgt hatte, als er zugeben mochte, und nun selbst der Berichterstattung über seinen Lieblingsverein keine Beachtung schenkte. „Aber welchen Soziologen können sie gemeint haben? – Wie heißt noch mal der Mensch auf dem Luhmann-Lehrstuhl?"

„Keine Ahnung", brummte Ulf, der Brökers Eifer angesichts der gebotenen Programmvielfalt nicht teilte.

„Ach nein, der Sohn heißt ja Florian S. Ich glaube nicht, dass der Name des Luhmann-Nachfolgers mit S beginnt. Wartet mal … Ich habe doch vor einigen Jahren mal zwei oder drei Semester Soziologie studiert, aber ein Professor, dessen Name mit S beginnt, ist mir da nicht untergekommen."

„Hmmm", machte Gregor, der sich auch für den Fall zu interessieren begann.

„Oder Moment!" Mit einem Mal begannen Brökers Augen zu leuchten. „Sitzt da nicht inzwischen dieser Schlangenbader? Ich glaube, er macht irgendwas Moderneres innerhalb der Soziologie. Auf jeden Fall eine Koryphäe auf seinem Gebiet. Als ich studiert habe, war er gerade frisch berufen."

„Schlangenbader? Nie gehört", nuschelte Ulf und zappte weiter.

„Doch, doch, ich glaube, ich habe Recht. Und wenn das stimmt, war dieser Florian bestimmt sein Sohn", mutmaßte Bröker. „Florian Schlangenbader, ja, das könnte ich mir vorstellen."

„Stimmt! Schlangenbader ist Soziologe an der Bielefelder Uni", bestätigte Gregor.

Bröker sah zu seinem Freund und wunderte sich wieder einmal, wie dieser scheinbar aus dem Nichts sein Netbook hervorgezaubert hatte und ihm mit einer verblüffenden Geschwindigkeit Informationen entlockte.

„Er ist Mediensoziologe", fuhr der Junge fort. „Und mir scheint: Wenn er auch nicht auf dem Lehrstuhl sitzt, den Niklas Luhmann einmal innehatte, so genießt er doch ein ganz ordentliches Ansehen. Er hat eine Reihe von Büchern zum Thema Medien und Soziologie der

Moral herausgebracht und ist Sprecher eines Sonderforschungsbereiches. Der WDR scheint ihn auch regelmäßig zu fragen, wenn es um Soziologie und Medien geht. Er ist 58 Jahre alt und seit knapp zwei Jahrzehnten in Bielefeld. Bielefeld ist ja berühmt für seine Soziologie." Nach einer Pause fügte er hinzu: "Schaut, und so sieht er aus!" Er schob den Bildschirm seines Minicomputers in Brökers und Ulfs Richtung. Während Ulfs Blick das Foto nur kurz streifte, unterzog Bröker es einer eingehenden Betrachtung.

Gregor tippte flink noch einmal etwas in die Adresszeile des Internetbrowsers. "Du hattest Recht, Bröker!", verkündete er. "Florian Schlangenbader ist sein Sohn."

Nun schaltete sich Ulf wieder ein. Er schien etwas genervt von der Unterhaltung seiner Mitbewohner. "Wieso willst du das eigentlich alles wissen, Bröker?"

"Gute Frage", murmelte der vor sich hin. "Ich kann es nicht so genau sagen."

Derweil hatte Gregor noch etwas gefunden. "Guckt mal: Vor ein paar Jahren war Schlangenbader sogar in einen kleinen Skandal verwickelt. ,Schlagende Beweise'", zitierte er einen Zeitungsartikel, den er im Internet gefunden hatte. "In ungewohnter Heftigkeit trugen Wissenschaftler auf dem *Kongress der Soziologen* einen Disput aus. Der Bielefelder Soziologe P. Schlangenbader geriet über den Widerspruch einiger Kongressteilnehmer zu seinen Thesen in einem Vortrag derart in Rage, dass er einen von ihnen körperlich attackierte. Eine weitere Eskalation des Streites konnten die Organisatoren der Tagung nur mit Mühe verhindern.'"

"Hm, das könnte ins Bild passen", murmelte Bröker.

Eine Pause entstand. Bröker fühlte die Blicke seiner Mitbewohner zweifelnd auf sich ruhen und gab es auf.

„Ja, na gut, was soll's! Ich bin zu neugierig zu erfahren, was eigentlich genau mit Florian Schlangenbader passiert ist. Schaut euch doch mal diesen Professor an. Auf dem Foto wirkt er irgendwie unheimlich, findet ihr nicht auch? Und dann dieser Bericht. Er scheint ja zur Gewalt zu neigen. Bei so einem könnte ich mir alles vorstellen."

„Mr. Marple plant seinen nächsten Fall!", rief Gregor mit gespielter Aufregung. Dann schaute er Bröker an. Der machte ein enttäuschtes Gesicht. „Du glaubst doch nicht wirklich, anhand eines Fotos erkennen zu können, ob jemand ein Mörder ist!"

Insgeheim gab Bröker ihm Recht. Natürlich war das ein Schnellschuss von ihm. Ja, wenn er überhaupt zu diesem Zeitpunkt etwas vermuten wollte, so musste er ja geradezu den Professor verdächtigen. Die einzige Person, die er in diesem Fall sonst noch kannte, war das Opfer. Andererseits aber ärgerte er sich, dass Gregor ihm so schnell in die Parade gefahren war. Die gemeinsame Recherche gerade hatte in Bröker Erinnerungen an den Fall geweckt, den er wenige Monate zuvor zusammen mit ihm gelöst hatte. Wie gut sich das anfühlte. Und wie schade war es, dass das alles schon vorüber war.

„Ich habe einfach so ein komisches Gefühl …", antwortete er daher halsstarrig.

„Dein kriminalistischer Scharfsinn in allen Ehren, aber du hast doch nur einen kurzen Blick auf das Opfer geworfen und einen weiteren auf den vermeintlichen Täter. Mit so einem komischen Gefühl solltest du zum Arzt gehen!", lachte Gregor, ahnte jedoch, dass Bröker so schnell nicht nachgeben würde.

Und richtig, schon entgegnete sein älterer Freund: „Aber warum wurde Florian Schlangenbader gerade in der Uni ermordet? War er etwa mit 28 noch Student?"

„Woher soll ich das wissen! Aber findest du diese Argumente nicht ein wenig an den Haaren herbeigezogen? Nach allem, was du von dir selbst erzählt hast, solltest du dich nicht allzu sehr wundern, wenn jemand mit 28 noch studiert! Und außerdem: Wieso sollte Schlangenbader seinen Sohn umbringen und wieso ausgerechnet dort, wo er arbeitet?"

Ulf, der sich unterdessen weiterhin an der Vielfalt der Programme erfreute, wiegte halb abwesend den Kopf: „Das verstehe ich auch nicht."

Bröker hätte nicht erklären können, weshalb er seine Vermutung mit Zähnen und Klauen verteidigte. Aber so war er schon als kleines Kind gewesen. Gerade, wenn alle anderen ihm widersprachen, konnte er sich besonders hartnäckig in eine Vorstellung verbeißen. Vielleicht aber *wollte* er auch einfach nur jemanden verdächtigen.

Auf jeden Fall, so beschloss er, konnte ihm ein wenig Recherchearbeit nur gut tun. Und falls er sich mit seiner Vermutung irren sollte, könnte er das ja anschließend immer noch zugeben.

„Ich kann euch doch auch noch nicht sagen, wieso ich den Professor verdächtige, aber ich werde ihn mal genauer unter die Lupe nehmen", antwortete er daher bestimmt. „Gregor, kannst du mir sagen, wo dieser Schlangenbader sein Büro hat?"

„Klar kann ich das", gab der Junge zurück. „Aber du willst doch nicht allen Ernstes in das Arbeitszimmer dieses Professors stiefeln und ihn ohne irgendeinen Beweis in der Hand des Mordes an seinem eigenen Sohn beschuldigen."

„Na, ganz so plump werde ich es schon nicht anstellen. Du kennst mich doch!"

„Eben darum ja!" Trotzdem gab er seinem Freund eine Zimmernummer im Soziologietrakt der Bielefelder Universität.

„Heute werde ich ihn sowieso in Ruhe lassen. Er wird vermutlich gerade Besseres zu tun haben, als in seinem Büro zu sitzen. Außerdem wird es höchste Zeit, dass ich was für uns koche! Dafür muss ich allerdings erst einmal einkaufen gehen, es ist so gut wie nichts mehr im Haus. Sag mal, Ulf, was isst du eigentlich gerne?"

„Hm, Essen ist mir eigentlich nicht so furchtbar wichtig. Hauptsache man kann es nebenbei futtern", antwortete der neue Mitbewohner und Bröker ahnte, dass dies keine gute Voraussetzung für eine Freundschaft zwischen ihnen war.

Kapitel 6
Der Schein trügt

Als Bröker am nächsten Vormittag erwachte, fühlte er sich zum ersten Mal seit Wochen ausgeschlafen. Der Tote, der immerhin vor seinen Augen aus dem Wasser gezogen worden war, hatte seinen Schlaf nicht gestört. Ja, es schien vielmehr, als hätten die Ereignisse des Vortages Brökers Gemüt ein wenig aus dem trüben Einerlei gerissen und ihm so eine besonders tiefe Ruhe beschert. Jedenfalls pfiff er auf dem Weg ins Badezimmer seit Langem wieder einmal seinen Lieblingsschlachtgesang des heimischen Fußballvereins. Als er ein paar Minuten später die Treppe hinabstieg, wurde seine Laune jedoch schon wieder getrübt. Lautes Gekreische drang aus dem Wohnzimmer. Offensichtlich lief bereits der Fernseher. Dass Bröker einen weiteren Gast in seinen

Räumlichkeiten aufgenommen hatte, hatte er bei der Freude über seinen Tiefschlaf ganz verdrängt. Umso deutlicher machte sich dieser nun bemerkbar. Bröker konnte die Geräusche als Dialoge einer Gerichtsverhandlung identifizieren. Vorsichtig steckte er den Kopf ins Wohnzimmer.

„Guten Morgen!", begrüße er seinen Gast.

„Morgen", grüßte Ulf knapp zurück. Seine Augen blieben starr auf den Apparat geheftet. Als er den Mund wieder schloss, bildete sich zwischen Ober- und Unterlippe ein dünner Faden Milch. Der stammte zweifellos von den Cornflakes, die der neue Mitbewohner aus einem Schälchen löffelte. Bei genauerem Hinsehen stellte Bröker fest, dass es sich um ein Teil des Geschirrs handelte, das seine Mutter immer als „Maria weiß" bezeichnet hatte. Er hatte dies als Kind jahrelang für einen religiösen Aberglauben gehalten, bis er realisiert hatte, dass „weiß" die Farbe des Services bezeichnete. Wenn man vom Abstauben absah, hatte Bröker bis zu diesem Moment das Geschirr die Vitrine noch nicht verlassen sehen. Ulf musste das zerbrechliche Schälchen aus dem Glasschrank genommen haben und anscheinend hatte er diesbezüglich auch keine Bedenken.

„Ich war schon einkaufen", verkündete er stolz und sah kurz zu Bröker hoch. „Cornflakes hattest du ja leider keine im Haus. Dafür ist jede Menge anderes Zeug im Kühlschrank, aber das weißt du ja selbst!"

„Ja, das weiß ich", bestätigte Bröker. „Ich habe es sogar selbst gekauft. Hast du zufällig Brötchen mitgebracht?"

„Nö, ich wusste ja nicht, dass du welche willst."

„Ich esse immer Brötchen, wenn ich welche bekommen kann", informierte Bröker seinen Gast.

„Du kannst etwas von meinen Cornflakes haben", bot Ulf freimütig an.

Dankend lehnte Bröker ab. Dabei ärgerte er sich, wie sehr Ulf betonte, dass es sich um seine Cornflakes handelte, während ihm die Eigentumsverhältnisse bei der Milch weit weniger wichtig zu sein schienen. Doch Ulf bemerkte den Unmut seines Gastgebers nicht. Der Streit zwischen dem laienhaft agierenden Staatsanwalt und dem Verteidiger, der alle Eigenschaften dieser verhassten Berufsgruppe in sich zu vereinen schien, zog ihn weit mehr in seinen Bann, als Bröker es vermochte. Dieser wiederum ertappte sich dabei, wie bei aller Abneigung auch sein Blick immer wieder zum Bildschirm huschte.

„Was ist das eigentlich?", fragte er seinen neuen Mitbewohner. „Worum geht es?"

„Ach, nur so eine Gerichtsshow", verriet der das Offensichtliche. „Ich kann die kaum auseinanderhalten. Außerdem sind das eh nur Wiederholungen. Nicht besonders spannend."

Bröker konnte nur vermuten, wie wenig Ulf ansprechbar war, wenn ihn ein Programm faszinierte. Mit einem raschen Entschluss riss er sich von der Mattscheibe los und begab sich in die Küche. In Ermangelung von Brötchen toastete er sich vier Scheiben Weißbrot und belegte sie mit Lachs. Dazu briet er sich ein kleines Rührei aus zwei Eiern.

„So sieht ein richtiges Frühstück aus!", verkündete er, als er zurück zu Ulf ins Wohnzimmer kam. Der allerdings würdigte die Mahlzeit ebenso wenig eines Blickes wie ihren Besitzer kurz zuvor. Bröker setzte sich auf das noch freie Exemplar der beiden Cordsessel. Ulf hatte inzwischen den Sender gewechselt. Nun lief eine

Sendung, die zeigte, wie Paare sich ihre erste gemeinsame Wohnung einrichteten. Jessy und Mike waren sich nicht ganz einig. Als Uli ins Wohnzimmer kam und sich mauzend neben den Fernseher setzte, weil keiner seiner beiden Lieblingssessel frei war, war Bröker nicht überrascht, dass Ulf auch den Kater ignorierte. Bröker klopfte auf seine Oberschenkel, um Uli anzulocken, doch dieser rollte sich mit vorwurfsvollem Blick auf dem Teppich zusammen, miaute noch einmal und schloss dann die Augen. Auch wenn sich der Kater und Ulf zwei von drei Buchstaben des Vornamens teilten, schien Ersterer mit dem neuen Mitbewohner ebenso wenig einverstanden wie Gregor.

Wortlos vertilgte Bröker sein Frühstück. Die beiden Lokalblätter, die er mitgebracht hatte, ließ er unberührt neben dem Teller liegen. Bei dem Geplärre des Fernsehgerätes versuchte er erst gar nicht, einen Blick hineinzuwerfen. Stattdessen gab er sich Mühe, in die Sendung hineinzukommen. Das war nicht besonders schwer. Allerdings schämte sich Bröker für das Verhalten des Paares und fragte sich, was ein halbwegs intelligenter Mensch daran finden konnte. Trotzdem ertappte er sich auch hier immer wieder dabei, wie er sich von den Bildern gefangen nehmen ließ. Als Ulf völlig unvermittelt zurück zu der Gerichtsshow zappte, war Bröker für einen Moment tatsächlich enttäuscht. Immerhin bewirkte dies, dass er sich an seinen am Vorabend gefassten Entschluss erinnerte, sich mit einem echten Verbrechen zu befassen. Heute wollte er doch dem Professor auf den Zahn fühlen!

„Sag mal, Ulf, du hast doch vermutlich auch ein paar Jahre an der Uni verbracht", versuchte er ein Gespräch anzufangen.

„Hm", machte Ulf und schaute weiter auf den Fernseher.

„Was meinst du, wie nähere ich mich diesem Schlangenbader am unauffälligsten. Hast du eine Idee?"

„Nö."

Bröker seufzte. Von seinem neuen Mitbewohner war gegenwärtig eindeutig keine Hilfe zu erwarten. Er stützte den Kopf auf die Hände und sah auf seinen leeren Teller. Dann kam ihm eine Idee. Er ging hinauf ins Bücherzimmer, das nur deshalb so hieß, weil sich in ihm noch mehr Bücher befanden als in den anderen Räumen, und begann in einem alten Aktenordner zu wühlen. Leporellos mit alten Studienbescheinigungen gerieten ihm zwischen die Finger. Anhand der Papiere mit der ausgeblichenen Schrift eines Nadeldruckers ließ sich nachvollziehen, dass er mehrfach das Studienfach gewechselt hatte. Für Physik war er ebenso eingeschrieben gewesen wie für Mathematik, Technische Informatik, Soziologie und Philosophie. Bröker erinnerte sich, dass er Gregor mit der Vielfalt seiner Studienrichtungen beeindruckt hatte. Trotzdem war es nicht das, was er suchte. Die für ihn interessanten Schriftstücke befanden sich im hinteren Teil des Ordners. Dort waren seine Scheine wie auch die Hausarbeiten und Klausuren abgeheftet, mit denen er sie verdient hatte.

„Ich wusste es doch!", strahlte Bröker und zog drei vergilbte Scheine aus einer Klarsichthülle. Sie waren nicht nur im letzten Jahrtausend ausgestellt worden, sondern trugen auch die Signaturen von Professoren, die sich allesamt längst im wohlverdienten Ruhestand befanden. Neben der Unterschrift fand sich das Siegel der Fakultät für Soziologie der Universität Bielefeld. Außer einem Schein über „Grundbegriffe der Soziologie" und einem über „Soziologische Theorien" hatte er noch einen über „Empirische Methoden der Sozialforschung" gemacht. Er erinnerte sich noch, dass ihm die Hausarbeiten nicht sonderlich zu schaffen gemacht hatten. Dafür aber das Verhalten seiner Kommilitonen. Wie schon bei so vielen Studienanläufen zuvor hatte er daher nach einiger Zeit beschlossen, dass er in der gut ausgestatteten Universitätsbibliothek ebenso gut lernen konnte wie in den Vorlesungen und Seminaren, und sich dorthin zurückgezogen. Das war schon deshalb verlockend für Bröker gewesen, weil er so nicht mehr an die Veranstaltungszeiten gebunden gewesen war, wenn diese auch zugegebenermaßen in der Soziologie so lagen, dass sie Brökers Tagesablauf sehr entgegenkamen. Leider aber hatte dieses Verhalten stets zur Folge gehabt, dass er nach einer Weile das jeweilige Fach ganz aufgab. Bröker liebte zwar die Wissenschaft, aber für ein Selbststudium, das auch zu einem anerkannten Abschluss führte, war er nicht diszipliniert genug. Irgendwann war er dann gar nicht mehr zur Uni gefahren und einige Jahre später hatte er sich exmatrikuliert. Das hatte für ihn einen größeren Schnitt bedeutet, als er zugeben mochte, und spätestens ab diesem Zeitpunkt hatte er, abgesehen von seiner Mutter, kaum noch zu einem Menschen Kontakt gehabt.

Doch all das war gerade völlig vergessen. „Also habe ich die Scheine damals doch nicht vergeblich gemacht", lächelte Bröker. Vergnügt hielt er sie vor sich hoch. „Ihr werdet mir die Tür zu Schlangenbader öffnen!"

Schon zwei Stunden später stand er vor der Bürotür des bekannten Soziologen der Universität Bielefeld. „Prof. Dr. Peter Schlangenbader, Sprechstunde nach Vereinbarung", las er. Nun, vereinbart hatte er nichts. Aber vielleicht hatte Schlangenbader ja trotzdem etwas

Zeit für ihn übrig. Wenn er denn überhaupt in seinem Büro war. Schließlich war erst gestern sein Sohn tot aufgefunden worden. Er klopfte. Von der anderen Seite der Bürotür kam keine Antwort. Er klopfte noch einmal. Nun öffnete sich die Tür neben Schlangenbaders Büro und eine untersetzte Frau mit einer roten Hornbrille schaute hinaus: „Kann ich Ihnen helfen?"

„Ich würde gern mit Herrn Schlangenbader sprechen. Wissen Sie vielleicht, wann er zu erreichen ist?", erkundigte sich Bröker artig.

„Worum geht es denn?"

„Oh, ich habe vor geraumer Zeit mein Soziologiestudium unterbrochen und bräuchte nun eine Beratung, wie ich wieder einsteigen kann. Herr Schlangenbader schien mir aufgrund meiner Schwerpunkte dafür genau der richtige Ansprechpartner."

„Einen Moment bitte!"

Das Brillengesicht verschwand und Bröker hörte Schritte trippeln, dann ein Klopfen, das von jenseits der Tür kam. Anscheinend handelte es sich bei der Frau um Schlangenbaders Sekretärin und es gab eine Zwischentür, die ihr Zimmer mit dem ihres Chefs verband. Wenig später trippelten die Schritte zurück und das Sekretärinnengesicht erschien wieder. Freundlich und ermunternd lächelte es ihn an.

„Na, dann kommen Sie mal durch!"

Die Vorzimmerdame winkte Bröker hinein und durch das Sekretariat betrat er das Allerheiligste ihres Vorgesetzten. Schlangenbader saß mit dem Rücken zur Tür an einem Computer und tippte. Er war ganz in Schwarz gekleidet und deutlich kleiner und hagerer, als Bröker ihn sich aufgrund des Fotos vorgestellt hatte. Das Büro hingegen sah genau so aus, wie man es von ei-

55

nem geisteswissenschaftlichen Professor erwartete. Drei der vier Wände waren bis zur Decke mit Bücherregalen zugestellt, an zweien war jeweils eine Tür ausgespart. An der vierten Wand boten drei Fenster einen Ausblick auf eine Finnbahn und den dahinter liegenden Teutoburger Wald. Auf der Fensterbank stand eine leere Rotweinflasche. Kein schlechter Tropfen, wie Bröker bemerkte. Gegenüber Schlangenbaders Schreibtisch befand sich ein Besucherstuhl und ein Stückchen daneben stand ein Besprechungstisch, umgeben von drei Stühlen, der über und über mit Papieren bedeckt war. Bröker stellte sich vor, dass hier auch die mündlichen Prüfungen stattfanden, und wurde unsinniger Weise etwas aufgeregt.

Während er den Raum musterte, schrieb der Professor weiter an seinem Computer. Bröker zögerte. Sollte er Schlangenbader einfach ansprechen? Er veränderte seine Position und hoffte, sich so langsam in das Blickfeld des Hochschullehrers zu schieben. Der aber schrieb weiter. Schließlich räusperte sich Bröker. Erst leise, dann noch einmal deutlicher und schließlich so kräftig, dass dies einen echten Hustenreiz auslöste und er auch nicht aufhören konnte zu husten, als sich der Professor ihm schon längst zugewandt hatte.

Schlangenbader hatte blasse, hellblaue Augen, die fast durchsichtig wirkten. Sein pechschwarzes Haar und seine hagere Gestalt verstärkten diesen Eindruck. Außerdem verriet eine Falte zwischen seinen Augenbrauen, dass er über das Benehmen seines Besuchers wenig erfreut war.

„Sie müssen schon entschuldigen, aber ich muss das hier gerade noch zu Ende machen. Setzen Sie sich doch schon mal!", wies er Bröker zurecht. Der nahm auf dem

Besucherstuhl Platz. Dann aber schien sich der Professor anders zu besinnen: „Wie geht es Ihnen denn?"

Er nuschelt, dachte Bröker. Und wieso fragte ihn der Professor nach solch einer ungnädigen Begrüßung, wie es ihm ging. Nun ja, ein wenig Smalltalk konnte sicherlich nicht schaden.

„Och, eigentlich geht es mir ganz gut", entgegnete er daher. „Wenn es Herbst wird, muss man ja immer ein wenig mit seinen Gemütsverstimmungen kämpfen, aber ansonsten ... Und Ihnen?", zeigte sich Bröker höflich auch an seinem Gegenüber interessiert und war mit dem Einstieg zufrieden. Vielleicht ließe sich so etwas über Schlangenbaders Reaktion auf den Tod seines Sohnes erfahren.

Der Professor schaute ihn konsterniert an. Dann wurde die Furche zwischen seinen Augenbrauen noch etwas tiefer. „Nicht *wie* es Ihnen geht, sondern *worum* es Ihnen geht, will ich wissen!"

„Oh!" Bröker mochte im Boden versinken. Natürlich wollte der Professor nicht mit einem unbekannten Besucher Gedanken über Herbstdepressionen austauschen, geschweige denn sich darüber unterhalten, dass sein Sohn am Tag zuvor tot im Unischwimmbad aufgefunden worden war. Wie hatte er nur so dumm sein können!

„Entschuldigung!", schrie er beinahe. Schlangenbader sah ihn entgeistert an. Bröker fasste sich ein Herz und begann sein vorgetäuschtes Anliegen vorzutragen.

„Ich komme, weil ich hier vor ein paar Jahren begonnen habe, Soziologie zu studieren."

„Na, das muss aber schon mehr als ein paar Jahre her sein!", sagte Schlangenbader, ohne eine Miene zu verziehen, und Bröker fand, dass ihm solch eine Bemerkung eigentlich nicht zustand. Andererseits verstand er, dass sein Auftritt eben den Professor gereizt hatte.

„Nun ja, ich wollte ja nicht nur Soziologie verstehen, sondern auch Philosophie, Mathematik und Informatik", gab er daher zurück.

Die Augenbrauen des Professors schnellten nach oben. „Und wie kann ich Ihnen bei all dem behilflich sein?"

Bröker beschloss endgültig, dass ihm sein Gegenüber missfiel. Der Hochschullehrer schien die Gesprächssituation ganz selbstverständlich dominieren zu wollen. Das konnte natürlich auch damit zusammenhängen, dass Schlangenbader nun einmal eben der Professor war und sich Bröker mit seinen letzten Sätzen als Student zu erkennen gegeben hatte. Trotzdem wurde ihm Schlangenbader durch seine Reaktion nicht sympathischer.

Bröker gab sich einen Ruck und versuchte auszublenden, was Schlangenbader von ihm denken mochte. Schließlich dachte der dies nur über eine erfundene Version von ihm. Vielleicht bekam er ja doch noch etwas Wichtiges heraus.

„Ich habe damals diese Scheine hier gemacht", sagte er deshalb ruhig und zog einen Schnellhefter aus seinem Rucksack, in den er seine drei Leistungsnachweise gesteckt hatte. Der Hochschullehrer warf einen flüchtigen Blick auf die Papiere.

„Ja, das sind natürlich die Anfangsgründe", nickte er. „Aber was wollen Sie damit?"

„Ich habe überlegt, ob ich mein Studium nun nicht doch abschließen könnte."

Schlangenbader schaute noch einmal auf die Scheine.

„Das ist aber noch ein weiter Weg. Wenn ich das richtig sehe, haben Sie damals auf Diplom studiert."

Bröker nickte. Auf was sonst, dachte er, sagte aber nichts.

„Den Studiengang gibt es inzwischen ja nicht mehr", erklärte der Professor.

Bröker stutzte. Dann erinnerte er sich, dass er einige Berichte über die Bachelor- und Masterstudiengänge gelesen hatte. Vermutlich hatte die Amerikanisierung auch an der Universität Bielefeld Einzug gehalten.

„Und für einen Bachelorabschluss kann man diese Scheine nicht gebrauchen?", fragte er.

„Nun, ich kann Ihnen die schon anrechnen", bestätigte Schlangenbader. „Aber ich denke, Sie sollten sich überlegen, ob Sie sich solch ein Bachelorstudium wirklich noch antun wollen. Sie sind ja nicht mehr der Jüngste und ganz gleich, ob Sie nun Ihre anderen Studiengänge abgeschlossen haben oder nicht, sollten Sie sich vielleicht auch einmal mit dem Arbeitsleben vertraut machen, bevor Sie direkt nach dem Studieren in Rente gehen." Zu diesen Worten lächelte der Professor dünn.

Bröker sah seine Antipathie für Schlangenbader als immer gerechtfertigter an. Der Mann war arrogant und bösartig. Ob so bösartig, wie er vermutete, war natürlich zum jetzigen Zeitpunkt noch nicht zu sagen, aber unmöglich erschien es ihm nicht.

„Aber denken Sie denn nicht, dass Sie ein interessantes Fach lehren?", hakte er deshalb provozierend nach. „Was kann ich denn tun, wenn ich mehr über Soziologie erfahren möchte?"

„Als Erstes sollten Sie sich überlegen, ob ein Bachelorstudium für Sie überhaupt das Richtige ist", beriet ihn der Hochschullehrer. „Bedenken Sie, wie viele Klausuren da zu schreiben sind. Mit zwei oder drei Scheinen im Grund- und Hauptstudium wie zu Ihren Zeiten ist es da nicht getan."

Bröker spürte, wie langsam die Wut auf seinen Gesprächspartner in ihm aufstieg. Auch zu dessen Studienzeiten hatten die Prüfungsordnungen doch vermutlich nicht mehr als ein paar Scheine im kompletten Studium vorgesehen.

„Wann könnten Sie eigentlich ein Studium im Alter aufnehmen?", setzte Schlangenbader inzwischen seine Unverschämtheiten fort. Bröker hatte endgültig genug. Ermittlungen hin oder her, er würde sich zur Wehr setzen. Das grenzte ja an Diskriminierung. Vielleicht sollte er den Professor einfach mit dem Verdacht konfrontieren, er habe seinen Sohn umgebracht, und sei es auch nur, um ihn ebenso schlecht zu behandeln wie der ihn. Was hatte er schließlich schon zu verlieren? Bröker holte Luft.

Kapitel 7
Schneller als Bröker erlaubt

Doch bevor Bröker aus der Haut fahren konnte, erklangen aus dem anliegenden Sekretariat Stimmen. Ebenso wie der Professor schaute er zur Verbindungstür, die sich wie auf Befehl öffnete. Schlangenbaders Sekretärin schob sich hindurch, genauer gesagt ihr Hinterteil, mit den Armen war sie damit beschäftigt, drei Eindringlinge abzuwehren.

„Ich habe Ihnen doch gesagt, der Herr Professor ist in einer Besprechung!" Dass die Sekretärin ihren Chef „Herr Professor" nennen musste, überraschte Bröker nicht.

„Und ich habe Ihnen gesagt, dass ich nicht warten kann." Mit diesen Worten drängte sich einer der ungebetenen Gäste an der Sekretärin vorbei.

„Schewe!" Bröker konnte sein Erstaunen nicht verbergen. Seinem Gegenüber ging es ebenso: „Bröker, was machen Sie denn hier?"

„Oh, ich lasse mich von Herrn Schlangenbader nur bezüglich meiner zukünftigen Kurse beraten."

„Sie studieren?" Schewe sah Bröker an, als habe er ihm dies nicht zugetraut.

„Ich habe studiert", erklärte der. „Aber nicht zu Ende. Und nun habe ich darüber nachgedacht, das Studium eventuell wieder aufzunehmen. Leider rät mir aber der Herr Professor davon ab. Er meint, ich solle endlich einmal arbeiten."

„Na, schaden könnte das auf keinen Fall!", bestätigte Schewe. „Dann hätten Sie zumindest weniger Möglichkeiten, mir ständig in meine Mordermittlungen zu pfuschen. Ich habe da nämlich einen ganz bestimmten Verdacht, wenn ich Sie hier sehe."

Unterdessen hatte sich auch Schlangenbader von seiner Verwunderung über den unerwarteten Besuch erholt.

„Darf ich fragen, wer Sie sind und was Sie zu mir führt?", wandte er sich an Schewe.

„Aber natürlich!" Schewes Körper straffte sich. Vermutlich wurde einem auf der Polizeischule eingeimpft, dass man auf diese Weise Autorität ausstrahlte.

„Sie haben bereits mit meinen Kollegen gesprochen. Hauptkommissar Schewe mein Name. Und das sind Polizeimeister Uflerbäumer und Polizeiobermeisterin Kröger", stellte er auch seine beiden Kollegen vor, die sich inzwischen ebenfalls den Weg vorbei an der Sekretärin gebahnt hatten. Der Professor nickte bloß kurz. Er erschien Bröker trotz der ganzen Aufregung recht gleichmütig.

„Wir hätten noch ein paar Fragen zum …" Schewe brach ab und blickte zu Bröker und dann zu Schlangenbader.

Auch der Hochschullehrer wandte sich nun dem vermeintlichen Studenten zu.

„Ich muss Sie bitten, den Raum zu verlassen. Wenn Sie einen Moment Zeit haben, können wir unser Gespräch gleich fortsetzen. Ich kann mir nicht vorstellen, dass es mit dem Besuch hier lange dauern wird."

Bröker bewegte sich nicht. Nicht nur, dass der abrupte Wechsel der Gesprächssituation nicht seinem Temperament entsprach. Er mochte auch zu gerne wissen, was die Polizei von Schlangenbader wollte. Doch bevor der Professor ihn noch einmal nachdrücklicher bitten konnte, führte ihn die Sekretärin mit sanftem Druck ins Vorzimmer. Bröker wollte protestieren, doch die Vorzimmerdame zog die Durchgangstür zwischen den beiden Büros nur so weit zu, dass diese einen kleinen Spalt weit offen stehen blieb. Neugierig lugte sie durch ihn hindurch und bekam vor lauter Spannung nicht mit, dass auch Bröker das Geschehen im Nebenzimmer nicht kaltließ. So dicht wie möglich drängte er sich hinter sie. Hoffentlich hält sie das nicht für eine sexuelle Offerte, schoss es ihm durch den Kopf, als er versuchte, die verschiedenen Gesprächsteilnehmer durch den Türschlitz zu erspähen.

Im Büro des Professors schien sich inzwischen Polizeiobermeisterin Kröger einzumischen.

„Ich glaube nicht, dass es sich für Herrn Bröker lohnen wird zu warten", verkündete sie mit stolzer Stimme.

Durch den schmalen Türspalt konnte Bröker Schewe sehen. Er bedachte jemanden, vermutlich die Polizistin, mit einem strafenden Blick. Eine Geste, die er anscheinend sehr oft einsetzte.

Der Professor hakte nach: „Gibt es Neuigkeiten? Haben Sie den Täter gefasst?"

Interessiert beobachtete Bröker, wie Schewe in die Innentasche seines Jacketts griff und einen kleinen transparenten Plastikbeutel hervorzog. Bröker sah etwas Goldenes aufblitzen, als der Kommissar damit in Richtung Schlangenbader ging.

„Herr Schlangenbader, Sie kennen nicht zufällig diesen Ring?" Wieder klang Schewe wie das Audiomaterial eines Polizeilehrbuchs.

„Es scheint sich um einen Ehering zu handeln", stellte der Professor fest und Bröker musste sich zusammennehmen, um diese Erkenntnis nicht zu kommentieren.

„Genau!", bestätigte der Kommissar. „Und wissen Sie, was auf der Innenseite eingraviert ist?"

„Wie sollte ich das wissen können." Der Professor wirkte ehrlich verdutzt.

„Friederike, 7.2.1982!", fuhr Schewe fort, ohne auf die Frage seines Gegenübers einzugehen. „Sagt Ihnen das vielleicht etwas?"

„Was? Dann muss es mein Ring sein! Friedcrike war meine Frau. Der 7. Februar 1982 war unser Hochzeitstag." Nun war Schlangenbader ernsthaft irritiert. „Woher haben Sie den Ring?"

„Herr Schlangenbader, wir haben diesen Ring im Filtersystem des Universitätsschwimmbades gefunden. Haben Sie irgendeine Idee, wie er dorthin gekommen sein könnte?" Schewe hatte sich nun zu voller Größe aufgebaut.

„Nein, das ist mir völlig schleierhaft."

In Brökers Vorstellung war der Professor inzwischen bleicher als noch vor wenigen Minuten. Ob dies stimmte, konnte er jedoch leider nicht sehen. Auf jeden Fall aber klang er weniger arrogant, was Bröker eine gewisse Befriedigung verschaffte. Schewe sah ihn prüfend an.

„Beim besten Willen, ich kann es Ihnen nicht sagen!", fuhr der Professor daher fort. „Sie wissen ja wahrscheinlich, dass Friederike uns, also mich und die Kinder, schon vor vielen Jahren verlassen hat. Natürlich trägt man den Ehering aus Sentimentalität noch weiter, hofft, dass sich alles doch noch zum Guten wendet. Aber mit der Zeit erschien mir diese Geste immer seltsamer und irgendwann habe ich beschlossen, ihn abzulegen."

„Und diesen Entschluss haben Sie zufällig genau gestern gefällt und den Ring ins Unischwimmbad geworfen?"

Bröker musste sich die Hand vor den Mund halten, um nicht laut aufzulachen. Polizeiobermeisterin Kröger schien eine Humoristin zu sein.

„Vielleicht wollte ich damals unbewusst ein Zeichen setzen. Dass ich darüber hinweg bin, dass unsere Familie zerbrochen ist", fuhr Schlangenbader ungerührt fort. Er schien sich mit seinen Gedanken weit in der Vergangenheit zu befinden. Bröker fragte sich, ob er die Frechheit der Polizistin überhaupt zur Kenntnis genommen hatte. „Ich dachte eigentlich, ich hätte ihn in meine Schreibtischschublade gelegt. Als Mann hat man ja wenig Aufbewahrungsmöglichkeit für derlei Accessoires."

Mit einem Mal wurde Bröker klar, was diese ganze Szene in Schlangenbaders Büro bedeutete – er schien mit seinen Vermutungen Recht gehabt zu haben! Brökers Herz begann vor Aufregung zu klopfen. Auch die Sekretärin schien die prekäre Lage ihres Vorgesetzten zu erkennen und vergrößerte vorsichtig den Spalt, den die Tür geöffnet war. Bröker stellte sich auf die Zehenspitzen und konnte so endlich einen Blick auf alle Gesprächsteilnehmer werfen.

„Nehmen wir einmal an, dass dies alles genau so war, wie Sie es uns gerade glauben machen wollen …", begann Schewe.

Schlangenbader wollte aufspringen, aber der Hauptkommissar bedeutete ihm mit einer Geste, von der Bröker verwundert zur Kenntnis nahm, dass sie tatsächlich echte Autorität ausstrahlte, sitzen zu bleiben.

„Also, nehmen wir an, es war so. Wie erklären Sie sich dann, dass wir Ihren Ehering aus dem Filtersystem des Schwimmbeckens gefischt haben, in dem Ihr Sohn tot aufgefunden wurde?"

„Das frage ich mich natürlich auch", gab sein Gegenüber zu. „Das Einzige, was mir einfällt, ist, dass mein Sohn den Ehering an sich genommen hat. Vielleicht als eine Art Andenken. Er hat sehr an seiner Mutter gehangen, müssen Sie wissen. Ich weiß zwar nicht, was sich gestern Abend genau in der Schwimmhalle abgespielt hat, und ich weiß auch nicht, inwieweit Sie, meine Damen und Herren, schon Licht in dieses Dunkel haben bringen können, aber wenn man meinen Sohn dort im Schwimmbad umgebracht hat, wird er sich vermutlich nicht kampflos ergeben haben. Vielleicht ist der Ring dabei ins Wasser geraten."

„Das klingt nicht zwingend unplausibel", gestand Schewe Schlangenbader fürs Erste zu. Jedoch nur um umzuschwenken. „Besitzen Sie eigentlich einen Elektroschocker?"

Der Professor schaute den Kommissar ungläubig an. „Wie kommen Sie darauf?"

„Ihr Sohn wurde mit einem solchem Gerät betäubt. Dies erlaubte dem Täter, ihn zu überwältigen, in den Sack zu stecken und zu ertränken."

Die Augen des Professors weiteten sich. „Woher wissen Sie das?"

„Dafür haben wir unsere Gerichtsmedizin. In Kürze zusammengefasst: Der Schocker hat die typischen Spuren auf den Unterarmen hinterlassen."

Schewe machte eine Pause und sah Schlangenbader fest in die Augen. „Und, besitzen Sie nun einen Elektroschocker?"

Der Professor wand sich sichtlich, dann gab er sich einen Ruck. „Ich weiß zwar nicht, was das alles hier soll, aber ja, ich besitze tatsächlich einen Taser. Besser gesagt, ich besaß ihn."

Polizeiobermeisterin Kröger lachte höhnisch. „Lassen Sie mich raten, den haben Sie auch ganz zufällig verloren?"

Der Professor sah die Beamtin entgeistert an und wandte sich dann an Schewe. „Muss ich mir diesen Tonfall eigentlich bieten lassen?"

Doch Schewe ließ Schlangenbaders Beschwerde abprallen. „Was ist denn nun mit Ihrem Elektroschocker, wo ist er?"

„Das kann ich Ihnen nicht sagen."

„Ha!", machte die Polizeiobermeisterin und stemmte die Hände in die Hüften.

Schlangenbader machte eine abwinkende Geste und seufzte. „Ich habe einen ziemlich alten Hund. Der ist vor einem guten Jahr von einem anderen Rüden angefallen worden. Dass mein Hund dabei ein halbes Ohr verloren hat, war noch das kleinere Übel, er wäre fast zerfleischt worden!"

Die drei Polizeibeamten waren offensichtlich überrascht davon, dass Schlangenbader in dem Moment, in dem es um den Tod seines Sohnes ging, begann, von den Schicksalsschlägen seines Hundes zu erzählen. Schewe runzelte die Stirn, Kröger schnaufte und Uflerbäumer stand der Mund ein Stückchen offen. Doch der Professor fuhr unbeirrt fort. „Seitdem habe ich, wenn ich mit dem Hund rausgehe, immer den Taser dabei gehabt. Vor ein paar Wochen muss ich den Apparat jedoch auf einem der Spaziergänge verloren haben. Auf jeden Fall war er nicht mehr in meiner Jackentasche."

Während Bröker gespannt den Erläuterungen des Professors folgte und staunte, wie sicher er sie vorbrachte, schien Schewes Geduld ein Ende zu haben.

„Das klingt ja alles für sich genommen ganz nett. Aber zusammen bereitet es mir doch Kopfzerbrechen. Da müsste der Zufall schon arg am Werk sein, dass Sie ausgerechnet die zwei wichtigsten Beweisstücke einmal besessen haben!"

„Was soll das heißen?" Schlangenbader blickte den Kommissar ratlos an. „Sie glauben doch nicht, dass …"

„… es der Täter war, der den Ring dort verloren hat? Doch. Genau das denke ich."

„Nein!", rief der Professor aus und diesmal konnte ihn auch Schewe nicht daran hindern aufzuspringen. „Was ist das für eine absurde Idee! Wieso sollte ich meinen eigenen Sohn töten!"

„Genau das möchten wir herausfinden, Herr Schlangenbader!", entgegnete der Kommissar auf seine professionelle Art. „Ich würde Sie bitten, uns zu diesem Zweck aufs Präsidium zu begleiten."

„Ich denke ja gar nicht daran!" Der Professor war jetzt so voller Zorn, dass er jede Rücksicht auf seine Situation vergaß. Sicher, so dachte Bröker, wäre es im Augenblick klüger, mit der Polizei zu kooperieren. Egal, ob er seinen Sohn nun umgebracht hatte oder nicht. Doch allem Anschein nach war Schlangenbader, der sich gerne unterkühlt zu geben schien, nicht geübt darin, Anschuldigungen von sich weisen zu müssen.

„Ich bin Universitätsprofessor!", tobte er inzwischen. „Meinen Sie, ich habe nichts Besseres zu tun, als Ihre Quizfragen zu beantworten? Ich habe einen Antrag vorzubereiten, der heute unbedingt noch raus muss, da hängen enorme Gelder für das Institut dran. Dass ich überhaupt heute, an diesem rabenschwarzen Tag, hier bin, sollte Ihnen die Dringlichkeit meiner Angelegenheiten deutlich machen! Und ganz nebenbei muss ich, falls es Ihnen entfallen ist, noch die Beerdigung meines Sohnes in die Wege leiten!"

Schewe versuchte etwas Ruhe in die Situation zu bringen.

„Hören Sie. Auch wenn Sie sich zu Unrecht verdächtigt sehen, betrachten Sie es doch nüchtern. Wir haben Ihren Sohn tot im Schwimmbad aufgefunden. Im Filtersystem Ihren Ehering. Damit die Ermittlungen fortschreiten können, müssen wir Ihnen weitere Fragen stellen. Und das gilt sowohl für den Fall, dass Sie schuldig als auch für den Fall, dass Sie nicht schuldig sind."

„Gut. Aber das können wir doch wohl auch hier machen!", insistierte Schlangenbader noch immer wenig einsichtig.

„Es tut mir leid, Herr Schlangenbader. Da wir Sie derzeit zu dem engeren Kreis der Verdächtigen zählen, muss ich Sie bitten, uns aufs Revier zu folgen."

Schlangenbader sagte nichts, sondern setzte sich steif wie ein Stock in seinen Sessel.

„Herr Professor, ich würde Sie nur sehr ungern aus Ihrem eigenen Büro abführen lassen. Wir haben einen Haftbefehl gegen Sie!" Schewes Ton wurde eindringlicher und beinahe gleichzeitig zog Polizeimeister Uflerbäumer ein paar Handschellen hervor. Diese simple Andeutung machte einen bemerkenswerten Eindruck auf Schlangenbader. Er hob resigniert die Hände.

„Frau Röttemeier, kommen Sie doch gerade mal her!", rief er seine Sekretärin, die immer noch an der Tür lauschte.

Vor Schreck wich diese zunächst ein Stück zurück. Dies brachte wiederum Bröker in Not. Denn nun war es an ihm, der Röttemeierschen Rückseite auszuweichen, um nicht bei den eigenen Beobachtungen entdeckt zu werden. Er war zwar schnell genug, doch in der Hektik stieß er mit dem Rücken gegen ein Regal. Ein paar Ordner fielen polternd zu Boden. Frau Röttemeier drehte sich erschrocken um.

„Was machen denn … ach ja, Sie sollten ja hier warten. Ich …" Die Sekretärin fühlte sich sichtlich ertappt und räusperte sich. „Ich denke, es ist das Beste, wenn Sie jetzt nach Hause gehen. Vielleicht lassen Sie sich von einem der anderen Professoren beraten. Ich muss jetzt jedenfalls da hinein." Sie strich sich ihren Rock glatt und öffnete die Tür zu Schlangenbaders Büro.

„Da sind Sie ja endlich", rief der Professor ungeduldig. „Bitte sagen Sie alle meine Termine für heute Nachmittag ab. Mir ist eine Verabredung mit diesen Damen und Herren hier dazwischengekommen!"

Dabei deutete er auf Schewe und seinen Anhang. Frau Röttemeier sagte nichts. Ihr Gesicht sprach jedoch

Bände, als sie sich ans Telefon begab, um Schlangenbaders Aufgaben neu zu organisieren.

„Na, dann wollen wir mal!", wandte sich der Professor in einem gezwungen amüsierten Ton an Schewe, nahm seine Tasche und verließ zusammen mit den Polizisten das Büro.

Bröker folgte ihnen bis auf den Flur und sah zu, wie sie in den Fahrstuhl stiegen. Er war konsterniert. Dieses Mal schien die Polizei deutlich schneller gewesen zu sein als er. Noch bevor er sich seinen Verdächtigen genauer hatte anschauen können, hatte Schewe ihn schon verhaftet. Oder war der Professor gar nicht der Täter? Aber Bröker hatte ihm schließlich schon misstraut, noch bevor er davon gehört hatte, dass dessen Ehering im Filtersystem des Schwimmbades gefunden worden war. Auch wenn sich dieser Verdacht auf nicht viel mehr gestützt hatte als auf seine Antipathie für Schlangenbader und den Wunsch, er könne der Polizei wieder einmal zeigen, wie man einen Mordfall löste. Was für Kinderfantasien! Wenn Bröker ehrlich war, war der Ring überhaupt das erste Indiz dafür, dass an seinem vagen Gefühl etwas dran sein könnte. Und auch das hatte die Polizei entdeckt! Bröker seufzte zerknirscht. Natürlich war es albern gewesen zu denken, er sei wieder einmal klüger als das gesamte Bielefelder Morddezernat. Aber dass es so einfach war, ihn zu übertrumpfen, deprimierte ihn dann doch. Er ließ den Kopf hängen. Da öffneten sich die Fahrstuhltüren wieder.

Kapitel 8
Der grinsende Holländer

Für einen Moment dachte Bröker, die Polizisten kämen mit Schlangenbader zurück. Doch es erschien ein Gesicht, das Bröker von seinen früheren Ermittlungen wohlbekannt war. Es handelte sich um Remco van Ravenstijn, den niederländischen Polizeipsychologen, der sich selbst gern als Profiler bezeichnete, seit das Fernsehen die Arbeit dieser Berufssparte in all ihrer Raffinesse und Gefährlichkeit schilderte. Bester Laune kam er Bröker in einem komplett orangefarbenen Lederanzug entgegen und bewies damit wieder einmal seinen Hang zu auffälligen Outfits.

„Bröker, Bröker", begrüßte er ihn mit deutlich erkennbarem holländischen Akzent und kratzte sich vergnügt am kahl geschorenen Kopf. „Sie treiben sich ja ganz schön häufig an Tatorten herum. Schewe schien wirklich erstaunt, als er mir gerade davon erzählte. Für mich hingegen kam das nicht so überraschend. Aber gucken kommen wollte ich dann doch mal."

„Gucken kommen?", brummte Bröker missmutig.

„Na, was Sie hier so machen. Sie scheinen ja Feuer und Flamme für die Ermittlungsarbeit zu sein! Interessieren Sie denn auch die psychologischen Aspekte? Das Idee hatte ich zumindest schon beim letzten Fall. Mir ist nicht entgangen, wie Sie die junge Kusnezow …"

„Die", verbesserte Bröker.

„Wie bitte?"

„Es heißt die Idee!" Bröker blieb ungnädig.

„Richtig, das ist ein Fehler, die ich häufig mache", zwinkerte van Ravenstijn, ohne etwas von seiner prächtigen Laune zu verlieren. Bröker fragte sich, ob der Fallanalytiker in den letzten Monaten etwas von seinem Deutsch verlernt hatte oder ihm damals die Fehler einfach nicht aufgefallen waren.

„Wie dem auch sei", fuhr der Niederländer unterdessen fort. „Habe ich Ihnen damals nicht ein wenig die Psyche von Schachspielern näherbringen können?"

Bröker erinnerte sich noch an seinen Ärger, als van Ravenstijn ihn tatsächlich über einen psychologischen Aufsatz eines verstorbenen Großmeisters hatte aufklären können, und nickte nur.

„Ja, das hat Ihnen nicht gefallen", grinste van Ravenstijn selbstzufrieden. „Und nun sehen Sie schon wieder ganz elend aus."

„Ja, so fühle ich mich auch", gestand Bröker, obwohl er sich eigentlich vor van Ravenstijn keine Blöße geben wollte. Der Psychologe zog ihn doch nur auf, weil er während des letzten Falls keine besonders gute Figur gemacht hatte. Aber Bröker hatte in diesem Moment keine Kraft, sich mit dem gut gelaunten Holländer zu duellieren. Wozu auch. Mochte der doch denken, was er wollte. Resigniert zuckte er mit den Schultern.

„Grämen Sie sich nicht, Bröker!", gab sich der Niederländer großzügig. „Polizeiliche Ermittlungsarbeit benötigt nicht nur eine gründliche Ausbildung, sondern auch sehr viel Fingerspitzengefühl und nicht zuletzt eine Menge Erfahrung. Ohne all dies muss man schon sehr viel Glück haben. Nur so sind gelegentliche Erfolge von Amateuren zu erklären."

Der Ermittlungserfolg im aktuellen Fall schien van Ravenstijns Ego auf die Größe eines Riesenlaibs Gouda anwachsen zu lassen. Bröker war erschöpft.

„Ja, vermutlich hatte ich beim letzten Mal einfach nur Glück", murmelte er daher und wollte es gut sein lassen.

Doch der Psychologe bohrte weiter in den Wunden seines Gegenübers. „Nun, aber Sie können ja noch dazulernen!"

„Und wie das bitte?", fragte Bröker und ärgerte sich im selben Moment, dass ihm die Frage herausgerutscht war. Das gab van Ravenstijn doch nur neues Futter.

„Na, zum Beispiel könnte *ich* Ihnen dabei helfen!" Nichts schien van Ravenstijn mehr einzuleuchten als dies. „Ich könnte Sie zum Beispiel bei einem Verhör zuschauen lassen. Ich denke, es wäre sehr interessant für Sie zu sehen, wie ich dort agiere."

„Ich kann mir kaum etwas Schöneres vorstellen", versuchte es Bröker ironisch. Aber der Psychologe schien bezüglich seiner Arbeit keine Ironie zu verstehen.

„Sehen Sie, das habe ich mir gleich gedacht!", rief er begeistert aus. „Ich kenne Sie eben doch ein bisschen. Dann kommen Sie am besten gleich mit. Ich werde in wenigen Minuten auf dem Präsidium diesen Schlangenbader vor mir sitzen haben. Schauen Sie doch dabei zu, wie ich ihn hinter Schloss und Riegel bringe!"

„Jetzt gleich?" Nun erst wurde Bröker bewusst, dass es van Ravenstijn wirklich ernst war mit seinem Vorschlag.

„Natürlich jetzt gleich! Was denken Sie denn. Dass wir mit dem Verhör warten können, bis es Ihnen zeitlich passt?"

In diesem Moment schaute Schlangenbaders Sekretärin aus dem Büro. Ungehalten sah sie den Psychologen an.

„Hören Sie, müssen das hier wirklich alle mitbekommen? Es geht hier schließlich auch um Professor Schlangenbaders Reputation. Etwas mehr Professionalität hätte ich von der Polizei schon erwartet."

Dann sah sie Bröker. „Und Sie sind ja immer noch da! Der Herr Professor kommt heute auf keinen Fall mehr zurück, das haben Sie doch mitbekommen. Bitte gehen Sie jetzt. Und zwar alle beide!", weitete sie ihre Aufforderung auf den Holländer aus und schenkte diesem einen Blick durch ihre Brille, mit dem unliebsame Hausierer bedacht werden. Bröker nahm diese unverhohlene Verachtung mit einem beifälligen Nicken zur Kenntnis.

Van Ravenstijn lachte wie ein unbelehrbares Kind. Erstaunt sah die Sekretärin zu Bröker hinüber. Der rief den Fahrstuhl, um dem Ganzen ein Ende zu bereiten. Damit war allerdings auch die Frage entschieden, ob Bröker der Einladung des Psychologen Folge leisten würde. Ergeben folgte er dem Holländer zu dessen silber-metallic-farbenem BMW, den dieser in einem der Parkhäuser der Universität abgestellt hatte. Angesichts der Fahrkünste seines Chauffeurs, die er schon Monate zuvor fürchten gelernt hatte, überlegte er kurz, lieber doch mit der Stadtbahn zu fahren, hielt dies dann aber angesichts der Tatsache, dass es zum Polizeipräsidium nur einen guten Kilometer war, für übertrieben. Doch schon kurz nachdem er eingestiegen war, revidierte er diese Einschätzung. Der Psychologe passierte die Tempo-30-Zone in mehr als der doppelten Geschwindigkeit.

„Es gibt mehr Vorteile, bei der Polizei zu arbeiten, als Sie denken", lachte er, als er sah, wie Bröker sich an einen der Haltegriffe klammerte.

„Das kann ich mir bei Ihnen denken", brummte Bröker und hoffte, dass die Höllenfahrt bald zu Ende war.

Tatsächlich trafen sie schon nach zwei weiteren Minuten auf dem Parkplatz des Polizeipräsidiums ein, auch wenn Bröker geschworen hätte, dass es sich eher um zwei Stunden gehandelt hatte. Doch Zeit zum Verschnaufen blieb ihm nicht. So schnell van Ravenstijn fuhr, so dynamisch lief er auch. Knirschend schritt er in seiner orangefarbenen Lederkluft voran und begrüßte mit einem Nicken die Pförtnerin, die im gläsernen Eingangsbereich hinter einer Scheibe saß. Anscheinend reichte die Tatsache, dass sie van Ravenstijn kannte, aus, um auch Bröker ungefragt durchzulassen. Und auch im Gebäude legte der Niederländer ordentlich Tempo vor. Schon bog er um eine Ecke und nahm eine Treppe nach oben. Bröker hatte Mühe, Schritt zu halten. Vor einer Tür, die sich äußerlich nicht von den anderen des langen Flurs unterschied, blieb van Ravenstijn stehen und bedeutete dem heranschnaufenden Bröker leise zu sein.

„Ich muss hier hinein. Sie nehmen die nächste Tür. Aber drücken Sie nicht die falschen Knöpfe!"

Mit diesen Worten verschwand der Holländer durch den vor ihm liegenden Eingang und ließ Bröker alleine auf dem Flur zurück. Dem wurde mulmig zumute. Sollte er wirklich einfach machen, was van Ravenstijn ihm gesagt hatte? Die Einfälle des Fallanalytikers genoss Bröker eher mit Vorsicht. Andererseits stand es sich hier auf dem Flur auch dumm herum. Es musste nur irgendein Beamter vorbeikommen und schon geriet er in Erklärungsnot. Als er unten auf der Treppe Schritte hörte, gab er sich einen Ruck und schlüpfte in das von van Ravenstijn angegebene Zimmer.

Er brauchte einen Moment, um sich zurechtzufinden, zumal nur ein sehr fahles Licht den Raum beschien. Die kleine Kammer sah nicht so aus, wie er sich ein Arbeitszimmer im Polizeipräsidium vorgestellt hatte. An der einen Längsseite türmten sich in einem Regal allerlei elektronische Gegenstände, deren Verwendungszweck Bröker zumeist nicht einmal erahnen konnte. Dem Regal gegenüber befand sich ein Vorhang, der die ganze dahinter liegende Wand verdeckte. Davor standen ein Stuhl und ein Tisch. In letzteren waren ein Mikrofon und zwei Knöpfe eingelassen. Das Ganze erinnerte Bröker an ein kleines Tonstudio. Er lachte leise bei dem Gedanken daran, dass er van Ravenstijn ein Ständchen geben sollte. Aber nein, eigentlich wollte ja van Ravenstijn Schlangenbader zum Singen bringen. Aber wo waren die beiden nur? Sie mussten sich eigentlich hinter der Wand mit dem Vorhang befinden. Als Bröker eine kleine Kordel an dem einen Ende sah, begriff er. Er zog daran – tatsächlich glitt der Vorhang zur Seite und gab den Blick auf den Nebenraum frei. Im ersten Moment wollte sich Bröker unter den Tisch ducken, aber wenn die ganze Einrichtung Sinn ergeben sollte, blickte er gerade durch einen Einwegspiegel. Er winkte zur Probe den Versammelten zu und bekam keine Reaktion. Halbwegs beruhigt ließ er sich auf dem Stuhl nieder. In dem etwa zehn Quadratmeter großen Raum, der sich vor ihm aufgetan hatte, saßen Polizei und Schlangenbader an einem rechteckigen Tisch, van Ravenstijn und Schewe an der einen Längsseite, der Professor an der anderen, diesen gegenüber. An einem weiteren Tisch mühte sich Polizeimeister Uflerbäumer sichtbar mit einem Laptop ab. Das konnte Bröker selbst ohne Ton verstehen. Was allerdings Schewe sagte, der gerade die Lippen bewegte, hörte er nicht. Bröker schaute auf die Apparatur in seinem Tisch. Einer der beiden Knöpfe vor ihm musste bewirken, dass er das Gespräch im Nebenraum belauschen konnte, der andere stellte vermutlich das Mikrofon an. Aber welcher

Knopf mochte nur für was sein? Nach kurzem Nachdenken entschied Bröker, dass vermutlich der Knopf neben dem Mikrofon für das Sprechen zuständig war und drückte beherzt den anderen. Er lauschte. Nichts war zu hören. Zum Test hüstelte er leicht. Er hörte immer noch nichts. Dafür schien sein Hüsteln nebenan gut vernommen worden zu sein, denn Schlangenbader drehte verwundert den Kopf, während van Ravenstijn wie zufällig einen Hustenanfall bekam. Schnell drückte Bröker beide Knöpfe und hoffte, dass er dadurch die gewünschte Funktion eingestellt hatte. Zumindest hören konnte er nun. Ob er jedoch immer noch nebenan zu verstehen war, wusste er nicht. Sicherheitshalber verhielt er sich so leise wie möglich und folgte gespannt dem Geschehen.

Zuerst vernahm er die Stimme Schewes, der sich an den Protokollanten wandte: „Uflerbäumer, haben Sie denn inzwischen Ihr Programm öffnen können?"

„Nein, es funktioniert einfach nicht", seufzte der Polizeimeister. „Seit wir die neue Software haben, verstehe ich nicht mehr, wie man ein Protokoll eingibt." Dann gab er auf. „Ach, wissen Sie was, ich schreibe einfach per Hand mit und tippe es nachher ab." Mit diesen Worten zog er einen Collegeblock und einen Bleistiftstummel aus einer Schublade hervor und nahm Schlangenbaders Personalien auf.

„Gut, dann können wir ja anfangen!", beschloss Schewe. „Herr Schlangenbader, wir würden Sie gern zum Tod Ihres Sohnes Florian ein wenig genauer befragen."

Der Professor nickte bereitwillig.

„Wie Sie wissen, haben wir im Filtersystem des Schwimmbads, in dem Ihr Sohn tot aufgefunden wurde, einen Ehering gefunden, den Sie als den Ihrigen identifiziert haben. Ist das richtig?"

„Ja, das ist richtig", bestätigte Schlangenbader.

„Was meinen Sie, wie der Ring dort hingekommen sein könnte?"

„Aber das habe ich Ihnen doch schon gesagt! Das Einzige, was ich mir vorstellen kann, ist ..." Schlangenbader wiederholte die Erklärung, die er schon zuvor in der Universität gegeben hatte, allerdings fand sie nun auch Bröker ein wenig dünn. Ja, sogar der Professor schien nicht mehr so recht daran zu glauben. Seine Stimme klang müde.

„... Erklären Sie mir doch bitte einfach, warum ich meinen Sohn umgebracht haben sollte!", brach er seine Ausführungen schließlich ärgerlich ab.

„Gern. Lassen Sie mich Ihnen dafür eine Frage stellen", konterte Schewe. „Wie sah das Verhältnis zwischen Ihnen und Ihrem Sohn aus?"

Van Ravenstijn klatschte bei diesem Satz so begeistert in die Hände, als sei ihm die Entgegnung selbst eingefallen.

„Nun, ich würde sagen, es war eine typische Vater-Sohn-Beziehung, wie man sie in den meisten Familien findet", erklärte der Professor. „Wir waren nicht immer einer Meinung, aber Florian war eben mein Sohn."

„Sie waren also nicht immer einer Meinung?" Man konnte Schewe ansehen, dass er noch ein Ass im Ärmel hatte. „Darf man fragen, worüber Sie gestern Abend nicht einer Meinung waren?"

Schlangenbader zögerte. „Wie meinen Sie das?"

„Einer Ihrer Assistenten hat noch gearbeitet. Er hat ausgesagt, er habe gestern Abend etwa gegen acht Uhr laute Stimmen aus Ihrem Büro vernommen und als er nachschauen wollte, sei Ihr Sohn aus dem Zimmer gestürzt."

Nun ist der Sack zu, dachte Bröker. Diesmal hatte Schewe ganze Arbeit geleistet. Der Professor setzte seine Brille ab. Er war sichtlich unzufrieden mit dem Verlauf des Gespräches.

„Ja, das stimmt", pflichtete er schließlich bei. „Florian war gestern Abend bei mir. Und es stimmt auch, dass wir etwas heftiger aneinandergeraten sind. Aber das bedeutet doch nicht …"

„Und worum ging es?", unterbrach Schewe unerbittlich.

Wieder zögerte Schlangenbader, bevor er Antwort gab. „Es ist, ich meine, es war immer dasselbe mit Florian – sein Schlendrian. Er hat nichts aus seinem Leben gemacht. War völlig ziellos. Mich hat das aufgebracht. Er hingegen fand meine Ansichten natürlich einfach nur spießig."

„Womit hat er seinen Lebensunterhalt bestritten?"

„Ach, irgendeinen Job hatte er immer. Er hat an der Universität eine Weile Sport studiert. Besonders das Tauchen hat ihn fasziniert. Daraus haben sich einige Kontakte ergeben. Deshalb war er auch in besagter Nacht im Unischwimmbad. Er gab dort Kanu- und Tauchkurse und bereitete sich auf einen Kurs ‚Nachttauchen' vor. Wahrscheinlich hat er irgendwelche Übungen durchgespielt." Der Professor hielt einen Moment inne, dann setzte er nach. „Nun, das waren ja alles ganz nette Spielereien, aber genug eingebracht haben die natürlich nicht. Ich habe ihm mehr als einmal aus finanziellen Engpässen geholfen. Während sein Lebenswandel der eines Studenten war, waren seine Ausgaben es nicht."

„Und über diese Lebensführung sind Sie sich gestern derart in die Haare geraten, dass dies sogar Ihr Assistent drei Zimmer weiter gehört hat?"

„Nun ja …"

Wieder sparte der Professor mit Worten. Bröker hatte genug gehört. So wenig sympathisch er Schlangenbader bei seinem Besuch in der Universität gefunden hatte, so sehr konnte er sich nun in ihn hineinversetzen. In dem Verhör waren die Kräfteverhältnisse so eindeutig verteilt, dass ihm dies schon fast wieder unredlich erschien. Stärker aber noch war das Gefühl, selbst zu spät gekommen zu sein. Noch einmal gratulierte er Schewe innerlich zu dessen Ermittlungsarbeit. Nicht nur, dass er in kurzer Zeit den Ring im Unischwimmbad gefunden hatte. Es war ihm gelungen, dessen Besitzer ausfindig zu machen und zudem einen Zeugen für einen kürzlichen Streit zwischen Schlangenbader und dem Mordopfer aufzutreiben. Das eigentliche Tatmotiv lag zwar noch im Dunkeln, aber auch Bröker hatte zu keinem Zeitpunkt mit einem aufwarten können. Dennoch war er sicher, dass der Professor über kurz oder lang die Tat gestehen würde. Diesen Anblick wollte sich Bröker lieber ersparen. Einerseits, weil ihm der Moment des Geständnisses beklemmend erschien. Andererseits, weil dieser Moment seine Niederlage gegen sämtliche Schewes und van Ravenstijns endgültig besiegeln würde. Vermutlich hatte der Holländer Recht – er hatte bei seinem ersten Mordfall nur das Glück eines tüchtigen Amateurs genossen. Nein, das musste er sich nicht noch einmal unter die Nase reiben lassen, wenn van Ravenstijn die Gesprächsführung übernahm. Bröker stand auf, öffnete vorsichtig die Tür und stahl sich aus dem Präsidium davon.

Kapitel 9
Das große Fressen

Bröker aß nicht nur viel, sondern auch gerne und gut und er hätte sich als Genussesser bezeichnet, hätte ihn jemand gefragt. Es gab aber diese Tage, an denen er dachte, wenn schon gar nichts anderes auf der Welt wirklich schön war, dann musste man diese Schlechtigkeit mit einem ordentlichen Essen ausgleichen. Und heute war genau solch ein Tag. Auf dem Rückweg vom Polizeipräsidium blieb Bröker vor einem Feinkostgeschäft stehen, linste durch die Scheibe und konnte schließlich nicht widerstehen. Eine gute halbe Stunde später stellte er ächzend zwei prall gefüllte Leinenbeutel vor seinem Stadthaus am Sparrenberg ab. Ein Kilo Lachsfilet befand sich darin, drei Perlhuhnbrüste, verschiedene frische Gemüsesorten sowie fünf Flaschen eines *Gran Reserva* aus dem Navarra, der fünf Jahre älter war als Gregor und bei dem Bröker den Verdacht hegte, dass ihn der Verkäufer in Wirklichkeit für den hohen Preis statt für seinen guten Geschmack hatte loben wollen. Immerhin hatte er ihm die beiden Leinenbeutel als Dreingabe gegeben.

Als Bröker die Tür aufschloss, hörte er Geräusche aus dem Wohnzimmer. Ah, Gregor ist zu Hause, freute er sich. Das war in der letzten Zeit ja nicht immer selbstverständlich gewesen. Dann erst fiel ihm ein, dass die Geräusche auch von Ulf stammen konnten. Und tatsächlich saß sein neuer Mitbewohner immer noch oder schon wieder in einem der beiden Cordsessel und schaute gebannt auf den Fernseher. Dort lief inzwischen eine der unzähligen Kochshows, von denen selbst Bröker schon gehört hatte. Gerade versuchte sich ein Kandidat an einer Kürbissuppe.

„Hey Bröker", begrüßte ihn Ulf. „Es läuft gerade nicht viel Interessantes!" Bei diesen Worten wandte er allerdings wie schon am Morgen seinen Blick nicht von der Mattscheibe.

„Da muss mehr Salz dran!", befand der Koch in der Sendung und klang dabei so, als habe er gerade ein Geheimrezept verraten.

„Übrigens war der Junge eben da, wie heißt er noch gleich?", gab Ulf Auskunft.

„Gregor."

„Ja, der. Er hat gemeint, er müsse noch mal weg. Wohin hat er nicht gesagt. Aber so um sieben rum ist er wieder da. Er will, dass du Essen machst."

„Darum habe ich ja eingekauft!" Bröker deutete freudig auf seine beiden Leinenbeutel. Doch auch damit konnte er Ulfs Aufmerksamkeit nicht gewinnen. Er überlegte, ob ihm noch genug Zeit für die Zubereitung seines opulenten Mahls blieb: „Wie spät ist es jetzt?"

Ulf sah nicht auf seine Armbanduhr, sondern griff zur Fernbedienung und ließ sich die Zeit anzeigen. „Gerade halb sechs durch."

„Halb sechs schon! Da muss ich mich ranhalten, damit ich noch etwas fertigbekomme."

„Hm", machte Ulf nur.

„Du isst doch mit uns?", erkundigte sich Bröker.

Sein Mitbewohner nickte abwesend. Bröker zuckte mit den Schultern und begab sich in die Küche. Wieso jemand, für den Essen eine so untergeordnete Rolle spielte, sich Kochshows im Fernsehen ansah, war ihm ein Rätsel.

Als Gregor die Haustür öffnete, hatte sich an der Position seiner beiden Mitbewohner wenig verändert. Bröker war in den vergangenen neunzig Minuten in der Küche hin und her gesaust und wirkte umso vergnügter, je mehr der Speisen zubereitet waren. Ulf saß immer noch vor dem Fernseher. Inzwischen lief eine Daily Soap mit einem sterbenskranken Protagonisten. Ulf verfolgte sie mit dem gleichen Interesse, das er zuvor der Kochshow entgegengebracht hatte. Geändert hatte sich lediglich die Zuschauerzahl. Denn auf dem zweiten Cordsessel hatte inzwischen Uli Platz genommen. Dem schien die Daily Soap zu gefallen. Mit gespitzten Ohren horchte er auf die Dialoge zwischen dem Hauptdarsteller und seiner großen Liebe am Krankenbett.

„Das duftet ja köstlich!", rief Gregor, kaum hatte er die Haustür ins Schloss fallen lassen. „Was gibt es denn?"

„Oh, nicht viel!", antwortete Bröker und unterbrach dafür den Torero-Marsch, den er schon seit geraumer Zeit pfiff. „Ich hatte an einen kleinen Salat mit Ziegenkäse als Vorspeise gedacht, dann an gefüllte Perlhuhnbrust als Zwischengang und als Hauptgericht an ein Lachsfilet, wenn es genehm ist."

„Und Nachtisch bekommen wir keinen?", feixte Gregor. „Wir werden hungern müssen!"

Dann sah er seinen anderen Mitbewohner im Wohnzimmer. „Hallo Ulf", murmelte er wenig begeistert. „Und du nimmst Kartoffelchips?"

„Ich denke, Bröker kocht auch für mich mit?", fragte Ulf beleidigt.

Doch noch bevor Gregor die Stimmung mit einer weiteren bissigen Bemerkung weiter anheizen konnte, verkündete Bröker, dass er mit den Vorbereitungen fertig sei.

Die abendliche Mahlzeit selbst verlief in einer seltsamen Stimmung. Einerseits wollte Bröker seine Mitbewohner gern an den Erlebnissen des Tages teilhaben lassen und fing an zu erzählen. Andererseits waren diese Erlebnisse so unerfreulich, dass er sie vergessen wollte. Daher unterbrach er sich ständig selbst, indem er jeden seiner Bissen zelebrierte, lang und mit deutlich vernehmbarem Wohlbehagen kaute und ein ums andere Mal seine eigenen Kochkünste lobte. Gregor hörte aufmerksam zu und beobachtete Bröker dabei mit einer Mischung aus Neugier und Besorgnis. Ulf hingegen stopfte das Essen in sich hinein, als hätte er seit Wochen nichts mehr bekommen. Keine fünf Minuten nach dem Auftragen eines Gangs hatte er diesen schon hinuntergeschlungen und starrte unruhig auf seine Armbanduhr.

„Sag mal, Ulf, hast du eigentlich noch was vor?", erkundigte sich Gregor, dem dessen Verhalten zunehmend auf die Nerven ging. „Du bist ja nervös wie ein Sack Kleingeld!"

„Nein, nein", beeilte sich Ulf zu bestätigen. „Gerade läuft nur meine Lieblingsquizsendung. Die verpasse ich eigentlich nie."

Bröker hustete genervt. „Ich serviere dir das Hauptgericht auch im Wohnzimmer, wenn dir die Sendung so wichtig ist!"

„Echt, das würdest du tun? Danke!" Ulf war glücklich und verschwand wieder vor seinem Fernsehapparat.

„Den wären wir los", atmete Gregor erleichtert auf und obwohl Bröker seine letzte Bemerkung eigentlich nicht ernst gemeint hatte, musste er zugeben, dass es sich alleine mit Gregor leichter sprach. Schnell brachte er daher Ulf eine Portion Lachs ins Wohnzimmer.

„Ich glaube, ich habe diesen Schewe vor ein paar Monaten wirklich unterschätzt", gab er zu, als er wieder zurückgekehrt war. „Ich habe ihn und die ganze Polizei für unfähig gehalten. Aber so langsam denke ich, dass Ravenstijn richtig liegt und wir damals einfach nur Glück hatten."

„Das glaubst du doch nicht wirklich, Bröker!", entgegnete Gregor aufgebracht. „Die Polizei hat doch damals bis zum Schluss den Falschen verdächtigt und du warst es, der den Fall aufgeklärt hat."

„Ja, ja, das mag ja sein. Aber wenn ich zurückdenke, war doch bei vielem mehr Glück als Verstand dabei. Hingegen Schlangenbader, das ist ein echter Fang! Der Fall ist etwas ganz anderes."

Bröker sann einen Moment lang nach. Dann schien er bereit für ein etwas pathetisches Fazit: „Heraklit hatte wohl Recht."

„War das nicht dieser griechische Bademeister?"

„Genau. ‚Man steigt niemals zweimal in denselben Fluss‘, hat er gesagt. Diesmal war die Polizei einfach besser!"

Mit einem Seufzen öffnete Bröker die nächste Weinflasche. „Ach, so viel Frust macht mich immer hungrig." Er sah auf seinen leeren Teller, der Lachs war schon vertilgt. „Aber warte, habe ich nicht noch ein wenig Käse zum Abschluss im Kühlschrank?" Bröker sprang auf und kehrte kurze Zeit später mit einer Platte fünf verschiedener Käsesorten zurück.

„Bist du denn sicher, dass der Fall gelöst ist?" Gregor schaute Bröker prüfend an.

„Leider ja", nickte Bröker und schnitt sich einen Streifen *Gruyère* ab. „Es spricht wirklich alles gegen den Professor. Und selbst wenn er es nicht war. Dann stehe ich ja erst recht vor dem Nichts. Schließlich war er ja auch mein Verdächtiger."

Bröker bemerkte, dass der Junge sich bemühte, ihm noch ein wenig Hoffnung zu machen. Er spülte den Schweizer Käse mit einem kräftigen Schluck Wein hinunter, goss sich sofort nach, schabte etwas alten Gouda ab und steckte ihn sich in den Mund. Dann setzte er hinzu: „Das Schlimme ist, dass ich mir ja sogar wünsche, dass es Schlangenbader war. Er war dermaßen arrogant und abfällig, als er mich für einen Studenten hielt, dass ich schon da gehofft habe, mir säße der Täter gegenüber."

„Und warum guckst du dann wie Uli, wenn ihm mal wieder eine Maus vor der Nase weggelaufen ist?"

„Nun ja, ich hätte den Kerl schon gern selbst überführt", gab Bröker zu.

„Aha", grinste sein junger Freund. „Mr. Marple möchte wohl seinen Ruhm erneuern!"

„Um den Ruhm geht es mir eigentlich weniger", widersprach Bröker. „Aber so einen Fall zu lösen, das war damals schon aufregend! Als verginge die Zeit ein wenig schneller, weißt du?"

„Ich glaube, du meinst eher, dass du nicht gespürt hast, wie die Zeit vergeht. Dir war einfach im Gegensatz zu sonst nicht langweilig!"

Bröker nickte.

Gregor richtete sich auf. „Also, als gelöst sehe ich den Fall jedenfalls noch nicht zwingend an. Oder hast du mitbekommen, wie Schlangenbader ein Geständnis abgelegt hat?"

„Ach, der wird schon geredet haben. Wahrscheinlich hat Ravenstijn ihn in die Mangel genommen. Der Fall ist gelaufen, das spüre ich. Oder zumindest mein Magen spürt das. Warum sonst habe ich solchen Appetit?"

Bröker stopfte sich zwei Würfel Rotweinkäse in den

Mund. Auch hier fand er, dass sie am besten in einem guten Tropfen schwammen, und spülte mit einem Glas Wein nach.

„Nun, wenn du ehrlich bist, war dein Appetit auch schon ordentlich, als du noch gar nichts von Florian Schlangenbaders Tod wusstest. Denk an dein nächtliches Gelage, bei dem du meine Klopse aufgefuttert hast!"

„Da hast du nicht ganz Unrecht", musste Bröker zugeben.

„Aber guck mal, es ist noch ein schönes Stück Lachs übrig. Das ist sowieso zu wenig für uns morgen."

„Das willst du jetzt noch essen?"

„Nun ja, bevor es schlecht wird?" Bröker schob noch einmal die Fischpfanne auf den Herd. „Man sagt ja immer, Fisch muss schwimmen!"

Mit diesen Worten goss er Gregor und sich noch ein Glas Wein ein und leerte damit die dritte Rotweinflasche. „Vielleicht bin ich ja für die Menschheit als Koch ein viel größerer Gewinn", philosophierte er weiter. Dabei begann seine Stimme ein wenig unkontrolliert zu klingen.

„Bröker, du bist betrunken!"

Eigentlich fand Gregor seinen Hausherrn in angetrunkenem Zustand ganz liebenswert. Allerdings merkte er auch, dass die beiden Flaschen, die Bröker zweifelsohne von den dreien getrunken hatte, diesen langsam an sein Limit brachten.

„Ich könnte mit dir noch über jedes beliebige Thema diskutieren", antwortete Bröker prompt und Gregor wurde anhand dieses untrüglichen Zeichens bewusst, dass sein Freund tatsächlich zu viel getrunken hatte.

„Ja, sicher", beruhigte er ihn. „Aber vielleicht nicht mehr heute."

„Aber ich muss doch noch meinen Fisch essen!"

„Du darfst ja deinen Fisch essen. Nur für mich ist jetzt Schluss. Ich muss noch was für Mathe machen und danach auch langsam ins Bett. Wir sehen uns morgen, ja?"

„Bis dann!", rief Bröker dem Jungen hinterher, der nach oben verschwand, und schob sich mit sichtlichem Wohlbehagen das letzte Lachsfilet auf seinen Teller. Mit etwas unsicherem Schritt transportierte er es zum Tisch. Als er sah, dass die zwei verbliebenen Weinflaschen noch verkorkt waren, zögerte er einen Moment. Dann schnappte er sich den Korkenzieher und öffnete eine der beiden.

„Nur keine Feigheit vor dem Feind", brummte er, obwohl ihm militärische Redewendungen eigentlich nicht sonderlich lagen.

Nur wenig später hätte ein heimlicher Beobachter Brökers genüssliche Kaugeräusche vernehmen können. Zwischendurch trank er einen Schluck Wein dazu. Aus dem Wohnzimmer klang der Lärm eines Boxkampfes herüber, genauer eines Weltmeisterschaftskampfes im Juniorweltergewicht, den Ulf mit Spannung verfolgte, auch wenn er das nicht zugegeben hätte. Ein Stockwerk darüber hatte Gregor sein Mobiltelefon aufgeklappt und wählte eine Nummer, die Bröker interessiert hätte.

Kapitel 10
Ein Bröker für Charly

Das Telefon schellte. Genauer gesagt gab es schon seit mehr als dreißig Sekunden eine nervtötende Elektronikversion von *Jingle Bells* von sich. Als Brökers Mutter den Apparat vor vielen Jahren zu Weihnachten geschenkt bekommen und ihren Sohn gebeten hatte, ihn für sie einzurichten, hielt er das Einprogrammieren dieser Melodie für einen lustigen Einfall. Später hatte seine Mutter dann die Bedienungsanleitung verlegt und Bröker war nicht mehr in der Lage gewesen, den Klingelton zu ändern. Unter anderem, weil er eher bereit war, sich bei jedem Anruf aufs Neue über das Geräusch zu ärgern, als sich mit der Technik eines Telefonapparats mehr als zehn Minuten zu beschäftigen.

An diesem Morgen aber war Brökers Verärgerung nicht direkt präsent – denn er schlief noch. Für einen kurzen Moment versuchte sein Kopf, das Geräusch des eingehenden Anrufs in seinen Traum einzubauen und schickte ihm Bilder von Weihnachten, Glühwein und Bratwurstständen auf dem Jahnplatz. Das Klopfen an Brökers Zimmertür und Ulfs Schritte ließen sich jedoch nicht mehr in diesen Traum integrieren.

„Telefon!", krähte sein neuer Mitbewohner durch Brökers Zimmer, um im nächsten Moment erstaunt hinzuzufügen: „Oh, du schläfst ja noch."

„Hmpf", machte der nur.

Doch Ulf schien ausgerechnet in diesem Moment in Plauderlaune zu sein. Gegen das Gebimmel des Telefons redete er weiter an: „Ich dachte, du seist schon längst wach. Vor ein paar Tagen haben wir uns schließlich ziemlich früh im Schwimmbad getroffen!"

Hätte das Telefon nicht so laut sein Recht eingefordert, wäre Bröker vielleicht entfahren, dass er Ulf damals auch noch für einen normalen Menschen gehalten hatte. So aber nahm er ihm wortlos den Apparat aus der Hand und drückte mit halb geschlossenen Augen die grüne Taste, um den Anruf entgegenzunehmen.

„Wer ist denn da so früh", grummelte er in den Apparat.

Die Stimme am anderen Ende der Leitung klang nicht viel wacher.

„Guten Morgen", meldete sie sich. „Hier ist Charly."

Bröker war sofort um zwei Nuancen frischer, als er seine Freundin aus Studientagen hörte. „Charly, dich habe ich ja seit Ewigkeiten nicht mehr gesprochen!"

Charly arbeitete nun schon seit geraumer Zeit für die *Neue Westfälische*. Viele Jahre hatte sie Bröker, der sich unterdessen mit den verschiedensten Studiengängen auf sein Leben als Privatier vorbereitet hatte, aus den Augen verloren. Doch bei den Ermittlungen in seinem letzten Fall hatte Charly ihn unterstützt. Dafür hatte dieser sie im Gegenzug mit ausreichend Schlagzeilen versorgt. Obwohl die beiden sich auf Anhieb wie in alten Zeiten verstanden hatten, war der Kontakt mit der Aufklärung des Falls wieder abgerissen. Vermutlich, weil sie beide ohne konkreten Anlass nicht in der Lage waren ihn aufrechtzuerhalten.

„Stimmt, das ist schon wieder ganz schön her", bestätigte Charly etwas verlegen. Bröker konnte förmlich sehen, wie sie dabei ihren Zopf, zu dem sie ihr rotes Haar stets geflochten hatte, zurückwarf. „Umso besser, dass ich jetzt anrufe!"

Trotz der unverkennbaren Müdigkeit klang Charlys Stimme so anziehend wie eh und je. Sie war eine dieser Frauen, die beinahe auf jedes männliche Wesen Eindruck machten, damit aber nicht so recht glücklich waren. Nicht zuletzt deshalb hatte sich zu Unizeiten die Freundschaft zwischen Bröker und ihr ergeben, war Bröker doch einer der wenigen Männer, die immun gegen Charlys Charme zu sein schienen. Mit ihm hatte sie einiges bereden können, was ihr sonst mit keinem Mann möglich gewesen wäre. Und auch Bröker hatte die Freundschaft viel bedeutet.

„Schön dich zu hören, du Männerbetörerin!", antwortete Bröker deshalb, um Charly ein wenig aufzuziehen.

Bröker konnte Charlys Lachen am anderen Ende der Leitung hören. Dann kam sie jedoch auf ihr Anliegen zu sprechen.

„Warum ich anrufe: Hast du von dem jüngsten Mordfall hier in Bielefeld gehört? Ich meine den Sohn des Soziologieprofessors, den sie vorgestern tot im Schwimmbad gefunden haben."

„Ich habe nicht nur davon gehört. Ich war dabei, als er aus dem Wasser gezogen wurde!"

„Wie bitte?"

Bröker sah wie Ulf, der soeben begonnen hatte, sich demonstrativ aus dem Zimmer zu schleichen, bei Brökers letzten Worten stehen blieb. Dieses Thema, so schien er zu meinen, ging auch ihn etwas an. Bröker bedeutete ihm mit einer eindeutigen Handbewegung, das Zimmer zu verlassen. Geknickt ging Ulf aus dem Raum.

„Bist du noch dran, B.? Sag das noch mal. Ich glaube das nicht. Du warst wirklich dabei, als die Leiche gefunden wurde?"

Charly benutzte stets diesen Spitznamen für Bröker, den sie noch während der gemeinsamen Studienzeit für ihn erfunden hatte, weil Bröker niemandem gegenüber mit seinem Vornamen herausrücken wollte.

„Ja, wirklich!" Bröker gab eine Kurzfassung seines ungewöhnlichen Schwimmbadbesuches.

„Dann brauche ich ja gar nichts mehr zu erklären!", freute sich Charly.

„Wieso?"

„Na ja, natürlich soll es einen größeren Artikel zu dem Ganzen geben. Und da wollte ich dich fragen, was du von dem Fall hältst."

„Nun, die Polizei hat doch schon den Vater als Verdächtigen verhört, oder?"

„Genau! Die Meldung habe ich gestern Abend reinbekommen. Und da musste ich an unseren letzten Fall denken und habe mich gefragt, was du wohl über die Sache denkst. Du hattest doch auch letztes Mal den richtigen Riecher."

Bröker seufzte bei Charlys Worten. „Ja, das stimmt. Aber wie es aussieht, hatte ich da nur Glück. Ich habe schon gestern zu Gregor gesagt, dass ich den Eindruck habe, dieser Schewe leistet diesmal gute Arbeit. Und Schlangenbader, also der Vater des Opfers, war vom ersten Moment an auch mein Verdächtiger."

„Woran machst du das fest?"

„Das ist schwer zu sagen. Zunächst war es nur so ein Gefühl. Vielleicht auch nur der Wunsch, überhaupt einen Verdächtigen zu haben, damit ich mich mit dem Fall beschäftigen konnte. Dann habe ich mir den Herrn Professor mal angesehen und fand ihn äußerst unsympathisch. Außerdem ist er früher einem Kollegen gegenüber schon mal handgreiflich geworden. Die Beweisstücke, die die Polizei gesammelt hat, waren für mich dann eine Bestätigung meines Gefühls."

„Hm", machte Charly nachdenklich am anderen Ende der Leitung. „Aber fehlt der Polizei nicht noch das Motiv? Dazu gibt es jedenfalls offiziell noch keinerlei Angaben."

Nun war es Bröker, der in die Sprechmuschel hmte.

„Vielleicht hat der Fall einfach mehr zu bieten, als

die Polizei auf den ersten Blick sieht", gab seine Freundin zu bedenken.

„Und was sollte das sein?"

„Ich habe natürlich ein wenig recherchiert. Hat die Polizei zum Beispiel erwähnt, dass Florian Schlangenbader eine Schwester hatte, Carolin?"

„Nein, zumindest nicht, als ich dabei war. Aber was willst du damit sagen?" Bröker verstand nicht, warum das von Bedeutung sein sollte. „Eine Menge Menschen haben eine Schwester, ohne dass man sie tot in einem Universitätsschwimmbad findet. Sonst müsste man die Becken wohl etwas tiefer anlegen, damit auch alle hineinpassen."

Charly lachte, konnte aber Kontra geben.

„Aber nicht alle Schwestern befinden sich in einer psychiatrischen Anstalt!"

Bröker überlegte. „Das ist natürlich etwas ungewöhnlich", sagte er nach einer kleinen Pause. „Weshalb ist sie dort?"

„Da habe ich noch kein so klares Bild", musste die Journalistin zugeben.

Wieder schwieg Bröker einen Moment. „Mir ist noch immer nicht klar, was das zum Fall beitragen soll. Wenn Florians Schwester in einer psychiatrischen Einrichtung ist, stehen die Chancen schlecht, dass sie etwas von dem Mord mitbekommen hat, oder?"

„Das stimmt schon. Aber meine berufsbedingte Skepsis lässt mich bei einer Familie, in der der Sohn aller Wahrscheinlichkeit nach von seinem Vater ermordet wurde und die Tochter in psychiatrischer Behandlung ist, schon mal genauer hinschauen. Vielleicht finden sich so Anhaltspunkte für ein Motiv des Professors. Die Schwester scheint zumindest weit und breit die einzige

Verwandte von Täter und Opfer, die noch greifbar ist und von der wir damit noch etwas erfahren könnten. An Schlangenbaders Frau jedenfalls ist nicht dranzukommen, die hat ihn schon vor Jahren verlassen."

„Ja, ich weiß. Mich wundert eher, dass den überhaupt jemand geheiratet hat!", kommentierte Bröker.

„Na, der Professor scheint ja dein besonderer Freund zu sein", schlussfolgerte Charly vergnügt. „Aber mal im Ernst: Von der Beobachtung, dass die Schwester die Einzige ist, die noch etwas über die Familie Schlangenbader weiß, ist es nicht mehr weit bis zu dem Gedanken, dass sie in Gefahr sein könnte, oder?"

„Nun ja, ist das nicht ein bisschen spekulativ?"

Bröker war noch nicht überzeugt. Sicher, wären dies seine eigenen Gedanken gewesen, hätten sie ihm wahrscheinlich unmittelbar eingeleuchtet. Doch aus Charlys Mund klangen sie doch ein wenig wagemutig.

Die Journalistin spürte Brökers verhaltene Reaktion.

„Ich sage ja auch nur, dass dieser Fall vielleicht spannender ist, als man zunächst meinen könnte. Und ich dachte, das interessiert dich vielleicht. Es wäre doch zu lustig, wenn du Schewe das Motiv präsentierst. Dann kann niemand mehr behaupten, du hättest beim letzten Mal nur Glück gehabt."

„Hm", machte Bröker noch einmal, war aber, wie er selbst bemerkte, schon so gut wie umgestimmt. Er musste zugeben, dass ihn seine alte Studienfreundin ziemlich gut kannte. „Weißt du denn, wo Carolin Schlangenbader betreut wird?"

„Ja, sie wohnt in Bethel", gab Charly Auskunft.

„Wirklich? Das wäre ja gleich hier um die Ecke. Na, vielleicht kann ich da ja einmal nachfragen."

Charly, die spürte, dass sie ihren Freund mit weiteren

Überzeugungsversuchen eher wieder davon abgebracht hätte, etwas zu unternehmen, wechselte nach dieser Überlegung Brökers das Thema, um das Gespräch unauffällig zu beenden.

„Mal was ganz anderes: Gehst du eigentlich auch in dieser Saison zur Arminia?"

„Aber sicher doch!", lachte Bröker. „Was für eine Frage! Ich habe doch inzwischen mein dreißigjähriges Stadionjubiläum hinter mir. Gerade am Sonntag habe ich das letzte Heimspiel gesehen. Alm bleibt eben Alm, auch wenn die Arminia so schlecht spielt wie neulich!"

„Dann kann ich dich meinen Kollegen vom Sport also als Augenzeugen empfehlen, wenn mal wieder was zum heimischen Fußball ansteht", freute sich Charly.

„Sicher kannst du das!"

Die beiden plauderten noch kurz und verabschiedeten sich dann.

Nachdenklich betrachtete Bröker das Telefon in seiner Hand und legte es abwesend auf den Nachttisch. Hatte ihm Charly einen wichtigen Hinweis gegeben? So richtig wusste er nicht, was er von dem Ganzen halten sollte.

Es war schon nach zwölf, als Bröker endlich in der Küche erschien, um sich sein Frühstuck zuzubereiten.

„Uff", seufzte er, als er vier leere Weinflaschen auf dem Küchentisch stehen sah. Das erklärte zumindest das Dröhnen im Kopf. Aus dem Wohnzimmer erklang schon wieder der laufende Fernseher. Anscheinend schaute Ulf gerade eine Talkshow. Überraschenderweise warf er jedoch einen Blick in die Küche, als sich Bröker gerade drei Rühreier mit Schinken in die Pfanne goss.

„Willst du auch was?"

„Nee, ich hab schon meine Cornflakes gegessen", lehnte Ulf dankend ab, blieb aber in der Küche stehen. Anscheinend ging es ihm um etwas anderes. Bröker sah ihn fragend an. Schließlich rückte Ulf mit seinem Anliegen heraus. „Ging es in dem Telefonat um den toten Professorensohn?"

Bröker nickte. Eigentlich hatte er keine Lust, in dieser Sache mit seinem neuen Mitbewohner mehr als das Notwendige zu besprechen. Andererseits war dieser auch beim Fund der Leiche dabei gewesen und hatte damit, wie Bröker fand, auf gewisse Weise ein Anrecht darauf, über den Fortgang des Falls informiert zu werden. Bisher hatte Ulf ja für die Geschehnisse wenig übrig gehabt und sein Fernsehprogramm bevorzugt. Nun jedoch war sein Interesse auf wundersame Weise erwacht.

„Es scheint, als habe Schlangenbader noch ein Kind, eine Tochter", erklärte Bröker schließlich zögerlich. „Charly, das ist eine befreundete Journalistin, hat mir eben am Telefon gesagt, sie sei in Bethel in psychiatrischer Behandlung."

„Man sagt ‚in den *Bodelschwinghschen Anstalten*'", korrigierte ihn Ulf. „Oder noch korrekter *von Bodelschwinghsche Stiftungen Bethel*."

„Ja ja!" Bröker wollte sich genervt abwenden. Dann fiel ihm auf, dass Ulf sich in dieser Sache ungewöhnlich gut auszukennen schien. Vielleicht rührte sein Interesse ja daher. Wahrscheinlich hatte er das Telefonat mit Charly belauscht. „Woher weißt du das denn so genau?"

Ulf begann sichtlich herumzudrucksen. „Na ja, ich kenne jemanden, der da arbeitet."

„Wirklich?" Bröker war begeistert. „Sag mal, wenn dieser Freund von dir dort arbeitet, dann kommt er doch vermutlich auch an die Patientendaten?"

„Na ja, ein richtiger Freund ist er eigentlich nicht."

Mehr schien Ulf dazu jedoch nicht sagen zu wollen. Stattdessen schob er rasch nach: „Auf der anderen Seite … wer ist schon mein Freund."

Bröker wunderte das nicht weiter. Vermutlich trat niemand, den Ulf kannte, in Talkshows auf. Er beschloss, dies aber nicht weiter zu erörtern.

„Aber Zugang zu den Patientendaten hat er?"

„Ja, sicher!", nickte Ulf stolz, als sei er persönlich dafür verantwortlich. „Aber wieso fragst du das? Du hast doch etwas vor!"

Bei diesen Worten schaute er Bröker an, als habe er ihn beim Naschen eines besonders verbotenen Tortenstücks überrascht.

„Vielleicht hat meine Freundin Charly ja Recht und an dem Fall um Schlangenbader ist mehr dran, als man auf den ersten Blick vermuten würde."

„Aha?"

Dieser Gedanke schien Ulfs Vorstellungskraft zu sprengen.

„In dem Fall wäre es gut, wenn man sich ein wenig mit Schlangenbaders Tochter unterhalten könnte. Dafür bräuchte man natürlich ihren genauen Aufenthaltsort, also die Klinik oder die Einrichtung, in der sie gerade ist. Bethel besteht ja aus vielen einzelnen Einrichtungen. Meinst du, dein … Bekannter könnte da etwas für mich tun?"

Ulf dachte nach.

„Ja, ich denke, das könnte er. Man müsste ihn anrufen."

„Und denkst du, du könntest ihn für mich anrufen?"

Ulfs langsame Art stellte Brökers Geduld auf eine Zerreißprobe.

„Ja, das könnte ich", erklärte er bereitwillig. „Gleich kommen noch zwei Folgen *Alf*, aber danach könnte ich ihn anrufen."

Brökers neuer Mitbewohner kam sich sichtlich hilfsbereit vor und strahlte seinen Hausherren an. Der biss die Zähne zusammen und nickte gequält zurück. Zufrieden verschwand Ulf im Wohnzimmer.

„Na toll, Ulf guckt Alf!", ächzte Bröker, während er mit einem Stück Brötchen die letzten Reste seines Rühreis vom Teller sammelte. Eine gute Stunde später jedoch hatte er tatsächlich die gewünschte Information.

Kapitel 11
Der Apfelbaum der Erkenntnis

Verblüfft stand Bröker vor dem Haus mit Fachwerkfassade im Bielefelder Stadtteil Bethel. Er war schon häufig an ihm vorbeigekommen, niemals aber hätte er hier eine Einrichtung für Menschen mit psychischen Problemen vermutet. Doch war dies die Adresse, die ihm das Internet für die von Ulf recherchierte Klinik verraten hatte. Bröker war erleichtert gewesen, dass seine Internetkenntnisse wenigstens dafür ausgereicht hatten. Selbst wenn Gregor gerade zur Stelle gewesen wäre, hätte es Bröker doch Überwindung gekostet, ihn für das simple Nachschlagen einer Adresse um Hilfe bitten zu müssen. Als Hacker war Gregor da doch andere Hürden gewohnt, auch wenn er auf diesem Gebiet nicht mehr aktiv zu sein schien, seit er für seine letzten Versuche Sozialstunden aufgebrummt bekommen hatte.

Die Einrichtung war von einem großen Garten umgeben, in dem verschiedene Obstbäume standen und der von einer breiten Einfahrt geteilt wurde. Schon auf dem Fußweg hierher, der Bröker einen guten Kilometer über den Sparrenberg geführt und ihm dabei trotz der herbstlichen Temperaturen den Schweiß auf die Stirn getrieben hatte, kreisten seine Gedanken darum, wie er sich Schlangenbaders Tochter nähern sollte. Schließlich konnte er schlecht einfach in die Klinik spazieren und darum bitten, sich mit ihr unterhalten zu dürfen. Sich wie damals beim Fall Schwackmeier als Journalist auszugeben, war ebenfalls unmöglich. Davon abgesehen, dass sein diesbezügliches Talent begrenzt war, wäre er als solcher hier sicherlich nicht gern gesehen. Doch er hatte Glück. Das Wetter war für Bielefelder Verhältnisse gut und so gewährten die Pfleger ihren Schützlingen etwas Zeit an der frischen Luft. Jedenfalls befanden sich in dem Garten des Hauses rund ein Dutzend Personen, die größtenteils allein auf und ab gingen oder auf einer der Bänke unter den Obstbäumen saßen. Allerdings stellte sich die Frage, ob Carolin Schlangenbader sich auch unter ihnen befand und wenn ja, welche von ihnen sie war.

In Ermangelung von Alternativen öffnete Bröker kurzerhand die Eingangspforte des Anwesens und betrat den Garten. Der erste Mensch, der ihm begegnete, war ein Mann in seinem Alter. Argwöhnisch stand dieser neben einem Rosenstrauch, an dem noch ein paar Blüten vor sich hinwelkten. Ohne weiter darüber nachzudenken, sprach Bröker ihn an.

„Entschuldigen Sie, wissen Sie zufällig, ob ich hier irgendwo Carolin Schlangenbader finde?"

Die Miene des Mannes verfinsterte sich. Er stemmte beide Beine fest in den Boden und kniff die Augen zusammen. Bröker variierte seine Frage. „Ich würde mich nur gern einen Moment mit Frau Schlangenbader unterhalten. Es wäre mir wirklich eine große Hilfe, wenn …" Als Bröker sah, wie sich die Hände des Mannes zu Fäusten ballten, hielt er es für besser, seine Befragung an dieser Stelle abzubrechen. Stattdessen beschloss er, sein Glück lieber bei einer älteren Frau zu versuchen, die ein Stück von ihm entfernt stand. Versonnen blickte sie auf die Straße jenseits des Zauns, der das Anwesen umgab. Doch als Bröker näherkam und sah, wie sie ohne Unterlass damit beschäftigt war, ihr Gesicht zu verziehen, befürchtete er, auch sie werde ihm keine große Hilfe sein. Er sah sich jedoch getäuscht.

„Carolin, Carolin!", rief die Frau auf seine Frage hin zweimal schnell hintereinander und deutete auf eine Bank unter einem der Apfelbäume. Dann folgten Worte in einem rasenden Stakkato, von denen Bröker nichts, aber auch gar nichts, verstand.

„Vielen Dank, Sie haben mir wirklich sehr geholfen", versuchte er die Frau mit sanfter Stimme zu beruhigen. Und tatsächlich brach diese ihren Redeschwall ab und wendete sich wieder der Stelle zu, von der aus sie zuvor über den Zaun geblickt hatte. Bröker atmete erleichtert auf. Er schaute sich um. Erst jetzt ging ihm auf, dass sich unter den ganzen Personen hier im Garten vermutlich auch ein paar Pfleger befinden mussten. Sie trugen, wie es aussah, keine besondere Kleidung und waren daher auf den ersten Blick nicht von den Patienten zu unterscheiden. Das war sicher ein Konzept, um das Leben für die Bewohner würdevoller zu gestalten. Bröker allerdings fand, dass dies ihm die Suche im Vergleich zu den alten Detektivfilmen, die er manchmal als Kind heimlich gesehen hatte, ungleich erschwerte.

Zum Glück schien bisher niemand sein Treiben bemerkt zu haben. Bröker versteckte sich hinter einem der Obstbäume und besah sich Florians mutmaßliche Schwester genauer. Sie war vielleicht Mitte zwanzig und hatte blassrotes Haar. Trotz des relativ guten Wetters trug sie eine Regenjacke. Ihre Hände waren in die Ärmel gezogen. Zusammengesunken saß sie auf der Bank, scheinbar apathisch. Es erschreckte Bröker, wie wenig sie sich bewegte. Selbst ihr magerer Körper schien nicht anwesend zu sein. Bröker schwante, dass er in ihr keine leichte Gesprächspartnerin finden würde. Dafür galt es aber erst einmal, sich Schlangenbaders Tochter so zu nähern, dass niemand vom Personal es mitbekam. Doch für eine gute Tarnung konnte er jetzt, da er einfach fröhlich in den Garten hineinmarschiert war, nicht mehr sorgen. So versuchte er einen ähnlich abwesenden Blick wie die meisten der Patienten aufzusetzen und wandelte langsam und scheinbar ziellos durch den Garten. Dabei kam er wie zufällig Carolin Schlangenbader Schritt um Schritt näher. Schließlich setzte er sich, immer noch geistesabwesend lächelnd, auf die Bank neben sie. Die junge Frau beachtete ihn nicht.

„Frau Schlangenbader", versuchte er im Flüsterton ihre Aufmerksamkeit zu gewinnen. Doch seine Banknachbarin hob nicht einmal den Kopf.

„Frau Schlangenbader!", wiederholte er noch einmal eindringlicher. Und schließlich, als die Angesprochene noch immer keine Reaktion zeigte, so scharf es ihm flüsternd möglich war: „Carolin!"

Die junge Frau wendete leicht den Kopf und blickte so dicht über Bröker hinweg, dass dieser unvermittelt in sein Haar griff. Vielleicht hatte sich dort ja ein Tier verfangen.

„Carolin, wissen Sie, dass Ihr Bruder ermordet wurde?", fuhr er fort. Sofort hätte er sich jedoch dafür auf die Zunge beißen und seine Worte wieder in den Mund zurückholen mögen. Auch wenn er den genauen Grund für den Aufenthalt von Schlangenbaders Tochter in dieser Klinik nicht kannte, so wusste er doch, dass sie psychisch labil war. Somit war es Carolins Befindlichkeit wahrscheinlich nicht eben zuträglich, sie auf den Tod ihres Bruders anzusprechen. Und wenn sie in diesem Moment erstmalig davon erfuhr, hätte er sie behutsamer behandeln müssen. Doch nun war der Satz ausgesprochen. Brökers Bedenken erwiesen sich aber als unbegründet. Carolin Schlangenbader schaute weiterhin unverwandt an ihm vorbei. Wieder fuhr sich Bröker durchs Haar. Natürlich, dass ihn die junge Frau nicht direkt ansehen konnte, war Teil ihrer Krankheit. Trotzdem konnte sich Bröker nicht gegen das Gefühl wehren, dass vielleicht doch ein Käfer auf seinem Kopf herumkrabbelte. Inzwischen imitierte Carolin die Geste und fuhr sich ebenfalls durchs Haar.

„Wenn Sie irgendetwas wissen, was mir hilft herauszufinden, warum Florian sterben musste, so sagen Sie es mir bitte!"

Ein leichtes Zittern ging durch Carolins Körper. Sie versuchte sich zurückzuhalten, doch dann sagte sie so leise, dass Bröker es kaum verstand: „Er hat ihn angezeigt."

„Was? Sagen Sie das noch einmal!", bat er Carolin vorsichtig.

„Ihn angezeigt", flüsterte die junge Frau noch leiser.

„Wer … wer hat wen angezeigt?" Unwillkürlich passte er sich der leisen Stimme Carolins an und fürchtete nun, dass wiederum sie ihn nicht verstand.

„Er hat ihn angezeigt", beharrte Schlangenbaders Tochter.

„Ja, das habe ich verstanden. Aber wer ist *er*? Und wer ist *ihn* ... verdammt, ich meine, der andere er?"

Doch so unvermutet Carolin begonnen hatte zu sprechen, so schnell versiegte ihr Redefluss. Versunken, als hätte sich Bröker nie neben sie gesetzt, kauerte sie nun wieder auf der Bank.

„Frau Schlangenbader, Carolin! So sagen Sie mir doch, wer wen angezeigt hat und vor allem warum!"

Die letzte Nachfrage hatte Bröker lauter gestellt, als er es im Sinn gehabt hatte. Er fühlte, wie sich einige der Umstehenden zu ihm umdrehten.

„Hey, wer sind denn Sie?"

Den Mann mittleren Alters mit dem schwarzen Kinnbart, der ihn angesprochen hatte, hätte Bröker mit großer Sicherheit zu den Patienten gezählt. Aufgrund dieser Frage begann er ihn jedoch eher für einen Pfleger zu halten. Ein Pfleger, der sich ihm nun mit schnellen Schritten näherte.

„Oh, ich bin Carolins Bruder!", antwortete Bröker schnell und hoffte, Schlangenbaders Tochter würde dieser Behauptung nicht widersprechen. Diese Hoffnung erfüllte sich, doch dem Pfleger gefiel die Antwort trotzdem nicht.

„Carolins Bruder? Florian Schlangenbader wurde vorgestern Nacht ermordet. Wer also sind Sie?"

Aus nächster Nähe sah der Pfleger größer aus, als Bröker vermutet hatte.

„Wir sind zu dritt gewesen. Ich bin der ältere Bruder", log er tapfer weiter. „Ich habe ihr gerade von Florians Tod berichtet."

„Aber diesbezüglich hat doch gestern schon Ihr Vater angerufen. Der zuständige Arzt hat versucht, es Ihrer Schwester schonend beizubringen. Ob wir zu ihr durchdringen konnten, weiß ich allerdings nicht."

„Mein Vater?" Bröker war vor Aufregung für einen Moment verwirrt. Dann fiel ihm ein, dass bei der Rolle, die er spielte, ja Schlangenbader sein Vater war.

„Oh, der hat schon angerufen?", setzte er schnell hinterher.

Der Pfleger aber hatte nun endgültig Verdacht geschöpft.

„Sind Sie wirklich Frau Schlangenbaders Bruder?", fragte er argwöhnisch.

„Aber sicher!", gab sich Bröker überzeugt.

„Können Sie sich ausweisen?"

„Im Moment gerade nicht", gab Bröker kleinlaut zu. „Ich muss auch gleich wieder weg. Ich habe heute noch Termine." Bröker stand auf und machte sich auf den Weg Richtung Ausgang. Der Pfleger folgte ihm beharrlich.

„Halt, warten Sie!", rief er. „Ich will zuerst wissen, wer Sie sind!"

Doch das ließ Bröker nur schneller laufen. Eiligen Schrittes rannte er beinahe die Straße hinab. Einige Meter vom Anwesen entfernt blieb der Pfleger zögernd stehen. Einerseits schien er Bröker stellen zu wollen, andererseits machte er sich wohl auch Gedanken um seine Patienten.

„Hoffentlich ist er allein!", dachte Bröker schwitzend.

In diesem Moment passierte er eine Bushaltestelle, an der tatsächlich gerade ein Bus hielt. Er sprang hinein. Der Fahrer sah ihn etwas fragend an, doch Bröker achtete nicht auf ihn. Wortlos zog er seine Monatskarte hervor. Gleichmütig schloss der Fahrer daraufhin die

Türen und fuhr ab. Erleichtert ließ sich Bröker auf den ersten freien Sitz sinken. Er atmete durch. Das war knapp gewesen.

Zwei Stationen später kam ihm die Kunsthalle in den Sinn. Darin befand sich *Schäfers Café*. Ein kleiner Kaffee wäre jetzt genau das Richtige. Gerade noch rechtzeitig drückte er den Knopf, der dem Fahrer seinen Haltewunsch signalisierte.

Im Café herrschte eine weihevolle Atmosphäre. Aus Musikboxen klang *Albinonis Adagio*. Bröker nahm unter einer riesigen Palme Platz und bestellte einen Milchkaffee. Er blickte durch die hohen Scheiben auf den Park vor dem Museum. Gelbe Blätter lagen auf dem Gras, das vom vielen Herbstregen der letzten Wochen noch immer saftig grün war. So fühlte sich die Welt schon wieder in Ordnung an.

Als ein akkurat gekleideter Kellner ihm mit einem freundlichen Lächeln den Milchkaffee servierte, dachte Bröker noch einmal über seinen Besuch bei Carolin nach. ‚Er hat ihn angezeigt', hatte sie gesagt. Aber wer hatte denn nun die Anzeige erstattet und wer war angezeigt worden. Angesichts dessen, dass sich Schlangenbaders Tochter in einer Klinik befand, fragte sich Bröker zudem, ob es die Anzeige wirklich gegeben hatte oder sie nur der lebhaften Fantasie einer psychisch Kranken entsprungen war. Obschon er zugeben musste, dass Carolin nicht direkt an einem Übermaß an Fantasie zu leiden schien. Sie hatte eher abwesend gewirkt, als gäbe es sie gar nicht oder besser: Als sollte es sie nicht geben. Vielleicht stand sie auch unter Medikamenteneinfluss? Bröker seufzte. Selbst wenn es die Anzeige tatsächlich gegeben hatte, stellte sich immer noch die Frage, ob sie überhaupt etwas mit dem Tod ihres Bruders zu tun hatte. Er kratzte sich am Kopf. Hatte Charly Recht und barg der Fall tatsächlich mehr Geheimnisse, als er anfänglich gedacht hatte?

Kapitel 12
Bröker brütet

Am Abend dachte Bröker noch immer über Carolins Worte nach. Er hatte sich in sein Zimmer zurückgezogen. Gregor war mal wieder ausgeflogen und Ulf besetzte zusammen mit Uli das Wohnzimmer, wo er sich eine auf undurchsichtige Weise zustande gekommene Reihung von Hits aus den Achtzigern ansah, die Bröker für zu Recht vergessen hielt. Uli schien da ähnlicher Meinung, denn er war auf Ulfs Schoß eingeschlafen.

Bröker saß auf dem Sessel neben seinem Bett. Er hatte sich gegen den Lärm aus dem Untergeschoss Kopfhörer aufsetzen wollen, diese aber nicht gleich gefunden und dann beschlossen, dass ihm die Suche zu anstrengend werden würde. Stattdessen hatte er sich zur Unterstützung einen *Brunello di Montalcino* aus seinem Weinkeller geholt. Er hatte schon sehr früh gefunden, dass dieser Wein aus verschiedenen Gründen gut zu ihm passte. Genüsslich ließ er sich die toskanische Spezialität durch die Kehle rinnen. Was mochte Carolin mit dem Satz ‚Er hat ihn angezeigt‘ bloß gemeint haben? So lange hatte er die Worte nun schon in seinem Kopf hin und her bewegt. Sollte es wirklich ein Geheimnis hinter dem Tod Florians geben, so musste es einfach mit diesem Satz zusammenhängen. Dann wäre er schon ganz nah an der Lösung des Falls. Doch gerade, wenn er diesem

106

Gefühl nachgab, überfielen ihn Zweifel. Vielleicht war das alles nur ein Hirngespinst, das von seiner Hoffnung auf ein wenig Detektivarbeit und Charlys Telefonanruf genährt wurde. Wieder nahm Bröker einen Schluck Wein. Vermutlich hatte Schlangenbader inzwischen schon gestanden und Bröker hätte sich besser Gedanken über seine morgige Einkaufsliste als über Carolins Worte gemacht. Er zuckte erschöpft mit den Schultern.

Im selben Moment hörte er im Erdgeschoss ein weihnachtliches Geräusch. Entweder war die Hit-Show, der sich Ulf so hingebungsvoll widmete, inzwischen bei der Adventszeit angekommen oder das Telefon klingelte. Bröker lauschte, ob sein Mitbewohner sich um den Anruf kümmerte, doch die Wohnzimmertür blieb geschlossen. Bröker ärgerte sich kurz, musste aber zugeben, dass es für Ulf auch wenig Grund gab, das Gespräch entgegenzunehmen. Vermutlich würde ihn hier niemand versuchen zu erreichen, und als er Bröker das letzte Mal das Telefon gebracht hatte, hatte dieser nicht sonderlich freudig darauf reagiert.

Der Hausherr erhob sich murrend und stieg träge die Treppe hinab. Wenn er langsam genug ginge, würde der Anrufer vielleicht die Geduld verlieren. Bröker stand nach Anbruch des Weines nicht mehr der Sinn nach Unterhaltung. Doch der Apparat blieb hartnäckig.

„Ja?", meldete Bröker sich ungnädig.

„B., das bist du, oder?"

„Charly, du schon wieder?" Brökers Stimme klang freundlicher, als es seine Wortwahl vermuten ließ.

„Hast du aus Versehen die Wahlwiederholungstaste gedrückt?", zog er seine alte Freundin auf.

„Hattest du heute Abend noch keinen Wein oder warum bist du so grantig?", gab diese zurück.

„Im Gegenteil, ich habe sogar hervorragenden Wein. Aber du hältst mich davon ab, ihn zu trinken!"

„Dann entlasse ich dich sofort wieder zurück zu ihm", lachte Charly. „Aber vorher will ich wissen, ob du hinsichtlich Schlangenbaders Tochter irgendetwas unternommen hast."

„Ich war aktiver, als du es dir vorstellen kannst."

Bröker berichtete über seinen Besuch in der Klinik und den kurzen Wortwechsel mit Carolin. Die genauen Umstände, wie das Gespräch geendet hatte, verschwieg er allerdings. Es gab Momente in seinem Leben, von denen Charly nichts wissen musste.

„Hm, sie hat wirklich gesagt ‚Er hat ihn angezeigt'?", erkundigte sich seine Freundin. „Das klingt seltsam. Hast du irgendeine Idee, was sie damit gemeint haben könnte?"

„Nein, nicht wirklich", gab Bröker zu. „Komisch, dass du das jetzt fragst. Ich saß gerade mit meinem Weinchen in meinem Zimmer und habe genau über diese Frage nachgedacht."

„Vielleicht solltest du noch ein bisschen weiter darüber nachdenken."

„Warum?" Etwas in Charlys Stimme ließ Bröker aufhorchen.

„Weil Schlangenbader noch immer nicht gestanden hat. Im Gegenteil: Er bestreitet den Mord und wenn ich es richtig verstanden habe, ist Schewe in Bedrängnis, weil er zwar einige Beweisstücke, aber kein vernünftiges Motiv vorweisen kann. Jedenfalls wird es so morgen in der *Neuen Westfälischen* erscheinen. Inzwischen hat sich wohl auch der Hochschulrat eingeschaltet. Zumindest hatten wir einen Anruf, dass es doch ein Skandal sei, solch einen angesehenen Professor der Bielefelder Universität des Mordes zu verdächtigen. Ob es nicht unsere Pflicht sei, dies in die Berichterstattungen mit einfließen zu lassen. Ich könnte mir vorstellen, dass die auch auf Schewe oder seinen Vorgesetzten Druck ausüben."

„Aber es ist doch zum Mäusemelken, dass man Schlangenbader nichts nachweisen kann!" Bröker war ernsthaft erzürnt. „Ich bin mir sicher, dass er der Mörder ist!"

„Unter anderem, weil ich das von dir hören wollte, habe ich noch einmal angerufen. Vielleicht kannst du diesem Gefühl ja noch etwas Substanz verleihen."

„Ich werde mir Mühe geben!"

„Mehr will ich auch gar nicht. Sollte es etwas Neues geben, melde ich mich. Richte deinem Weinchen schöne Grüße von mir aus."

„Einen schönen Abend noch", murmelte Bröker und legte auf. Noch langsamer, als er zum Telefon gegangen war, kehrte er in sein Zimmer zurück und ließ sich wieder in den Sessel fallen. Als habe er seit Monaten abstinent gelebt, nahm er einen tiefen Schluck Wein.

Noch einmal ging er in sich. War es wirklich denkbar, dass Schlangenbader nicht der Mörder war? Bröker schüttelte den Kopf. Es gab zu viele Hinweise, die gegen ihn sprachen. Man musste ihm nur endlich ein Motiv nachweisen, dann würde sein Widerstand zweifelsohne zusammenbrechen. Was also sollte er tun? Aber das war eine Frage, die Bröker grundsätzlich das Leben schwer machte. Beinahe jede Entscheidung stellte ein unüberwindliches Problem für ihn dar. Selbst wenn es nur um Belanglosigkeiten ging und sich zwei nahezu gleichwertige Auswahlmöglichkeiten boten, schien ihm bald die eine, bald die andere Möglichkeit die richtige zu sein. Irgendwann war er zu der Einsicht gekommen, dass es die richtige Wahl gar nicht gab, da sich das Leben nicht wiederholte. Es gab keine zweite oder dritte Chance, die es ermöglichte, das Resultat einer Entscheidung mit den Ergebnissen der Alternativen zu vergleichen. Und so konnte niemand sagen, ob eine Entscheidung besser war als eine andere. Auf eine gewisse Weise, so dachte Bröker, führte dies sogar dazu, dass man sich fragen musste, ob man moralisch für sein Tun verantwortlich war. Wie konnte man jemandem für seine Taten die Schuld geben, wenn dieser gar nicht wissen konnte, was die richtige Entscheidung war? So entließ einen die Einmaligkeit des Lebens in eine Freiheit, die einem Entwurf für etwas glich, das nie gelebt werden würde.

Während diese Einsicht andere Naturen zur Sorglosigkeit bewegt haben mochte, lähmte sie Bröker zu manchen Zeiten so stark, dass er überhaupt keine Entscheidungen mehr traf und sich der Hoffnung hingab, das Leben werde schon irgendeine Richtung nehmen und er sich dann nur noch in der neuen Situation zurechtfinden müsse.

In solche Gedanken vertieft hörte Bröker weder, dass Ulf schon kurz nach Mitternacht, also für seine Verhältnisse erstaunlich früh, den Fernseher ausstellte und zu Bett ging, noch dass Gregor wenige Minuten später nach Hause kam. Ja selbst, als sein junger Freund an seine Zimmertür klopfte, bekam er dies nicht mit. So schrak er wie schon so viele Male hoch, als Gregor wie aus heiterem Himmel vor ihm stand.

„Mensch, Junge!", fuhr er auf. „Kannst du dich nicht so laut bewegen, dass man dich hört! Menschen in meinem Alter sterben leicht an einem Herzinfarkt."

„Ich weiß, Bröker, ich weiß!", antwortete Gregor. „Darum habe ich geklopft und darum habe ich die Notrufnummer in meinem Handy unter deinem Namen eingespeichert."

Bröker grinste Gregor an.

„Und über was hast du dir eben derart den Kopf zerbrochen, dass du nichts um dich herum mitbekommst?"

Bröker schämte sich für seine amateur-philosophischen Betrachtungen. Sicher würde der Junge lachen, wenn er ihm davon erzählte.

„Setz dich erst einmal", sagte er daher. „Ich habe ein wenig über Schlangenbaders Fall nachgedacht."

„Oh, wieso? Gibt es Neuigkeiten?"

„Charly hat heute Mittag angerufen. Sie hat berichtet, dass es zu Florian Schlangenbader eine Schwester gibt, die in einer Einrichtung für psychisch Kranke in Bethel untergebracht ist."

„Und die wolltest du mal kennenlernen?"

„Ja, zum Glück hat mir Ulf helfen können."

„Ulf?" Zwischen Gregors Augenbrauen bildete sich eine steile Falte. „Sag nicht, dass dieser Fernsehjunkie dir jetzt schon beim Lösen deiner Kriminalfälle helfen darf!"

„Ach, das kam ganz zufällig zustande", versuchte sich Bröker zu verteidigen.

„Das macht es nicht besser, Bröker. Du hast ihm von dem Fall erzählt!"

„Viel erzählen musste ich da ja nicht. Erinnere dich, dass er dabei war, als die Leiche gefunden wurde. Und dann hat er Charlys Anruf mitbekommen und nachgefragt. Da konnte ich nicht einfach zu ihm sagen, dass ihn das alles nichts angeht."

Gregor sah noch immer unglücklich aus.

„Ich weiß auch gar nicht, warum du so eifersüchtig bist …"

„Ich bin nicht eifersüchtig!", bestritt der Junge, was seinem Freund offensichtlich erschien. „Aber Ulf drängt sich einfach in alles rein."

Bröker war ein wenig gerührt. „Ach, darüber musst du dir doch keine Sorgen machen. Ich müsste schon Daily Soaps und Casting-Shows verfallen, wenn ich mit ihm irgendetwas teilen wollte. Dass Ulf mir helfen konnte, hat sich wirklich zufällig ergeben und fast wäre es auch an *Alf* gescheitert!" Bröker musste lachen. „Wenn du da gewesen wärst, hätte ich natürlich dich um Hilfe gebeten."

Der Junge zuckte mit den Schultern und schaute betreten zu Boden. „Ich habe nun mal Schule."

„Das weiß ich schon", entgegnete Bröker. „Ich wusste nur nicht, dass euer Unterricht jetzt schon bis Mitternacht geht."

„Geht er auch nicht. Aber wenn ich überwacht werden wollte, hätte ich auch bei meinen Eltern bleiben können!", gab Gregor unwirsch zurück, um gleich darauf das Thema zu wechseln. „Wie hat dir Ulf denn nun bei Florians Schwester helfen können?"

„Er hat einen Freund, der in Bethel arbeitet, und der hat herausgefunden, in welcher Klinik sich die Schwester aufhält."

„Ulf hat einen Freund in Bethel?", zeigte sich Gregor erstaunt. „Na, ich kann mir vorstellen wieso!"

Bröker schlug sich lachend die Hand an die Stirn. „Du bist böse, Gregor!"

„Nein, nur realistisch, wetten? Aber lassen wir das. Hast du denn irgendetwas von Schlangenbaders Tochter erfahren können?"

Bröker berichtete nun schon zum zweiten Mal an diesem Abend von seinem nachmittäglichen Besuch in der Klinik. Da er vor Gregor kaum noch Geheimnisse hatte, schilderte er dieses Mal auch seine Flucht. Wie erwartet musste Gregor lachen und sparte auch nicht mit Spott.

Gleich danach wurde er aber wieder ernst: „Was genau hat Carolin gesagt?"

„‚Er hat ihn angezeigt'", wiederholte Bröker noch einmal.

„Hast du eine Ahnung, was es bedeutet oder ob es überhaupt etwas bedeutet?"

„Genau darüber habe ich den ganzen Abend nachgedacht. Charly hat zwischendurch nochmal angerufen und mir erzählt, dass Schlangenbader noch immer abstreitet, etwas mit dem Mord an seinem Sohn zu tun zu haben, und dass Schewe auch noch immer kein Motiv gefunden hat."

Gregor und Bröker schwiegen.

„Carolins Behauptung ist ja nur dann für uns von Interesse, wenn sie mit dem Mord an ihrem Bruder in Verbindung steht, richtig?", probierte Bröker schließlich.

„Richtig", stimmte Gregor zu.

„Gut. In dem Fall bezieht sich das ‚er' und das ‚ihn' wahrscheinlich auf die beiden nächsten Verwandten Carolins. Es kann natürlich noch ein dritter im Spiel sein, aber da Carolin relativ abgeschnitten von der Außenwelt ist, scheint mir das erst einmal eine plausible Vermutung."

„Möglich", nickte Gregor.

„Was also, wenn sie mir sagen wollte, dass ihr Bruder ihren Vater angezeigt hat?", spann Bröker seinen Gedanken weiter. „Es könnte sich natürlich auch andersherum verhalten, aber dann ergibt Florians Tod keinen Sinn."

„Sehr gut möglich!", stimmte Gregor mit wachsender Begeisterung zu.

„Wenn es sich bei dieser Anzeige um eine schwerwiegende Beschuldigung handelt, so könnte sie doch durchaus ein hervorragendes Mordmotiv bilden", schloss Bröker seine Überlegungen ab.

„Bröker, Mensch, so könnte es wirklich gewesen sein!" Gregor war schon gänzlich von der Richtigkeit der Brökerschen Gedankengänge überzeugt.

„Abwarten!", wurde dieser dadurch sofort wieder nüchtern. Es war typisch für ihn, dass er seinen eigenen Einfällen gegenüber misstrauisch wurde, sobald jemand ihnen zustimmte.

„Wieso? Du hast das Motiv gefunden! Am besten rufst du sofort Schewe an!"

Gregor wollte aufspringen, um das Telefon zu holen.

„Nein, ich kann ihn jetzt noch nicht anrufen!", protestierte Bröker.

„Wieso nicht? Für einen so wichtigen Hinweis wird er auch mitten in der Nacht dankbar sein!"

„Darum geht es gar nicht. Aber überleg mal, wenn ich jetzt zu Schewe gehe und ihm sage, Schlangenbaders Motiv sei eine Anzeige seines Sohnes gewesen, und es stellt sich heraus, dass es solch eine Anzeige gar nicht gegeben hat! Damit wäre ich bis an mein Lebensende vor ihm blamiert."

„Dann müssen wir so schnell wie möglich recherchieren, ob es die Anzeige gab!"

„Da hast du Recht", bestätigte Bröker. Da er aber befürchtete, dass Gregor nun unmittelbar versuchen würde, sich in das Register der Polizei einzuhacken, und er dies für keine gute Idee hielt, schützte Bröker Müdigkeit vor, die er auf seinen Weinkonsum zurückführte.

Gregor schaute ihn für einen Moment enttäuscht an, schien dann aber einverstanden.

„Na gut, dann ist sobald wie möglich eben morgen früh!"

Bröker nickte ihm zufrieden zu und beide gingen schlafen.

Kapitel 13
Wochenendschicht

Der Fall bekam Brökers Schlaf auch weiterhin gut. Gregor erschien es beinahe, als wolle sein Freund nun, da er endlich wieder eine Aufgabe für sich gefunden hatte, in kürzester Zeit den kompletten fehlenden Schlaf der vergangenen Wochen nachholen. Am nächsten Morgen war es jedenfalls schon nach zwölf und Bröker schlief immer noch. Selbst Uli hatte sein Bett, das er sich stets auf dem Sessel in Brökers Zimmer baute, schon gegen einen Platz auf Ulfs Schoß eingetauscht, der sich seit acht Uhr die Wiederholungen der Daily Soaps mit einem Interesse anschaute, als habe er sie nicht schon unter der Woche gesehen. Der Kater schien seine Skepsis dem neuen Mitbewohner gegenüber im Gegensatz zu Gregor vollkommen abgelegt zu haben. Schnurrend lag er auf Ulfs Knien und schlug damit sogar die Möglichkeit aus, in dem verbliebenen freien Cordsessel zu liegen. Schließlich wurde es Gregor zu bunt und er klopfte an Brökers Schlafzimmertür.

„Lass mich schlafen, Mutter", stöhnte der noch im Halbschlaf, kam dann aber zu sich. Er setzte sich auf und schlug die Decke zurück. „Bleib draußen, ich komme gleich!", rief er schnell hinterher, da er sich ein wenig für seinen Aufzug schämte. Er war nur mit einer Unterhose bekleidet, die noch dazu ein wenig knapp saß.

Als er einen halbe Stunde später sein obligatorisches Lachsbrötchen samt einer großen Tasse starken Kaffees vor sich stehen hatte, erinnerte ihn Gregor wieder an den Entschluss, den sie am Vorabend gefasst hatten.

„Und, wirst du heute herausfinden, ob Florian seinen Vater angezeigt hat?"

„Ja, das sollte ich wohl", entgegnete Bröker und spürte, wie ihn das Gefühl, etwas zu tun zu haben, zufrieden stimmte.

„Da du Schewe ja nicht bitten willst, wirst du dabei vermutlich meine Hilfe brauchen", grinste der Junge.

Bröker erschrak. Er hatte sich noch keinen Schlachtplan zurechtgelegt, wie er seinen Freund davon abhalten konnte, sich bei der Polizei einzuhacken.

„Gregor, ich lass mir immer gerne von dir helfen, aber ich will nicht daran schuld sein, wenn du verhaftet wirst!"

Bröker hatte Angst vor Gregors Reaktion. Wenn der Junge sich für etwas begeisterte, war er schnell bei der Sache und nur schwer von seinen Plänen abzubringen, waren sie auch noch so waghalsig. Doch Gregor schien überraschend einsichtig.

„Ich hab natürlich auch dran gedacht. Aber sich bei der Polizei einzuhacken, ist natürlich schon eine dicke Nummer. Vor allem, nachdem sie mich schon mal erwischt haben. Und das nur um herauszufinden, ob es eine bestimmte Anzeige gegeben hat …"

Gregor sah Bröker unglücklich an. Er schien sich mit dieser Entscheidung nicht ganz wohl zu fühlen. Doch Bröker nickte ihm freundlich zu. „Keine Sorge, mir ist es so wirklich lieber!"

„Ich dachte, du könntest vielleicht Mütze anrufen", schlug Gregor vor. „Das hätte den Vorteil, dass er dir nicht nur sagen könnte, ob es eine Anzeige gegeben hat, sondern auch, worum es ging."

Gregors Vorschlag gefiel Bröker. Mütze kannte er nun schon seit einer halben Ewigkeit von den Heimspielen der Arminia, bei denen dieser, obschon er ursprünglich aus Bochum kam und inzwischen schon zum Kommissar aufgestiegen war, noch immer Dienst schob. Da sie seit ihrem ersten zufälligen Zusammentreffen in der *Wunderbar* schon etliche Bier miteinander getrunken und auch in dem ersten Fall ein bisschen zusammengearbeitet hatten, standen die Chancen nicht schlecht, dass Mütze ihm helfen würde.

„Gute Idee!", befand Bröker daher und schob sich entschlusskräftig das letzte Stück Lachsbrötchen in den Mund. „Wenn du mir das Telefon holst, probieren wir es gleich mal!"

„Na klar hol ich das. Aber ich fürchte, bei deinen weiteren Nachforschungen kann ich dir heute keine große Hilfe sein", entgegnete Gregor. „Ich muss mich an diesem Wochenende mal wieder bei meinen Eltern blicken lassen."

„Oh ja, deine Eltern", fiel es auch Bröker ein. „Wie läuft es eigentlich mit denen?"

Gregor zuckte nur mit den Schultern, stand aber auf und brachte Bröker das Telefon, während der sein Geschirr in die Spülmaschine räumte.

„Es meldet sich nur sein Anrufbeantworter!", verkündete Bröker, nachdem er versucht hatte, Mütze zu erreichen.

„Ja, das hätten wir uns denken können", erwiderte Gregor. „Heute ist doch Samstag! Da ist er bestimmt nicht im Büro. Dein Freund hat heute sicher etwas Besseres zu tun, als auf Anrufe von uns Amateurdetektiven zu warten! Hast du denn keine Handynummer von ihm?"

„Die müsste noch in meinem Mobiltelefon gespeichert sein. Aber dafür muss ich das alte Ding erst einmal aufladen."

Nachdem er eine ganze Weile damit zugebracht hatte, das Ladekabel zu seinem Handy zu finden, und der Junge sich inzwischen zu seinen Eltern aufgemacht hatte, schaute Bröker im elektronischen Adressbuch nach und entdeckte tatsächlich Mützes Nummer. Er wählte und lauschte auf das Tuten im Hörer.

„Schilkowski!", meldete sich eine tiefe Männerstimme.

Vor ein paar Monaten, als er noch keine Erfahrung darin hatte, mit seinem Polizistenfreund zu telefonieren, hatte Bröker das erste Mal fast erschrocken eingehängt und gedacht, die Nummer sei veraltet und inzwischen jemand anderem zugeteilt worden. Doch inzwischen hatte Bröker sich daran gewöhnt, dass der Kommissar nicht schon von seinen Eltern Mütze getauft worden war, sondern eigentlich Günther Schilkowski hieß. Der Spitzname war vor vielen Jahren entstanden, als Mütze noch ein Streifenpolizist in Uniform gewesen war, und hatte sich von Günther über Gütze zu Mütze entwickelt.

„Hallo Mütze!", rief er daher schnell in den Hörer. „Hier ist Bröker."

„Oh, Bröker, du rufst an und noch dazu auf meinem Handy?" Mützes Stimme klang erfreut.

„Ich hoffe, du willst mich nicht fragen, ob ich morgen zu dem Arminiaspiel komme!"

„Natürlich nicht", entgegnete Bröker. Was die Spiele der Arminia anging, wusste er Bescheid. „Die spielen doch morgen auswärts in Ingolstadt. Das solltest selbst du als alter Bochumfan wissen!"

„Und deshalb weiß ich es auch!", sagte Mütze und es war Bröker, als könne er sehen, wie ein Schmunzeln Mützes Schnurrbart in Richtung seines Kassengestells anhob.

„Der Grund, weshalb ich anrufe, ist eher dienstlicher Natur", konkretisierte Bröker.

„Dienstlich? Da sich an deinem Lebenswandel vermutlich nichts geändert hat, nehme ich an, dass es eher um meinen als um deinen Dienst geht."

„Stimmt!", sagte Bröker vergnügt.

„Bröker, wandelst du etwa wieder auf den Spuren von Miss Marple?"

„Sag bloß, es ist noch nicht zu dir vorgedrungen, dass ich dabei war, als Florian Schlangenbader tot aufgefunden wurde!", tat Bröker überrascht.

„Schlangenbader? Das ist doch der Professor, den wir Mittwoch verhaftet haben, weil er seinen Sohn ertränkt haben soll."

Für einen Moment lang gab es eine Pause am anderen Ende der Leitung.

„Aber warte mal, die Leiche haben wir doch im Unischwimmbad gefunden! Bröker, sag nicht, du quälst deinen Astralleib inzwischen mit morgendlichen Sportübungen!"

„Das war eher ein einmaliger Ausrutscher", gab Bröker betreten zu. „Soll nicht wieder vorkommen."

„Okay, dann will ich dir das mal glauben. Ich weiß allerdings nicht, ob ich dir in dem Fall weiterhelfen kann. Schewe leitet die Ermittlungen."

„Ja, das weiß ich. Ich habe ihn sogar schon getroffen! Und damit sind wir auch schon beim Thema. Ihm fehlt ja noch ein Motiv. Ich habe vielleicht einen Hinweis, der ihm weiterhelfen könnte. Aber dafür muss ich vorher etwas überprüfen."

„Ach, und hier komme ich ins Spiel?"

„Genau!"

„Nun, eigentlich habe ich heute frei, aber für dich würde ich auch eine Wochenendschicht einlegen. Worum geht es denn?"

„Kannst du herausfinden, ob von Florian Schlangenbader eine Anzeige gegen seinen Vater vorliegt?"

„Wie kommst du denn darauf?"

Mützes Stimme verriet mit einem Mal professionelles Interesse. Bröker berichtete von seinem Besuch bei Schlangenbaders Tochter, ihren wenigen, kryptischen Worten und seiner Interpretation im Zusammenhang mit Schlangenbaders fehlendem Motiv.

„Hm, da könnte was dran sein", musste auch Mütze zugeben.

„Und um Schewe direkt anzusprechen, ist dir dein Wissen noch zu dünn?"

„Genau. Ich möchte nur ungern irgendwelche Gerüchte in die Welt setzen", bestätigte Bröker und ließ seine eigenen Ängste dabei außen vor.

„Ich mache dir einen Vorschlag: Ich würde gerne nachher die Bundesliga gucken."

„Gucken? Wie willst du das denn machen, das nächste Bundesligastadion ist doch hundert Kilometer entfernt."

„Kennst du die *Theaterstuben*?", sagte Mütze vergnügt. „Die zeigen dort die Live-Übertragung der Konferenzschaltung."

„Nein, kenne ich nicht. Aber du machst mich neugierig. Nimmst du mich mal mit?"

„Klar mache ich das. Und zwar heute", eröffnete Mütze seinem Fußballfreund.

„Aber inwiefern bringt mich das in meiner Frage bezüglich Schlangenbaders Anzeige weiter?"

„Na ja, ich habe mir schon gedacht, dass du mitkommen würdest."

Mütze war bemerkenswert guter Laune.

„Ich schlage vor, dass wir vor dem Anpfiff im Präsidium vorbeischauen. Dort habe ich Zugriff auf eine Datenbank, um dir deine Frage zu beantworten."

„Das wäre natürlich großartig!", erwiderte Bröker begeistert.

„Wann könntest du denn am Präsidium sein?"

Nun war Bröker tatendurstig. „Sagen wir in einer halben Stunde vor dem Haupteingang?"

„In einer halben Stunde passt prima. Also bis dann!"

„Bis dann!" Zufrieden legte Bröker auf.

Und wirklich, keine dreißig Minuten später lief Bröker an Mützes Seite durch die Flure des Polizeipräsidiums. Nun war er schon zum zweiten Mal innerhalb von drei Tagen hier. Hoffentlich wurde das nicht zu einer dummen Angewohnheit. Aber anders als zwei Tage zuvor war das große Gebäude heute nahezu unbelebt. In den langen Fluchten, die die beiden auf dem Weg zu Mützes Büro passierten, trafen sie bis auf eine einzige Beamtin niemanden an. Schließlich blieb Mütze vor einer der identisch aussehenden Türen stehen und sperrte auf. Von außen machte nur ein Namensschild das Zimmer als Mützes Dienstzimmer kenntlich. Innen gab es allerdings ein paar persönlichere Hinweise. Ein Schal des VfL Bochum hing über einer Magnettafel, an der sich neben einem Wimpel desselben Clubs auch ein kleines

Emblem der Arminia befand. Die beiden Kinderzeichnungen, die neben dem Fenster hingen, stammten vermutlich von Mützes Nichte. Der Kommissar warf den Computer an.

„Dann wollen wir mal sehen, ob ich etwas für dich tun kann!", sagte er, nachdem der PC hochgefahren war und er ein Passwort eingegeben hatte. „Wann soll denn diese Anzeige gegen Schlangenbader eingegangen sein?"

„Das weiß ich leider nicht", musste Bröker zugeben. „Mehr als den einen Satz hat seine Tochter ja nicht gesagt."

„Hm, ich lasse das Datumsfeld einfach frei", entschied Mütze, tippte ein wenig und wartete kurz. Dann gab der Computer eine Antwort.

„Und?"

„Nichts!", seufzte Mütze. „Es scheint keine Anzeige von Florian gegen Peter Schlangenbader gegeben zu haben. Jedenfalls nicht, solange wir dieses System verwenden."

„Wie lange benutzt ihr es denn schon?"

„Seit etwa acht Jahren? Ganz genau weiß ich das nicht."

„Hm", machte Bröker und man konnte ihm seine Enttäuschung anmerken. Er überlegte einen Moment. „Hat es denn vielleicht eine andere Anzeige gegen Peter Schlangenbader gegeben?"

Wieder tippte Mütze etwas in den Rechner.

„Wieder nichts!", verkündete er. Und nach einigem weiteren Tastendrücken: „Umgekehrt wurde auch keine andere Anzeige von Florian Schlangenbader aufgenommen." Ein drittes Mal tippte er mit zwei Fingern auf seine Tastatur ein. „Schlangenbader scheint nie je manden angezeigt zu haben und auch Florian wurde nie angezeigt."

Bröker wurde immer frustrierter. Seine schöne Theorie, die ihm das fehlende Motiv liefern sollte, schien nicht viel zu taugen.

„Ganz alte Fälle befinden sich natürlich zum Teil noch in irgendwelchen Archiven, sei es in elektronischer Form oder abgeheftet. Wobei schon viel davon in das neue System eingepflegt wurde."

„Na ja, dass wir da fündig werden, ist wohl eher unwahrscheinlich", gab Bröker zu bedenken. „Wenn die Anzeige ein Motiv für Schlangenbaders Mord an seinem Sohn bilden soll, kann sie ja noch nicht allzu lange zurückliegen. Schlangenbader wird ja nicht plötzlich auf die Idee gekommen sein, seinen Sohn wegen einer Anzeige umzubringen, die zehn Jahre zurückliegt!"

Wie er es drehte und wendete, Bröker schien an dieser Stelle nicht weiterzukommen. Er ließ den Kopf hängen.

„Zum Glück bin ich nicht gleich zu Schewe gerannt."

„Nun sei doch nicht gleich geknickt. Wer weiß, vielleicht findest du ja noch auf andere Weise heraus, was Schlangenbaders Tochter gemeint haben könnte. Nur weil es keine Anzeige gegeben hat, muss das ja nicht heißen, dass ihre Worte bedeutungslos sind." Dann blickte er auf seine Uhr.

„Hey, wenn wir uns nicht beeilen, werden wir den Anpfiff verpassen. Komm, das wird dich auf andere Gedanken bringen!" Es war offensichtlich, dass Mütze seinen Freund aufheitern wollte.

„Ja, lass uns gehen", entschied dieser gleichgültig. Gemeinsam mit Mütze verließ er das Büro. Inzwischen brannte nicht einmal mehr Licht auf dem fensterlosen Flur. Die Notbeleuchtung erhellte alles in einem spärlichen Grün.

Kapitel 14
Ein Trauerspiel

Die *Theaterstuben* sahen von draußen betrachtet auf den ersten Blick weniger vornehm aus, als der Klang ihres Namens Bröker hatte vermuten lassen. Spätestens als er die Leuchtreklame sah, die neben dem Namen das Emblem einer bekannten Biermarke zeigte, wusste er, dass er sich hier wohlfühlen würde.

Die beiden Freunde traten ein. Obwohl die Kneipe gut gefüllt war, fanden Bröker und Mütze noch einen Platz an der Theke. Von hier aus hatten sie freien Blick auf die Leinwand, auf der schon die Vorberichte für die anstehenden Partien liefen. Zugleich konnten sie jederzeit Getränke bestellen, denn direkt neben Bröker befand sich die Zapfanlage mit ihren verführerisch schimmernden Kupferhähnen.

„Mach uns mal zwei Pils", rief Mütze dem Wirt zu, der sich zur Feier des Tages ein eng sitzendes Deutschlandtrikot übergestreift hatte.

Der Polizeibeamte schien hier bekannt zu sein. Der Wirt griff nach zwei Gläsern, die frisch gezapft bereitstanden, und schob sie zu den beiden hinüber. In derselben Bewegung zog er einen Kugelschreiber hervor, den er am Armband seiner Uhr befestigt hatte, und machte zwei Striche auf Mützes Bierdeckel.

„Prost!", sagte der und stieß mit Bröker an. Ähnlich wie sein Freund konnte er sich auf einen Bundesligaspieltag freuen wie ein Kind. Diese beinahe religiöse Beziehung zum Fußball bildete einen wesentlichen Eckpfeiler ihrer Freundschaft.

Bröker nahm einen tiefen Schluck Bier, wischte sich den Schaum vom Mund und blickte sich um. Das Publikum hier unterschied sich kaum von dem, welches er alle zwei Wochen auf der Stehplatztribüne der Alm, die jetzt *SchücoArena* hieß, vorfand. Einige trugen sogar Trikots, Schals oder Kappen und Bröker kam sich ohne eines seiner Arminiashirts ein wenig nackt vor. Links von ihnen saß ein etwa fünfzigjähriger Mann, dessen graues Haar unter einer Baskenmütze hervorlugte. Um seinen Hals hatte er einen schwarz-gelben Schal geworfen. Er schien schon an sich ein lebhafter Mensch zu sein, doch als die Spiele angepfiffen wurden, gab es kein Halten mehr. Zu beinahe jedem Spielzug wusste er einen Kommentar beizusteuern. Zeigte die Übertragung die Partie von Borussia Dortmund, war sogar jeder Ballkontakt eine Analyse wert und es hielt ihn kaum auf seinem Stuhl. Kurz war Bröker ein wenig unschlüssig, ob er lieber ihn oder die Konferenzschaltung der Spiele beobachten sollte. Doch die große Leinwand übte schließlich eine größere Anziehungskraft auf ihn aus, als er vermutet hatte. Eigentlich war er ja mit dem Radio aufgewachsen, aber die bewegten Bilder im Großformat fesselten ihn. Dies, so befand er, konnte durchaus mit der Bundesligakonferenz auf WDR 2 mithalten, die er seit seiner Kindheit an seinem Transistorradio verfolgt hatte, wenn er nicht selbst im Stadion gewesen war.

Die Spiele an diesem Wochenende gingen ihren gewohnten Gang: Dortmund zauberte, Bayern mühte sich und wenn Bielefeld noch in der Bundesliga gewesen wäre, hätten sie sicherlich verloren, stellte Bröker

125

mit einem gewissen Bedauern fest. Insofern geschah wenig Neues. Dem Zausel mit der Baskenmütze aber war dies Aufregung genug.

„Gib ab!", rief er erregt und als der Spieler seinem Hinweis nicht folgte und den Ball verlor: „Das gibt es doch gar nicht! Ich habe doch gesagt, er soll abspielen!"

Auch Mütze war gebannt, obwohl sein Lieblingsclub, der VfL Bochum, ebenso wenig mit von der Partie war wie die Arminia. Beide mussten erst morgen an den Start gehen. Bröker hingegen bekam Hunger.

„Habt ihr auch was zu essen?", fragte er den Wirt. Der schob ihm lächelnd eine Speisekarte über den Tresen. Nach einem kurzen Blick entschied sich Bröker für die Kartoffelpuffer mit Pfifferlingen. Das war eine Kombination, die er hier nicht erwartet hatte. Der Wirt, der zugleich auch Koch zu sein schien, nickte zustimmend und verschwand in der Küche.

Bröker widmete sich wieder dem Fußball. Borussia Dortmund erzielte ein Tor. In den *Theaterstuben* waren erstaunlich viele Dortmundfans, die Stimmung stieg spürbar. Auch der Zausel gab nun Beifall spendende Kommentare ab: „So spielt man Fußball!" Dabei fuhr er sich begeistert unter die Mütze. Allerdings ließ ihn eine gelbe Karte gegen einen Dortmunder gleich wieder seine Contenance verlieren.

„Das ist doch unglaublich! Der Schiri ist doch parteiisch! Sowas pfeift der doch sonst nicht!", eiferte er sich und Bröker musste an sich halten, um nicht zu lachen. Heute fiel es ihm schwer, dem Fußball den notwendigen Enthusiasmus entgegenzubringen, obwohl er wusste, dass er zu anderen Zeiten ebenso mitfieberte. Aber der Tod Florian Schlangenbaders beschäftigte ihn noch immer. Oder vielmehr, dass er in diesem Fall so gar nicht weiterkam. Nachdenklich nippte er an seinem Bier. War der Satz Carolins völlig ohne Bedeutung gewesen und hatte nur zufällig gut gepasst, als Bröker nach einem Motiv für den Mord gesucht hatte? Aber aus welchem Grund hatte der Professor dann seinen Sohn ermordet? Bröker seufzte und orderte ein neues Bier. Von Schlangenbaders Schuld war er nach wie vor überzeugt. Aber was sollte er machen, wenn sich in der Datenbank nun mal kein Hinweis auf eine Anzeige von Florian gegen seinen Vater fand. Wie war Schlangenbader bloß seine Schuld nachzuweisen? Bröker wusste keine Lösung. Enttäuscht schüttelte er den Kopf.

Ein plötzlicher Aufschrei riss ihn aus seinen Grübeleien. Die Baskenmütze war aufgesprungen.

„Elfmeter!", schrie er. „Das ist doch ein Elfmeter! Ganz klares Handspiel!"

„Nu komm mal wieder runter, Dietmar!", redete sein Tischnachbar ihm zu. „Ihr führt doch immer noch!"

Bröker musste nun doch grinsen. So hatte selbst er sich noch nie aufgeführt. Dachte er. Allerdings hätte er dafür höchstens Mützes Hand ins Feuer gelegt.

Er blickte auf den Tresen. Mit Erstaunen stellte er fest, dass er nicht nur einen Teller vor sich stehen hatte, sondern dass dieser Teller leer war. Eine merkwürdige Kneipe war das, in der man leere Teller servierte. Allerdings befanden sich auf ihm bei genauerer Betrachtung Essensreste. Also war der Teller wohl nicht die ganze Zeit leer gewesen. Ein bisschen seltsam war das schon. Bröker stupste Mütze an, der gespannt die Fußballübertragung verfolgte. Anscheinend war dort inzwischen die zweite Halbzeit angebrochen, ohne dass Bröker von der Pause Notiz genommen hatte.

„Sag mal, hast du meine Kartoffelpuffer gegessen?",

fragte er seinen Polizistenfreund und kam sich dabei vor wie einer von Schneewittchens Zwergen.

Mütze lachte ungläubig.

„Wie sollte ich denn? Ich hätte nicht nein gesagt, wenn du mir was angeboten hättest. Aber du hast die Dinger ja so schnell in dich hineingeschaufelt, als ob du befürchtet hättest, ich äße sie dir sonst weg! Selbst als ich dich angesprochen habe, hast du nicht reagiert!"

Bröker schwieg betroffen. War er wirklich so in Gedanken gewesen, dass er nicht einmal gemerkt hatte, wie er etwas aß? Das war ihm in seinem ganzen Leben noch keine fünf Mal passiert, soweit er sich erinnern konnte. Und dieses Mal hätte er tatsächlich auch seine eigene Hand dafür ins Feuer gelegt. Aber es schien zu stimmen, auch von der Bundesligakonferenz hatte er nichts mitbekommen. Dortmund führte inzwischen 2:0 und auch Bayern München hatte ein Tor erzielt. Wie es auf den anderen Plätzen stand, konnte er im Moment nicht überblicken. Bröker setzte sich auf. Wenn er das, was um ihn herum geschah, so wenig wahrnahm, konnte er ebenso gut nach Hause gehen, beschloss er resigniert und erhob sich. Ja, dort würde er sich wohler fühlen.

„Wo willst du hin?" Mütze schaute ihn fragend an.

„Mir ist nicht so gut, ich gehe heim", murmelte Bröker, dem die Situation ein wenig peinlich war. Er trank das bestellte Pils, das ihm der Wirt unterdessen zugeschoben hatte, in einem Zug aus, legte einen Schein auf den Tresen, nickte Mütze noch einmal zu und verschwand, bevor sein Polizistenfreund den Versuch machen konnte, ihn aufzuhalten.

Als er wenig später den Sparrenberg erklommen hatte und zu Hause ankam, war er ein wenig überrascht.

Er hatte Ulf wie immer vor dem Fernseher sitzend erwartet und mit Gregors Anwesenheit nicht wirklich gerechnet. Ulf war jedoch überhaupt nicht zugegen. Dafür lief Gregor auf und ab – ein wenig hektisch, wie Bröker fand.

„Wo ist denn unser Fernsehfreund?", erkundigte er sich bei ihm nach Ulfs Verbleib.

„Ich würde eher Fernsehfreak sagen", korrigierte ihn sein junger Mitbewohner. „Ein Freund ist er nur für dich."

Bröker verzog das Gesicht. „Ist doch egal, was er für mich ist", entgegnete er ein wenig unwirsch. „Aber anscheinend ist er nicht da, oder?"

„Nein, ist er nicht. Er ist einkaufen gegangen. Neue Batterien. Die Fernbedienung hat wohl den Geist aufgegeben."

„Ach so", nickte Bröker und wollte sich schon abwenden. Er vermisste Ulf ja nicht. Wenn er ehrlich war, war er sogar ein wenig erleichtert, dass sein neuer Mitbewohner auch einmal nicht zu Hause war. Außerdem musste ihm endlich etwas zum Fall Schlangenbader einfallen und es überlegte sich besser, wenn der Fernseher nicht im Hintergrund tönte.

Als er auf der ersten Treppenstufe zum Obergeschoss stand, hielt ihn Gregor zurück.

„Bröker, ich müsste mal mit dir sprechen?"

Gregor wirkte sichtlich nervös. Irgendetwas musste ihn ernsthaft beunruhigen.

„Nanu, so förmlich?", versuchte Bröker die Situation zu entspannen. „Warst du es etwa, der Ulfs Fernbedienung kaputtgemacht hat?"

„Nein, nichts dergleichen", gab Brökers Freund gequält zurück. „Es ist etwas Ernstes."

Bröker sah den Jungen besorgt an. „Gut. Dann sollten wir uns in Ruhe zusammensetzen. Ich hole mir vorher nur noch eine kleine Stärkung." Und statt die Treppe ins Obergeschoss zu nehmen, schlug Bröker den Weg in den Weinkeller ein.

Fünf Minuten später hatte er einen *Medoc* entkorkt, zwei Gläser auf den Küchentisch gestellt und saß mit Gregor auf der Eckbank.

„Was gibt es denn nun?", fragte er, als Gregor nur stumm sein Weinglas umfasst hielt. Gregor schwieg weiterhin.

„Hast du ein Mädchen geschwängert?", begann Bröker mit seiner eigenen größten Sorge.

Das brachte den Jungen nun doch zum Lachen.

„Daneben. Bei Mädchen bin ich seit Anna vorsichtiger, als du denkst."

Gregors kleptomanische Exfreundin hatte anscheinend auch bei dem Jungen einen bleibenden Eindruck hinterlassen.

„Nein, es geht um was anderes", fuhr Gregor zögernd fort. „Ich habe dich angelogen, Bröker!"

Bröker hob die Augenbrauen. „Inwiefern?"

Nun war auch ihm ein wenig beklommen zumute. Hoffentlich hatte der Junge sich nicht doch heimlich bei der Polizei eingehackt und sich erneut Probleme eingehandelt.

„Nun ja, es betrifft die Tatsache, dass ich hier wohne."

„Aber du wohnst doch hier, wie hättest du mich diesbezüglich belügen können?"

„Ja, sicher wohne ich hier. Vielleicht habe ich auch eher meine Eltern als dich belogen."

„Wieso, was hast du ihnen gesagt?"

„Die Frage müsste eher lauten, was habe ich ihnen nicht gesagt." Gregor räusperte sich. „Zum Beispiel habe ich ihnen nicht gesagt, dass ich seit ein paar Monaten bei dir wohne."

Bröker schwieg. Oft hatte er sich vorwerfen lassen müssen, dass er eine pessimistische Natur habe, da er stets mit irgendeinem Unglück rechnete, und dass er sich dadurch nur die Tage schwer mache. Gerade war ein Moment, in dem er seinen Freunden Recht geben mochte. Es stimmte, er war ein Pessimist und es erleichterte ihm das Leben nicht. Denn zumeist war es so wie jetzt: Wenn ein Hindernis in seinem Leben auftauchte, dann aus einer Richtung, aus der er es am wenigsten erwartet hatte. So sah er gegenwärtig viele Probleme: Probleme mit sich selbst, weil er immer dicker und träger zu werden drohte, Probleme mit Ulf, der so wenig in die kleine Wohngemeinschaft zu passen schien, Probleme mit dem neuen Fall, bei dem er keinen einzigen Schritt weiterkam. Dass jedoch Gregors Aufenthalt in seinem Haus in Gefahr war, damit hatte er nicht gerechnet. Er seufzte.

„Aber ich erinnere mich doch noch, wie du sie damals angerufen hast und sie …" Bröker brach ab und blickte Gregor an. „Du hast sie gar nicht angerufen, stimmt's?"

„Nein", sagte der Junge und senkte den Kopf.

„Wie hast du das um Himmels willen die ganzen Monate geheim halten können? Was haben deine Eltern denn gedacht, wo du wohnst?"

„Ich habe ihnen erzählt, ich schlafe bei Freunden", gab Gregor zu.

„Nun ja, so ganz verkehrt ist das ja nicht", versuchte Bröker die Situation mit Humor zu nehmen.

„Stimmt schon, nur wussten sie bis jetzt halt nicht, wie alt meine Freunde sind – und dass es im Grunde genommen nur einer ist."

„Was heißt denn ‚bis jetzt'?" Bröker versuchte nun auf die Zwischentöne in ihrem Gespräch zu horchen.

„Das heißt, dass sie immer stärker darauf gedrängt haben, ich möge doch wieder öfter zu Hause sein, dort schlafen, du weißt schon. Erst haben sie es freundlich versucht. Nun wollen sie es einfach bestimmen. Sie denken halt, dass nur so alles wieder in Ordnung kommt. Das geht aber eben nicht."

„Und?"

„Darum war ich auch in letzter Zeit weniger bei dir. Ich habe versucht, sie irgendwie hinzuhalten."

„Ich verstehe. Aber wieso dachten sie nur bis jetzt, dass deine Freunde jünger seien als ich?"

„Weil sie mich heute Mittag endgültig in die Mangel genommen haben und ich ihnen von dir erzählt habe."

Nun schwiegen beide. Bröker nahm einen tiefen Schluck Wein.

„Auf den Schrecken brauche ich etwas Stärkeres", entschied er dann, holte einen Single Malt aus dem Küchenschrank und schenkte sich großzügig ein.

„Den bekommst du noch nicht", grinste er dabei Gregor schief an. Als er einen Schluck getrunken hatte, wurde er wieder ernster: „Und nun?"

„Im Grunde genommen haben meine Eltern gar nicht so schlecht reagiert", berichtete Gregor.

„Ich glaube, sie haben nach der Unterhaltung verstanden, dass das mit uns allen dicht aufeinander nicht klappen kann. Oder zumindest, dass ich es nicht will und ich mich auch nicht mehr dazu zwingen lasse. Allerdings möchten sie nun natürlich wissen, wo ich untergekommen bin. Sie wollen dich kennenlernen, um zu entscheiden, wie es weitergeht.“

„Mich kennenlernen?“

Bröker schluckte. Doch dann nahm er seinen ganzen Mut zusammen: „Ich könnte für sie kochen, wenn sie das mögen.“

„Du willst für sie kochen?“ Nun war es Gregor, der erschrocken dreinblickte. „Bröker, du weißt nicht, was du dir damit antust!“

„Wieso?“

„Na, meine Eltern sind auch so schon schwer zu ertragen, aber wenn es ums Essen geht, sind sie unausstehlich. Mein Vater frisst wie ein Scheunendrescher alles in sich hinein, so nach dem Motto: Je fetter, desto besser. Und meine Mutter ist das genaue Gegenteil. Sie ist gegen alles allergisch, bis auf Reis. Bis auf manchen Reis! Das ist keine gute Kombination …“

Bröker hob erstaunt die Augenbrauen. Auch wenn sein eigener Geschmack mit den Jahren immer feiner geworden war, so lag ihm die Einstellung von Gregors Vater doch deutlich näher als die der Mutter. Nun, aber irgendwie würde es doch schon zu schaffen sein!

„Ich liebe Herausforderungen“, sagte er entschlossen, um Gregor Mut zu machen.

Dieser schaute wenig überzeugt.

„Sag mir, was unsere Alternativen sind!“ Bröker sah seinen Freund fragend an.

„Meinst du deinen Vorschlag wirklich ernst?“

„Ja, meine ich wirklich!“

„Gut. Dann werde ich es ihnen so sagen. Sie werden sich sicher freuen. Und damit ich weiter hier wohnen darf, ist ein Treffen wohl sowieso unumgänglich“, seufzte Gregor.

Bröker nahm noch einen Schluck Whisky.

„Ich muss jetzt aber nochmal weg. Ich habe versprochen, wenigstens heute Abend zu Hause zu sein. Da kann ich ihnen auch gleich von deiner Einladung berichten", vervollständigte der Junge seine Beichte.

„Ja, ja, hau nur ab!", schützte Bröker Empörung vor und zwinkerte. Er wollte dem Jungen ein möglichst gutes Gefühl mit auf den Weg geben.

„Dann sehen wir uns spätestens morgen!", versprach Gregor. „Du hast für heute Abend ja auch noch deinen neuen Freund Ulf", zwinkerte er zurück.

„Ich habe keine Ahnung, wo der eigentlich bleibt", murmelte Bröker.

Aber da war Gregor schon aus der Tür. Bröker goss sich Whisky nach.

Kapitel 15
Ein neuer Anlauf

Den Sonntag brauchte Bröker, um wieder zu sich zu finden. Er hatte am Abend zuvor eindeutig zu viel Whisky getrunken. Das hatte er schon geahnt, als er sich das dritte, vierte und fünfte Glas eingeschenkt hatte, spätestens aber, als Ulf nach Hause gekommen war. Er hatte versucht, sich mit seinem Mitbewohner zu unterhalten, doch dieser war ihm ungewöhnlich schnell und schlagfertig vorgekommen.

„Sag mal, Ulf, hast du irgendwas genommen?", hatte Bröker schließlich einen spontan aufkommenden Verdacht geäußert.

„Nein, aber ich vermute du", hatte Ulf geantwortet und das weniger komisch gefunden als Bröker.

Dem wiederum verging das Lachen, als er am nächsten Morgen erstaunlich früh, aber mit bösen Kopfschmerzen in der Küche hantierte. Er fand nun bestätigt, was er schon am Vorabend gewusst hatte: dass er nicht Wein und Whisky hätte durcheinander trinken sollen, auf jeden Fall aber von beidem weniger. Mit einem kleinen Schrecken stellte er die halbvolle Whiskyflasche in den Küchenschrank zurück. Die Weinflasche hingegen hatte es schlimmer erwischt.

Da er keinen Rollmops im Hause hatte, konnte er sich sein Standardkaterfrühstück bestehend aus Rührei, dem Fisch, Schwarzbrot und einem Pils nicht zubereiten. Allerdings hatte er noch eine kleine Dose Hering in Tomatensauce, das musste für den Notfall auch gehen.

Nach dieser eigenwilligen Morgenmahlzeit begab er sich zu Ulf ins Wohnzimmer, der ihn mit wenig nachsichtigen Blicken bedachte, ihm jedoch anbot, das Fernsehprogramm zu bestimmen. So schauten sie sich zusammen einen alten Streifen mit Hans Moser und Theo Lingen an. Bröker fühlte sich an seine Mutter erinnert und genoss den Film auf eine anheimelnde Art. Als der Abspann lief, warf Bröker einen Blick auf die Uhr.

„Himmel, es ist ja schon zwanzig nach eins!"

„Und?", entgegnete Ulf geistesabwesend und suchte im Schnelldurchlauf einen neuen Film.

„In zehn Minuten beginnt das Auswärtsspiel der Arminia in Ingolstadt!"

Ohne Ulfs Antwort abzuwarten, stürmte Bröker ins Obergeschoss und öffnete seinen Kleiderschrank. Von den beinahe zwanzig Arminiatrikots, die sich dort fanden, passten ihm nach seiner jüngsten Gewichtszunahme nur noch wenige. Er griff sich ein Torwarttrikot in Übergröße, das aus der letzten Bundesligasaison der Arminia stammte, und streifte es sich über. Bröker hatte nie mit der Torwartposition geliebäugelt. Aber er hatte es witzig gefunden, genau dieses Trikot zu erstehen, denn der Ersatztorwart war in seinem Alter.

Als Bröker das alte Transistorradio in seinem Zimmer angeschaltet hatte und in seinen Sessel sank, hatte die Übertragung des Spiels auf *Radio Bielefeld* gerade begonnen. Allerdings passierte nicht viel und so blieben Bröker nur die Erinnerungen an die vielen spannenden Fußballmomente, die ihm das kleine Radiogerät schon beschert hatte. Durch die Liveübertragungen, denen er an jedem Wochenende entgegengefiebert hatte, war seine Leidenschaft für den Fußball erst richtig erwacht. Intensiv erinnerte er sich an ein Spiel, das für ihn eine Art Erweckungserlebnis gewesen war. 4:0 hatte die Bielefelder Arminia damals im Münchner Olympiastadion gewonnen, viermal hatte der damalige Nationaltorwart Sepp Maier hinter sich greifen müssen.

„Das waren Fußballgrüße aus Ostwestfalen", hatte Arminias Trainer kommentiert und beinahe über Nacht war der Bielefelder Mittelstürmer Volker Graul zu Brökers erstem Fußballidol geworden. Ein paar Tage später hatte Bröker seine Eltern mit dem Wunsch überrascht, einem Fußballverein beizutreten. Für ein paar Wochen hatte er davon geträumt, selbst in die Fußstapfen von Volker Graul zu treten. Daran hatte auch die Tatsache nichts geändert, dass die Arminia trotz des Sieges in München wenige Wochen später aus der Bundeliga abgestiegen war.

„Sag mal, Bröker, bist du taub oder liebeskrank? Wieso hörst du dir diese Teenieschnulzen an? Davon müssten doch auch Menschen deiner Generation Ohrenkrebs kriegen!"

Bröker schreckte hoch. Gregor stand im Zimmer und aus dem Radio erklang *Reality*. Er hatte wohl gar nicht mitbekommen, dass Halbzeitpause war.

„Oh, das ist doch nur *Radio Bielefeld*", antwortete er rasch, bevor Gregor ihn weiter aufziehen konnte. „Ich höre mir an, wie die Arminia so spielt. Daran müsstest du doch schon gewöhnt sein."

Dabei rechnete er allerdings stillschweigend mit der nächsten Replik, da Gregor, wenn denn überhaupt für Sport, dann eher für Eishockey als für Fußball zu begeistern war.

„1:1", sagte der aber nur.

„Wie?"

Bröker wusste nicht, was ihn mehr überraschen sollte, dass er zwei Tore verpasst hatte, indem er von vier anderen geträumt hatte, oder dass Gregor über eben jene beiden Tore so gut informiert war.

„Nun ja, es ist ja noch eine ganze Halbzeit zu spielen, da erzielen wir vielleicht noch einen Treffer", fügte er optimistisch hinzu, um den Jungen seine Unkenntnis nicht merken zu lassen.

„Bröker, ich weiß ja nicht, in welcher Zeitzone du lebst, aber in Ingolstadt ist das Spiel schon seit einer Stunde beendet und das sollte eigentlich auch schon zu dir vorgedrungen sein", erklärte dieser.

„Nicht möglich!"

Bröker versuchte diesmal gar nicht erst, seine Überraschung zu verbergen. Zum zweiten Mal binnen zwei Tagen war er so unaufmerksam bei einer Fußballübertragung gewesen, dass ihm vollkommen der Überblick über das Spielgeschehen abhanden gekommen war. Hatte Gregor vielleicht Recht und er wurde allmählich senil?

Aber der hatte Brökers Bestürzung bemerkt und setzte versöhnlich hinzu: „Immerhin hat der VfL Bochum gewonnen, das wird Mütze freuen!" Dann wechselte er das Thema: „Vermutlich hast du dich wieder mit dem Professor beschäftigt, oder?"

„Ich habe nur ein bisschen nachgedacht", wich Bröker aus. „Genauer werde ich mich damit wohl morgen wieder befassen. Schließlich arbeitet auch bei der Polizei heute kaum jemand."

„Da hast du Recht", nickte Gregor. „Dann werde ich dich wohl noch ein bisschen grübeln lassen." Und der Junge verließ Bröker wieder.

Der schloss die Augen und dachte noch einmal an den historischen Sieg der Arminia in München. Belege dafür, dass sich die Dinge manchmal genau so entwickelten, wie sie es sollten, verschafften Bröker ein beruhigendes Gefühl, das ihn kurze Zeit später tief einschlafen ließ. Und nichts konnte seinen Schlaf stören. Noch nicht einmal, dass Uli mitten in der Nacht ins Zimmer kam, seinen angestammten Sessel besetzt vorfand, mauzte und es sich schließlich auf Brökers Bett bequem machte.

Traumlos vertrieb ein tiefer Schlummer die letzten Alkoholschwaden aus Brökers Kopf. Am nächsten Morgen aber erwachte er um kurz nach sieben mit einem nagenden Hungergefühl. Natürlich, das begriff er, noch bevor er richtig munter war. Er hatte am Vorabend ja auch nichts gegessen. Er reckte sich und ächzte gequält. Von seiner ungewöhnlichen Schlafposition schmerzten Schultern und Nacken mindestens ebenso wie sein knurrender Magen. Es war schon ein wenig dämmrig draußen, aber die Sonne war noch nicht aufgegangen.

Im Halbdunkel begab er sich in die Küche und öffnete den Kühlschrank.

Ein paar Eier waren noch da und etwas Speck. Zusammen mit einem Toastbrot und einem alten Gouda, den er noch fand, würden sie genügen, um den schlimmsten Hunger zu vertreiben. Leise, um keinen seiner Mitbewohner zu wecken, hantierte er mit der Kaffeemaschine und schlug drei Eier in eine Rührschüssel. Gerade als er sich bemühte, diese besonders behutsam mit einem Schneebesen in Milch einzuquirlen, öffnete sich die Küchentür und Gregor betrat pfeifend den Raum.

„Bröker!", rief er erstaunt. „Warum bist du schon wach? Kein Frühsport, hörst du? Das gibt nur wieder Tote!"

„Pschhht", machte Bröker und legte einen Finger auf den Mund. „Du wirst noch Ulf wecken!"

„Ulf?" Gregor lachte.

„Wieso, was ist denn mit Ulf?"

„Ulf ist jeden Morgen schon um sechs Uhr wach, weil er das Morgenmagazin nicht verpassen möchte. Und gerade befindet er sich seit etwa zehn Minuten auf dem Weg zur Uni."

„Was macht Ulf denn um Himmels willen an der Uni?", fragte nun wiederum Bröker erstaunt.

„Erinnere dich, wie ihr euch kennengelernt habt. Anders als bei dir, ist bei ihm Frühsport keine einmalige Angelegenheit, scheint mir."

„Oha. Und woher weißt du das alles?" Bröker fragte sich, von welchen Dingen in seinen eigenen vier Wänden er noch nichts mitbekam.

„Weil ich soziale Verpflichtungen habe."

„Du fühlst dich Ulf verpflichtet?"

„Ich meine die Schule! Erinnere dich, dass auch du

zur Schule gegangen bist, bevor du Privatier wurdest. So eine ähnliche Karriere schwebt mir auch vor!"

Gregor war für die frühe Uhrzeit erstaunlich guter Laune. Normalerweise war er ein ausgesprochener Morgenmuffel.

„Hast du wenigstens noch Zeit, mir beim Frühstück ein wenig Gesellschaft zu leisten?"

„Eher nicht", entgegnete der Junge. Als er Brökers enttäuschtes Gesicht sah, fügte er hinzu: „Ich konnte ja schließlich nicht ahnen, dass du heute schon so früh hier herumspukst. Aber einen Kaffee nehme ich noch."

Er goss sich einen Becher halb voll und leerte ihn mit drei großen Schlucken. „Wir sehen uns später, in Ordnung?", verabschiedete er sich, nahm seine Tasche und verließ das Haus.

Bröker seufzte. Nun lebte er schon mit zwei Mitbewohnern zusammen und doch hatte er niemanden, der mit ihm frühstücken wollte. Dann aber besann er sich eines Besseren. Eigentlich war es doch auch ganz schön, einmal seine Ruhe zu haben. Er erhitzte die Pfanne und goss das Ei hinein. Während es briet, ging er zur Haustür und holte die beiden Bielefelder Tageszeitungen herein. Da Ulf lieber fernsah und Gregor heute auf dem Sprung gewesen zu sein schien, steckten sie noch jungfräulich im Briefkasten. Zufrieden schlug Bröker sie auf dem Rückweg in die Küche auf und warf einen ersten Blick hinein. Einhändig schüttete er das Rührei auf einen Teller, goss sich Kaffee ein und setzte sich an den Küchentisch. Wie immer überschlug er den überregionalen Teil, in dem sich sowieso nur Unabänderliches befand, und widmete sich der Lektüre der Lokalteile. In beiden Blättern nahm der Mord an Florian Schlangenbader und die Verhaftung seines Vaters weiterhin eine prominente Stellung ein. Ähnlich wie Bröker rätselten die Journalisten über mögliche Motive für den Mord.

Da es obenauf gelegen hatte, blätterte Bröker zunächst das *Westfalen-Blatt* durch. Er traf auf viele Gedanken, die ihm vertraut vorkamen. Das Gefühl, dass irgendetwas an dem Tatvorwurf dran sein sollte, weil die Beweisstücke so gut passten, fand er ebenso diskutiert wie den Zweifel, welchen Grund der Vater gehabt haben könnte, seinen eigenen Sohn zu ermorden. In der *Neuen Westfälischen* sah es nicht anders aus. Anscheinend hatte Charly mit ihrem Wissen um Florians Schwester noch hinterm Berg gehalten. Sie erging sich wie die Journalisten vom Konkurrenzblatt in Vermutungen darüber, ob der Professor nun ein Mörder war oder nicht. Ihr Artikel endete mit der Schlusszeile: „Und so fragen sich die Menschen in Werther, ob jahrelang ein Mörder unter ihnen gelebt hat."

Bröker schlug die Zeitung zu und trank von seinem Kaffee. Ja, das war eine berechtigte Frage, auf die er bislang auch nur gefühlsmäßig antworten konnte. Er hielt den Hochschullehrer weiterhin für schuldig. Dann stutzte er. Charly hatte etwas in ihrem Artikel geschrieben, das Bröker bislang nicht gewusst hatte: Offenbar wohnte Schlangenbader gar nicht in Bielefeld, sondern in Werther, einem kleinen Städtchen im Nordwesten Bielefelds, das schon zum Kreis Gütersloh zählte, aber wegen seiner günstigen Wohnlage zur Universität bei einigen Dozenten sehr beliebt war.

Bröker überlegte. Er erinnerte sich an das, was Mütze gesagt hatte. Ja, das war tatsächlich eine Möglichkeit. Wenn Schlangenbader in Werther lebte, seit Jahren schon, wie Charly in ihrem Artikel schrieb, dann war es wahrscheinlich, dass die besagte Anzeige gegen ihn dort aufgegeben worden war. Mütze hatte zumindest davon gesprochen, dass in das System, das die Polizei verwendete, das ältere Material noch nicht gänzlich aufgenommen worden war. Vielleicht lag die Anzeige ja doch schon längere Zeit zurück. Sie musste ja nicht der eigentliche Anlass für Florians Tod gewesen sein, aber vielleicht gab sie einen Hinweis darauf, in welche Richtung es sich lohnte weiter zu ermitteln. Bröker nickte. Ja, so musste es einfach sein, sollten seine bisherigen Bemühungen nicht umsonst gewesen sein.

Somit müsste er sich jedoch für weitere Auskünfte an die Polizeidienststelle in Werther wenden. Das kam ihm eigentlich gar nicht so schlecht zupass. Wenn er mit der Polizei in Werther sprach, würde Schewe vielleicht gar nichts von seinen Unternehmungen erfahren.

Zufrieden leerte er seinen Kaffeebecher. Das war ein vielversprechender Start in die Woche. Er ging in den Flur und zog aus dem mittleren Fach des Tischchens ein Telefonbuch hervor, das noch gelb war und den Ehrfurcht gebietenden Titel *Amtliches Fernsprechbuch / 7* trug. Brökers Mutter hatte es über Jahrzehnte hinweg aufbewahrt und er hatte nie eingesehen, warum er es gegen ein neueres Telefonbuch tauschen sollte. Im Notfall, also wenn er eine Nummer darin nicht fand, machte auch er es wie alle Welt und warf seinen Computer an. Die Nummer der Polizeidienststelle in Werther aber stand in dem Buch und Bröker vermutete, dass sie sich auch im Laufe der vergangenen fünfundzwanzig Jahre nicht geändert hatte. Dennoch zögerte er, sie zu wählen. Er wusste gar nicht, wann genau so ein Polizeirevier öffnete. Aber vermutlich war es um diese Uhrzeit schon besetzt. Vielleicht würde es aber auch seriöser wirken, wenn er sich dort persönlich blicken ließe, sinnierte er. Anrufen konnte schließlich jeder. Hingehen aber auch. Doch vielleicht konnte er in einem persönlichen Gespräch ein wenig mehr punkten. Immerhin wollte er an eine Information gelangen, die nicht jedermann zuteilwerden durfte. Am Telefon einfach als irgendjemand danach zu fragen, würde die Polizei mit Sicherheit skeptisch machen. Anders verhielte es sich, wenn er sein Anliegen von Angesicht zu Angesicht vortrüge. Wenn er sich dann auch noch an seine Kinderstube erinnerte, könnte sein Vorhaben klappen. Bröker musste bei diesem Gedanken ein wenig lachen. Wer hätte gedacht, dass sich die konservative Erziehung seiner Eltern einmal auszahlen würde!

Es war also entschieden: Er würde sich auf den Weg nach Werther begeben, wo er, soweit er sich erinnerte, bisher nur ein einziges Mal gewesen war. Damals hatte er noch Schach gespielt und sein Club war gegen eine Mannschaft aus diesem Städtchen angetreten, die sich als erstaunlich stark erwiesen hatte. Das musste mehr als 25 Jahre her sein. Ansonsten hatte es ihm genügt zu wissen, dass es eine Stadt dieses Namens nahe Bielefeld gab.

Er setzte noch einen Kaffee auf und dachte nach, wie er in die Nachbarstadt gelangen konnte. Seines Wissens hatte Werther keinen Bahnhof und ein Auto besaß er nicht. Nicht einmal einen Führerschein. Genau genommen durfte er zwar fahren. Vor Jahren war er jedoch mit dem alten Volvo seiner Mutter zu einem Auswärtsspiel der Arminia unterwegs gewesen und hatte auf der Rückfahrt beim Aussteigen das Etui mit seinem Führerschein achtlos auf dem Dach des Wagens liegen lassen. In der Nacht hatte es geregnet und als Bröker das Etui am nächsten Morgen wiederfand, klebten die Briefmarken, die er auch in der Hülle aufbewahrt hatte, allesamt auf dem rosafarbenen Führerschein. Dabei handelte es sich nicht um irgendwelche Briefmarken, sondern um ein Viererset Sondermarken anlässlich einer Ausstellung zum Vanitas-Motiv in der holländischen Malerei. Er hatte die Totenschädel langsam vom Führerschein abgetrennt, sein Bild aber war unkenntlich geblieben und sein Name nicht mehr zu lesen gewesen. Bröker hatte dies als einen Wink des Schicksals begriffen und seit diesem Tag darauf verzichtet, ein Auto zu steuern.

Es war allerdings nicht abzustreiten, dass in diesem Moment der Besitz eines solchen Gefährts nützlich gewesen wäre. Auch wenn Bröker zugeben musste, dass er sich nicht mehr ohne Weiteres zugetraut hätte, dieses durch den zunehmend dichter gewordenen Verkehr der Bielefelder Innenstadt zu lenken. Schließlich war diese schon seit Jahrzehnten als die freundliche Baustelle am Teutoburger Wald verschrien. Da auch Gregor mit seiner Vespa nicht da war, als dessen Sozius Bröker, wenn auch zögerlich, in den letzten Monaten so manchen Kilometer zurückgelegt hatte, blieb ihm nichts anderes übrig, als den Weg nach Werther per Bus anzutreten.

Kopfschüttelnd darüber, dass Ermittlungsarbeit jedes Mal mit so viel Aufwand verbunden war, nahm er seine Tasse und begab sich in das Bücherzimmer im Obergeschoss. Neben unzähligen Büchern und Ordnern, die zum Teil ordentlich, zum Teil kreuz und quer in den Regalen standen, beherbergte dieses auch ein älteres Modell eines Computers, den noch Brökers Mutter angeschafft hatte. Obwohl Bröker sogar einige Semester Informatik studiert hatte, begegnete er Computern immer noch mit einer gehörigen Portion Skepsis. Trotzdem hatte er kurze Zeit später die Internetseiten des Bielefelder Nahverkehrs gefunden. Die Linie 62 fuhr nach Werther und vom Jahnplatz ab. Inzwischen war es auch viertel vor neun – vor zehn würde er also nicht in Werther ankommen. Zu dieser Tageszeit sollte selbst die Polizei in einer kleineren Stadt ihren Betrieb aufgenommen haben, beschloss er. Er trank einen letzten Schluck Kaffee, fuhr den Rechner wieder herunter und warf sich schließlich eine Jacke über. Draußen war es herbstlich geworden. Von dem goldenen Licht, das sich noch eine Woche zuvor im Laub des Teutoburger Waldes gebrochen hatte, war heute nichts mehr zu sehen. Bröker stellte den Kragen seiner Jacke auf und machte sich auf den Weg.

Kapitel 16
Der Wärter von Werther

Gegen halb elf hatte Bröker schließlich sein Ziel erreicht. Da er keine Ahnung hatte, wo genau sich die Polizei in Werther befand, war er bis zum Zentralen Busbahnhof gefahren. Von dort war es zwar nicht weit bis zu seinem eigentlichen Ziel gewesen, jedoch weiter, als es sich Bröker ausgemalt hatte. Werther war größer und auch hügeliger als gedacht und so war er trotz des trüben Herbstwetters ein wenig verschwitzt, als er schließlich vor dem L-förmigen Gebäude stand, das ein Schild mit der Aufschrift „Kreispolizeibehörde Gütersloh, Polizeiwache Werther" samt Landeswappen trug.

Auch die Polizeidienststelle war größer, als er erwartet hatte, und besaß sogar einen Pförtner, der ihn sogleich fragte, in welcher Angelegenheit er komme. Bröker kam das gerade Recht. Ausnahmsweise hatte er sich einen Plan zurechtgelegt und die Wache am Eingang stellte diesen Plan als Erste auf die Probe. Und sofern sein Vorhaben gelang, würde er damit auch gleich bei deren Vorgesetzten unter seinem Pseudonym angemeldet sein.

„Guten Tag", sagte er mit leicht zerstreutem Gesichtsausdruck, „mein Name ist Höcker, Dr. Höcker. Ich arbeite an der Klinik für Psychiatrie und Psychotherapie in Bethel. Wir haben eine Patientin, die behauptet, ihr Bruder hätte auf diesem Polizeirevier eine Anzeige aufgegeben. Und dieser Sache möchte ich gerne auf den Grund gehen."

Der Mann an der Rezeption schaute Bröker gelangweilt an.

„Bitte setzen Sie sich für einen Moment, Herr Dr. Höcker. Einer meiner Kollegen wird sich gleich um Sie kümmern."

Mit einer wedelnden Geste wies er Bröker den Weg zu einem kleinen Warteraum.

Als Bröker Platz nahm, war ihm dann doch ein wenig mulmig zumute. Was, wenn der Pförtner gemerkt hatte, dass er weder Arzt noch von der psychiatrischen Klinik in Bethel war und nun einen Kollegen herbeirief, um ihn festzunehmen? Wieso hatte er ihn beispielsweise nicht darum gebeten sich auszuweisen? Dass er sich bei seinen Aktionen regelmäßig in Gefahr begab, dessen wurde Bröker sich immer erst bewusst, wenn er schon mitten im Schlamassel steckte. Er überlegte. Noch wäre es vielleicht möglich, das Gebäude zu verlassen und ungeschoren davonzukommen. Dann würde er aber auch nie erfahren, ob es vielleicht doch eine Anzeige gegen Schlangenbader gegeben hatte. Ja, mit einer Flucht aus diesem Gebäude wären seine Ermittlungen wohl endgültig beendet. Umgekehrt konnte der Fall natürlich

146

eine noch fatalere Wendung nehmen, wenn er hier unter dem Verdacht der Hochstapelei festgenommen würde.

Ein hochgewachsener Mann Anfang dreißig verhinderte, dass Bröker sich weiter den Kopf zerbrach.

„Herr Dr. Höcker?"

Bröker nickte tapfer.

„Fritzenkötter mein Name. Wenn Sie bitte mitkommen wollen."

Bröker erhob sich und folgte dem Beamten. Auch wenn diese Dienstelle deutlich kleiner war als das Präsidium in Bielefeld, so gab es doch auch hier ausreichend viele Zimmer, um Brökers Orientierungssinn durcheinanderzubringen. Vielleicht waren ja alle Polizeigebäude nach einem ausgeklügelten architektonischen Prinzip angelegt, das eventuelle Fluchtversuche schon im Keim ersticken sollte, dachte Bröker, als er hinter Fritzenkötter herschlurfte. Der Beamte schloss eine Bürotür auf und bat ihn hinein.

„Wie kann ich Ihnen behilflich sein?", fragte er, nachdem er hinter seinem Schreibtisch und Bröker auf einem etwas harten Stuhl ihm gegenüber Platz genommen hatte.

„Ich bin Arzt an der Klinik für Psychiatrie und Psychotherapie in Bethel", begann Bröker von Neuem. Dabei setzte er sich auf seine Hände. Irgendwo hatte er einmal gelesen, dass man einen Lügner oft an seinen ausladenden Gesten oder bestimmten Übersprungshandlungen erkennen konnte. So hatte sich Bill Clinton etwa sechsundzwanzig Mal an der Nase gekratzt, als er behauptete, keine Affäre mit Monika Lewinsky gehabt zu haben.

Der Polizist nickte Bröker bereitwillig zu.

„Ich habe eine Patientin, Carolin Schlangenbader",

fuhr er daher fort. Dabei versuchte er sein Gegenüber bestimmt anzublicken.

„Schlangenbader?", fragte Fritzenkötter, der hellhörig geworden war.

„Ja genau, Schlangenbader", bestätigte der angebliche Dr. Höcker. „Die Tochter des Professors, der aller Wahrscheinlichkeit nach seinen Sohn umgebracht hat."

„Das ist noch nicht erwiesen."

„Ich weiß. Dennoch halte ich es anlässlich der neuesten Vorfälle für unumgänglich einer Behauptung seiner Tochter nachzugehen. Sie erzählte vor längerer Zeit, ihr Bruder, eben jener Florian Schlangenbader, der tot aufgefunden wurde, hätte Anzeige gegen ihren Vater erstattet. Bisher war ich davon ausgegangen, dass es sich dabei um eine Erfindung von ihr handelt. In Anbetracht der jüngsten Ereignisse möchte ich meine Annahme aber überprüfen. Vielleicht können Sie mir helfen, sie endgültig zu bestätigen."

Fritzenkötter hörte aufmerksam zu.

„Sie verstehen vielleicht mein Problem", erläuterte Bröker. „Ich würde meiner Patientin nur ungern einreden, dass sie sich etwas einbildet, das sehr wohl der Realität entspricht."

Der Polizist nickte. „Lassen Sie uns sehen, was ich für Sie tun kann."

Auch Fritzenkötter schien ihm seine Rolle als Arzt abzunehmen. So einfach war es also, sich als Mediziner auszugeben. Bröker kam der Fall eines Postboten in den Sinn, der sich vor Jahrzehnten eine Anstellung als Amtsarzt und sogar als Oberarzt ergaunert hatte.

Unterdessen bearbeitete Fritzenkötter seinen Computer. Bröker erhaschte nur einen kurzen Blick von der Seite. Das Programm schien dasselbe zu sein, mit dem sich Mütze abgemüht hatte. Entsprechend stellte der Polizist aus Werther dieselben Fragen. „Wissen Sie, wann diese Anzeige aufgegeben worden sein soll?"

Bröker schüttelte den Kopf.

„Die Patientin besitzt leider kein sicheres Zeitgefühl." Bei diesen Worten rutschte er vorsichtig auf seinen Händen hin und her, die langsam begannen einzuschlafen, und bedauerte, sich keine bequemere Sitzposition ausgesucht zu haben. Wieder gab der Beamte etwas in die Datenbank ein.

„Wie es aussieht, scheinen Sie Recht mit Ihrer Annahme zu haben. Unser System kann keine Anzeige entdecken, an der jemand namens Schlangenbader beteiligt war."

Bröker versuchte sich seine Enttäuschung nicht anmerken zu lassen.

„Alles andere hätte mich auch verwundert", sagte er in selbstsicherem Tonfall und nickte kurz. „Damit haben Sie mir sehr weitergeholfen, haben Sie vielen Dank."

„Nichts zu danken, dafür sind wir ja da", erwiderte der junge Polizist und wollte aufstehen. Doch im selben Moment öffnete sich die Bürotür und ein Mann, den Bröker auf Ende fünfzig schätzte, betrat den Raum. Er war noch länger als Fritzenkötter und geradezu hager. Er grüßte seinen jüngeren Kollegen, nahm einen Locher vom Schreibtisch und wollte den Raum wieder verlassen.

„Wiedersehen macht Freude!", rief ihm Fritzenkötter hinterher. „Den Locher meine ich. Dich sowieso." Dann hielt er einen Moment inne. „Sag, mal Friedrich, du hast nicht zufällig von einer Anzeige gegen Schlangenbader gehört? Gegen den Schlangenbader, der jetzt unter Mordverdacht steht? Seine Tochter behauptet anscheinend so etwas. Könnte auch schon länger zurückliegen."

Der ältere Polizist zögerte einen Moment. Dann schüttelte er den Kopf. „Nicht, dass ich wüsste."

Fritzenkötter zuckte mit den Schultern und der ältere Kollege verließ das Büro wieder.

„Damit sollten Sie endgültige Gewissheit haben, Herr Dr. Höcker", sagte Fritzenkötter. „Friedrich ist unser ältester Kollege. Wenn er von keiner Anzeige gegen den Professor weiß, glaube ich nicht, dass es eine gegeben hat."

„Verstehe", murmelte Bröker und fürchtete, dass ihm seine Niedergeschlagenheit nun endgültig anzusehen war. „Noch einmal vielen Dank für Ihre Mühe", schob er daher verbindlich nach und erhob sich, um sich zu verabschieden. Fritzenkötter begleitete Bröker noch bis zum Empfang und entließ ihn mit einem kräftigen Händedruck nach draußen.

Als Bröker wieder vor dem Haupteingang stand, musste er sich erst einmal setzen. Mit einem Ächzen ließ er sich auf den Stufen der Treppe zur Polizeidienststelle nieder. Er hoffte, dass niemand daran Anstoß nehmen würde. Nicht immer war die Eigenart Brökers, Stufen aller Art als Sitzgelegenheit zu benutzen, gern gesehen. Enttäuscht stützte er den Kopf in die Hände. Nun war es nicht länger zu leugnen: Er hatte mit seiner Vermutung danebengelegen. Die Worte Carolin Schlangenbaders waren bedeutungslos. Vermutlich bezogen sie sich auf ein reines Fantasiegebilde. Wer konnte schon sagen, was für Medikamente sie bekam. Oder sie hatte sich in ihrer Verwirrung auf etwas bezogen, das sie in einem Film gesehen hatte. Alles war möglich. Dass sie jedoch einen Hinweis auf Schlangenbaders Motiv gegeben hatte, schloss Bröker nun aus. Fast schon schämte er sich für seine Vermutung. Das waren doch alles Strohhalme, an die er sich klammerte, nur um Detektiv spielen zu können! Nein, das Motiv musste woanders zu finden sein. Aber lohnte es sich für ihn, weiterhin danach zu suchen? Oder sollte er nicht vielmehr seinen Irrtum als Beweis dafür ansehen, dass dieser Fall eine Nummer zu groß für ihn war? Vermutlich ja, auch wenn er zugeben musste, dass ihm die Nachforschungen gut getan hatten. Verdrießlich kickte er ein Steinchen über den Boden.

Nun gut, dachte er, immerhin war er auf diese Art wieder einmal nach Werther gekommen. Das kleine Städtchen am Rande des Teutoburger Waldes gefiel ihm erstaunlich gut. Vielleicht sollte er noch eine kleine Besichtigungstour unternehmen, die mit einem Cafébesuch endete, bevor er sich wieder auf den Heimweg begab. Dann hätte sich der Ausflug wenigstens gelohnt. Er stand auf, klopfte sich den Staub von der Hose und atmete einmal tief durch.

„Herr Dr. Höcker!"

Bröker hielt inne und sah sich um. Hinter ihm stand der ältere Polizist, der eben in sein Gespräch mit Fritzenkötter geplatzt war. Unter den Arm hatte er einen Ordner geklemmt. Bröker erschrak. War man ihm doch noch auf die Schliche gekommen? Es war aber auch selten dämlich von ihm gewesen, sich nach seinem Schwindel ausgerechnet auf den Stufen der Polizeiwache niederzulassen. Aber nein, fiel es ihm ein und er atmete erleichtert auf: In diesem Falle hätte ihn der Polizist wohl kaum mit ‚Dr. Höcker' angesprochen.

„Mein Name ist Wärter!", stellte sich der Beamte unterdessen vor und kam auf ihn zu.

„Guten Tag, Herr Wärter!"

„Ich habe eben mitbekommen, dass Sie sich nach einer Anzeige Florian Schlangenbaders gegen seinen Vater erkundigt haben."

„Ja. Ich arbeite als Arzt in der Klinik für Psychiatrie und Psychotherapie in Bethel und …" Bröker wollte zum dritten Mal an diesem Tag seine Legende wiederholen, doch der Wärter von Werther unterbrach ihn.

„Ich habe den Sachverhalt mitbekommen."

Bröker, der schon an einen großen Cappuccino und ein leckeres Stück Torte dachte, war ein wenig ungeduldig. „Ist Ihnen doch noch etwas eingefallen?"

„Vielleicht", gab sich der Polizist rätselhaft.

„Vielleicht?" Bröker sah den Beamten fragend an.

„Nun, meines Wissens hat es keine offizielle Anzeige von Schlangenbaders Sohn gegeben."

„Aber?"

„Aber etwas, das dem recht nahe kommt."

„Wie darf ich das verstehen?"

Wärter setzte ein ernstes Gesicht auf. „Darf ich Sie bitten, das, was ich Ihnen nun sagen werde, vertraulich zu behandeln?"

Nun horchte Bröker auf. Was wusste dieser Polizist, das er ihm nur unter dem Mäntelchen der Verschwiegenheit mitzuteilen bereit war?

„Selbstverständlich mache ich das nicht publik, Herr Wärter", erklärte er schnell mit einem treuherzigen Augenaufschlag. „Sie wissen bestimmt, dass mir von Berufs wegen Schweigepflicht auferlegt ist. Ich bin also geübt darin, sensible Angelegenheiten für mich zu behalten."

Der Polizist nickte. „Es hat zwar keine Anzeige gegeben. Aber dafür den Versuch einer Anzeige."

„Wie kann ich mir denn den Versuch einer Anzeige vorstellen?" Bröker schaute Wärter fragend an.

„Dazu muss ich etwas weiter ausholen."

„Nur zu."

Wärter schaute sich um, bevor er fortfuhr. „Ich bin nicht nur Polizist hier in Werther, ich wohne auch hier", erklärte er. „Mein Haus befindet sich in einer Siedlung, die vor etwa zwanzig Jahren gebaut wurde. Kurz nachdem wir es gekauft hatten, zog auch Herr Schlangenbader in diese Siedlung. Und zwar nur zwei Häuser weiter."

„Das heißt, Sie sind sowas wie Nachbarn?"

„Genau. Unsere Kinder sind zusammen aufgewachsen, haben zusammen gespielt. Noch dazu ist Werther nicht gerade eine Großstadt. Nicht dass dies je zu einem näheren oder gar freundschaftlichen Verhältnis geführt hätte – dafür sind die Welten eines Polizisten und eines Universitätsprofessors wohl doch zu verschieden. Aber jeder hat vom anderen eben so einiges mitbekommen."

Bröker dachte daran, wie Frau Röttemeyer ihren Vorgesetzten mit Titel hatte ansprechen müssen und konnte sich lebhaft vorstellen, dass Schlangenbader Wert auf seinen Status legte.

„Wie auch immer, jedenfalls lag eines Tages eine Nachricht in meinem Briefkasten."

„Was für eine Nachricht?"

„Diese hier."

Mit diesen Worten zog Wärter den Ordner unter seinem Arm hervor, schlug eine Seite auf und stellte sich so zu Bröker, dass auch dieser hineinsehen konnte. Ein Papier in einer Klarsichtfolie schaute ihnen entgegen, auf dem etwas geschrieben stand und zwar eindeutig in Kinderschrift.

„An die Polizei‘‘‘, las Wärter die Überschrift in Großbuchstaben. Und dann: „Lieber Onkel Wärter.‘‘‘

„Das bin ich‘‘, erläuterte der Polizist.

Bröker nickte ungeduldig.

„Ich muss unbedingt mit dir sprechen. Ich will meinen Vater anzeigen. F. S.‘‘‘

Bröker war perplex. „Wie alt war Florian damals?‘‘

„Ich schätze so ungefähr zehn vielleicht.‘‘

Bröker nickte. Das war nun wirklich keine echte Anzeige, aber immerhin eine Art Anhaltspunkt für das, was Carolin Schlangenbader gemeint haben konnte.

„Und haben Sie mit ihm gesprochen?‘‘

„Nein. Aber mit seinem Vater. Wissen Sie, das Ganze fiel in die Zeit, als die Mutter der beiden verschwand. Die ist einfach abgehauen, das müssen Sie sich mal vorstellen. Ohne eine Nachricht zu hinterlassen! Wir haben sogar nach ihr gefahndet. Aber natürlich vergeblich. Wenn jemand nicht gefunden werden will, findet man ihn auch nicht. Jedenfalls, auch wenn ich nicht besonders viel Privates über die Schlangenbaders erfahren habe, so habe ich doch gemerkt, wie sehr das Verschwinden der Mutter die Familie belastet hat. Vor allem das Verhältnis der Kinder zu ihrem Vater war extrem angespannt. Florian konnte sehr widerspenstig sein. Auch frech. Ich denke, er ist nicht damit klar gekommen, dass auf einmal nur noch der Vater für ihn verantwortlich war. Das hatte sicher auch mit Schlangenbader zu tun. Er war bei der Erziehung nicht gerade zimperlich. Meine Söhne waren wirklich keine Kinder von Traurigkeit, aber vor Schlangenbader hatten sie Respekt.‘‘ Bei diesen Worten musste Wärter lachen, wurde aber schnell wieder ernster und winkte ab. „Dass Florian seinen Vater anzeigen wollte, ging mir trotzdem zu weit. Sein Verhalten hätte für Schlangenbader ernsthafte Konsequenzen haben können, wenn ich aktiv geworden wäre. Mit Sicherheit wäre das Jugendamt auf den Plan gerufen worden. Ich finde, so was gehört sich den eigenen Eltern gegenüber nicht."

„Verstehe", brummte Bröker, obwohl sich bei Wärters letzten Worten eine gehörige Portion Skepsis in ihm regte. Ihm jedenfalls fielen viele Momente ein, in denen er es für wichtig gehalten hatte, den eigenen Eltern contra zu bieten.

„Entsprechend sind Sie wahrscheinlich an Schlangenbader herangetreten."

„Ja. Letztlich waren das für mich Familienangelegenheiten, mit denen ich nichts zu tun haben wollte. Und in etwa das habe ich Schlangenbader auch gesagt. Ich habe kurz berichtet, was passiert ist, und ihn gebeten, die Sache mit Florian so zu regeln, dass die Situation nicht eskaliert."

„Und wie hat er reagiert?"

„Er war absolut gefasst und hat sich vermutlich seinen Sohn vorgeknöpft. Jedenfalls hat es danach nie wieder einen Vorfall solcher Art gegeben."

Wieder nickte Bröker.

„Vielleicht verstehen Sie jetzt, weshalb ich nicht möchte, dass Sie die ganze Geschichte öffentlich machen. Ich habe mich in diesem Fall eher wie ein guter Nachbar und weniger wie ein Polizist verhalten."

„Ja, ich verstehe", erwiderte Bröker. „Danke, dass Sie mir das alles erzählt haben. Es wird mir im Zuge der Therapie von Carolin Schlangenbader sehr hilfreich sein."

Wärter schaute sein Gegenüber an und schien mit sich zufrieden.

„Darf ich Sie noch um etwas bitten?", fragte Bröker
„Um was denn?"

„Würden Sie mir den Brief von Florian überlassen?
– Ich denke, dass es Carolin helfen wird, ihn in den
Händen zu halten."

Wärter zögerte. „Da verlangen Sie mir aber einen
schweren Dienst ab!"

„Wieso?"

„Nun ja, der Brief ist ... wie sage ich das, ohne dass
es geschmacklos wirkt ... Teil einer Sammlung. Deshalb besitze ich ihn auch überhaupt noch."

„Einer Sammlung?" Bröker schaute Wärter erstaunt
an.

„Sie haben als Kind doch sicher auch ein Autoquar-
tett besessen? So ein Kartenset, bei dem eine Karte die
andere sticht?"

„Bei mir waren es Fußballer", erinnerte sich Bröker
und musste lächeln.

„Genau", sagte Wärter. „Jedenfalls hat es hier auf
dem Revier in Werther schon eine ganze Weile Tradition, dass jeder Beamte die kuriosesten Anliegen, die
an ihn herangetragen werden, sammelt. Pünktlich
zur Weihnachtsfeier wird verglichen, wer die meisten
und wer die unglaublichsten Vorfälle vorzuweisen hat.
Wir haben da sozusagen einen kleinen Sport draus gemacht."

Bröker hob erstaunt die Augenbrauen.

„Nun ja, ich kann mir vorstellen, dass das zunächst
etwas seltsam anmuten muss, aber Sie glauben gar
nicht, auf was für Ideen die Leute kommen!"

Doch Bröker war fest davon überzeugt, dass die Wirklichkeit einfallsreicher war als seine Vorstellungskraft.

„Ich gebe Ihnen mal ein Beispiel. Eine Kollegin, die

noch dazu nicht mal im Dienst war, hat auf der A2 ein Foto von einem LKW-Fahrer ergattert, der während eines Überholmanövers mit seinen Hanteln trainierte!"

Bröker musste lachen. Er konnte das Bild förmlich vor sich sehen.

„Und Herr Fritzenkötter, der Mann, mit dem Sie vorhin gesprochen haben, hatte mal die Anzeige einer Frau vorliegen, die mit einem Achsbruch im Wald liegen geblieben war, weil sie der kürzesten Route ihres Navis gefolgt war."

Wieder schüttelte es Bröker. „Und der Brief von Florian Schlangenbader ist also Teil Ihrer Sammlung?"

Wärter schien sich einen Ruck zu geben. „Ach, wissen Sie, ein besonders hoher Stich ist er ja nun nicht gerade. Wenn Sie meinen, dass es Ihrer Patientin hilft, nehmen Sie ihn mit."

„Sind Sie sicher?", fragte Bröker der Form halber und hoffte, dass Wärter keinen Rückzug machte.

„Ja. Sie können ihn mir ja wiederbringen, wenn Sie ihn nicht mehr brauchen."

„Einverstanden."

„Sie wohnen nicht zufällig hier in Werther?", fragte Wärter.

„Nein, nein." Bröker alias Dr. Höcker schüttelte schnell den Kopf. „Ich wohne in Bielefeld, gar nicht weit von Bethel entfernt."

„Ja, das ist vermutlich auch praktischer für Sie."

Mit diesen Worten nahm der Polizist die Klarsichthülle mit Florians Brief aus dem Ordner und gab sie Bröker.

„Haben Sie vielen Dank!", sagte dieser.

„Keine Ursache", gab Wärter zurück und verschwand wieder im Polizeigebäude.

Bröker rollte das Papier zusammen und steckte es in die Innentasche seiner Jacke. Werther war wirklich eine Reise wert.

Kapitel 17
Zweites Frühstück

Bröker betrat die *Wunderbar*, die er nun schon seit etwa zwanzig Jahren kannte. Nach dem Gespräch mit Wärter hatte er entschieden, den geplanten Rundgang durch Werther bis auf Weiteres zu verschieben und den Tag lieber mit einem kleinen Mittagsimbiss in einem seiner Lieblingscafés fortzusetzen. Der unerwartete Erfolg seiner Nachforschungen ließ ihn die Tür mit Schwung öffnen. Heute schien wirklich sein Glückstag zu sein. Am Fenster war noch einer seiner bevorzugten Plätze frei. Gerade wollte Bröker sich setzen, als er ein paar Tische weiter einen Rotschopf winken sah, den er sofort erkannte.

„Charly!", rief er begeistert und begab sich zum Tisch der Journalistin, die sich gerade auf ihrem Laptop Notizen machte. „Wie schön dich zu sehen!", plauderte er drauflos. „Aber sag, hast du was mit deinen Haaren gemacht? Die leuchten heute so!"

Bröker hatte keine Ahnung, ob Charlys Haare wirklich intensiver glänzten. Aber er hatte das seltene Bedürfnis, seiner Freude über das Wiedersehen Ausdruck zu verleihen.

„Ha!" Charly lachte auf und ihre Augen blitzten. „Das mit den Komplimenten müssen wir aber noch üben."

„Wieso?" Bröker schaute verdutzt.

„Auf so eine Bemerkung fällt noch nicht einmal eine sehr verzweifelte Frau herein. Und ich bin nicht verzweifelt!"

Wieder lachte Charly und noch lauter musste sie lachen, als sie Brökers konsternierten Gesichtsausdruck sah. Einige Gäste wurden schon aufmerksam.

„Komm, setz dich", fügte sie daher rasch hinzu. „Ich freue mich ja auch, dich zu sehen!"

Ein Gutes hatte Charlys Auftritt. Die Bedienung war auf die beiden Freunde aufmerksam geworden und stand schon an ihrem Tisch, kaum hatte sich Bröker auf seinem Stuhl niedergelassen.

„Einen Cappuccino, bitte!", bestellte der. Und nach einem kurzen Blick in die Karte fragte er: „Kann ich noch ein Frühstück bekommen?"

Die Bedienung nickte.

„Dann nehme ich noch ein *Deluxe!*" Bröker war die Vorfreude deutlich anzusehen.

„Du bist und bleibst ein Gourmet!", neckte Charly ihn, als die Kellnerin mit seiner Bestellung in Richtung Küche verschwand. „Gouda und Lachs, hast du dir das denn verdient?"

„Und ob ich mir das verdient habe!" Bröker war froh, jemandem von seinem kleinen Fortschritt berichten zu können.

„Ich war heute in Werther und habe mit der dortigen Polizei gesprochen."

„Was hat dich denn dahin verschlagen? Warte Mal, da wohnt doch …"

„Eben der! Ich habe dir doch von meinem Besuch bei Schlangenbaders Tochter erzählt und dem kryptischen Satz, den sie gesagt hat. Ich dachte, wenn sie damit wirklich auf eine Anzeige Florian Schlangenbaders gegen seinen Vater anspielt, dann weiß am ehesten die Polizei in Werther davon."

„Und, hat es eine solche Anzeige gegeben?"

„Ja und nein."

„Was soll das heißen? B., du sprichst in Rätseln!"

„Das heißt, Florian hat versucht, seinen Vater anzuzeigen, als er vielleicht zehn war. Zu einer offiziellen Anzeige ist es aber nie gekommen, weil der Polizist, bei dem Florian diese erstatten wollte, Schlangenbaders Nachbar war." Bröker umriss, was er selbst eine Stunde zuvor von Wärter erfahren hatte. Dabei zog er den Brief hervor, den der Zehnjährige geschrieben hatte, rollte ihn aus und schob ihn der Journalistin über den Tisch. Die betrachtete ihn interessiert.

„Und weißt du, worum es in dieser Anzeige gehen sollte?"

„Leider nicht", musste Bröker zugeben. „Dazu konnte auch der Polizist nicht wirklich etwas sagen. Er wusste nur, dass sich Sohn und Vater nicht besonders gut verstanden haben, meinte aber, dass es sich um Familienangelegenheiten handelte, in die er sich nicht einzumischen habe."

Brökers Kaffee und sein Frühstück kamen und er vergaß für einen Moment, worüber er gerade mit Charly sprach. Mit zufriedenem Gesichtsausdruck bestrich er ein Brot mit Butter und belegte es mit Gouda und Tomatenstückchen.

Derweil studierte die Journalistin weiterhin das Papier in der Klarsichthülle.

„Ein richtiger Kinderbrief!", stellte sie fest. „Fast ein wenig niedlich." Schließlich schob sie ihn wieder zu Bröker zurück. „Meinst du, dass er irgendeine Beweiskraft hat?"

Charlys Frage störte Brökers Konzentration auf sein Frühstück. Mit halbvollem Mund gab er deshalb nur lakonisch ein „Meinst du nicht?" zurück.

„Na, ich vermute, du willst mit diesem Brief zur Polizei?"

„Das muss ich ja wohl. Schewe sucht ja immer noch nach einem Motiv für Schlangenbader."

„Und was meinst du, wie Schewe reagiert, wenn du ihm diese Kinderschrift vor die Nase hältst und behauptest, du hättest den Grund gefunden, warum Florian Schlangenbader sterben musste?"

Bröker sah seine Freundin unglücklich an. Vermutlich hatte sie Recht. In seiner Begeisterung darüber, dass es wirklich so etwas wie eine Anzeige gab, hatte er das Gefühl dafür verloren, wie es nun realistischerweise weitergehen sollte.

„Da ist was dran", murmelte er enttäuscht. „Aber habe ich denn eine andere Wahl?"

„Das weiß ich nicht", entgegnete Charly. „Ich wollte dich nur darauf vorbereiten, dass die Polizei diesen Brief vermutlich nicht als Beweis für Schlangenbaders Schuld ansehen wird."

Bröker nickte bedächtig. Dass wusste er natürlich auch. Trotzdem schmeckte sein Frühstück mit einem Mal etwas fader.

„Sonst bleibt nur, dass ich Schlangenbader im Alleingang überführe", überlegte er.

„Das wäre natürlich ein Coup", pflichtete ihm Charly bei. „Wenn du das schaffst, setze ich dich natürlich wieder als ‚Mr. Marple von der Sparrenburg' auf die Titelseite des Lokalteils."

„Das ist natürlich schon immer mein einziger Ansporn gewesen", grinste Bröker. Dann wurde er ernst.

„Ich fürchte nur, das wird nichts."

„Wieso das?"

„Na, du hast es doch eben selbst gesagt. Was gegen Schlangenbader vorliegt, ist einfach viel zu dürftig. Ein findiger Anwalt haut ihn da sicher raus."

„Ja, aller Wahrscheinlichkeit nach wird es so kommen." Charly überlegte. „Dann bleibt wohl wirklich nur, dass du mit Schewe redest. Wenn du deine Nachforschungen als schlichten Ansatzpunkt verkaufst, wird er sich eventuell darauf einlassen. Vielleicht könnt ihr ja zusammen rekonstruieren, was es mit dieser Anzeige auf sich hat."

„Ja, so in etwa hatte ich mir das auch vorgestellt", nickte Bröker. Dann grinste er. „Für eine so mutige Tat brauche ich aber erst einmal eine Stärkung."

Charly schaute zweifelnd auf Brökers Teller. „Aber du hast doch schon alles aufgegessen!"

„Eben!", bestätigte Bröker, winkte die Kellnerin heran und bestellte Apfelstrudel mit Vanilleeis und dazu einen Espresso. Dann seufzte er behaglich.

Als er eine halbe Stunde später den letzten Bissen der Süßspeise in den Mund schob, seufzte er abermals. Diesmal war ihm allerdings deutlich weniger heimelig zumute. Bröker mochte Telefonate nicht, schon gar nicht, wenn er sein Gegenüber so wenig kannte wie Schewe und dieser ihm auch noch in offizieller Funktion entgegentrat.

„Und wirst du jetzt mit Schewe sprechen?", drängte ihn Charly auch schon.

„Geduld!", brummte Bröker und spülte mit einem Schluck Kaffee nach. Dann zog er widerwillig sein altes Mobiltelefon aus der Tasche und versuchte es einzuschalten. Doch solange er auch auf die entsprechende Taste drückte, das Gerät gab kein Lebenszeichen von sich.

„Der Akku ist mal wieder leer", stellte er fest und wusste nicht recht, ob er sich darüber ärgern oder freuen sollte. „Ich muss wohl von zu Hause aus anrufen."

„Das könnte dir so passen!"

Charly lachte wieder ihr ansteckendes Lachen. „Du vergisst anscheinend, dass ich nicht nur deine Freundin, sondern auch Journalistin bin. Wenn du von zu Hause aus mit Schewe telefonierst, bekomme ich ja nicht mit, was ihr besprecht!"

„Aber was …"

Noch bevor Bröker die Frage beenden konnte, hatte ihn Charly unterbrochen: „Nimm einfach meins!"

Mit diesen Worten zog sie ihr Handy aus der Jackentasche, gegen das sich Brökers Gerät ausnahm wie ein Faustkeil gegen einen Laserschneider. Bröker nahm es unsicher in die Hände.

„Gut, ich gebe zu, das Ding ist etwas übertrieben", gestand seine Freundin ein. „Aber so was stellt eben die Zeitung."

Noch immer hielt Bröker das Gerät zweifelnd in den Händen.

„Na komm, ich wähle die Nummer für dich, du alter Elektronikmuffel!", bot Charly ihm lachend an.

Sie nahm das Gerät wieder an sich, fuhr mit dem Finger einige Male über das Display, als wolle sie Staub wischen, und hielt Bröker das Gerät wieder entgegen. Am anderen Ende der Leitung meldete sich die Telefonzentrale des Bielefelder Polizeipräsidiums. Er ließ sich mit Schewe verbinden, der schon nach zweimaligem Läuten abnahm.

„Bröker!", rief er, als dieser sich zu erkennen gab. Seine Stimme klang erfreuter als Bröker erwartet hatte. „Was kann ich denn für Sie tun?"

„Ich rufe noch einmal wegen dem Mord an Florian Schlangenbader an", erläuterte Bröker.

„Der Fall scheint Sie ja ebenso wenig loszulassen wie mich!", sagte der Polizist gut gelaunt. Und wie kann ich Ihnen nun bei Ihren Überlegungen behilflich sein?"

„Das weiß ich nicht. Aber vielleicht habe ich etwas für Sie."

„Bröker, Sie haben doch nicht etwa schon wieder den Fall gelöst? Wenn Sie so weitermachen, kann ich meinen Beruf an den Nagel hängen. Dafür bin ich noch zu jung!"

„Nein, machen Sie sich keine Sorgen, Herr Schewe! Aber wenn ich es der Zeitung richtig entnommen habe, suchen Sie noch immer nach einem Mordmotiv?"

„Ja, das stimmt!", bestätigte Schewe.

„Vielleicht kann ich Ihnen hierzu einen Hinweis geben."

„Und der wäre?"

„Das erklärt sich am Telefon schlecht und außerdem müsste ich Ihnen dazu etwas zeigen."

Der Kommissar am anderen Ende der Leitung schwieg und Bröker stellte sich vor, wie er seinen Kopf hin und her wiegte.

„Ich hätte heute Nachmittag um vier noch Zeit, ginge das bei Ihnen?", fragte Schewe dann.

„Vier Uhr ist prima!", entgegnete Bröker.

„Hier im Präsidium?", fragte der Polizist, korrigierte sich aber sofort. „Oder warten Sie!" Er schien in seinem Terminkalender zu blättern. „Um die Zeit bin ich ganz bei Ihnen in der Nähe. Sie wohnen doch an der Sparrenburg, habe ich das richtig in Erinnerung?"

Bröker dachte an Ulf, wagte aber nicht, Schewe mit der Begründung, dass er einen unzumutbaren Mitbewohner habe, einen anderen Treffpunkt vorzuschlagen.

„Gut, dann haben Sie ja meine Adresse schon!", sagte er stattdessen nur. Dann kniff er die Augen zusammen und gab sich einen Ruck: „Und falls Ravenstijn sich freimachen kann, bringen Sie den auch bitte mit. Er könnte nützlich sein."

„Ich werde sehen, was sich machen lässt", gab Schewe zurück und die beiden verabschiedeten sich.

Bröker gab Charly ihr Mobiltelefon zurück.

„Viel habe ich ja nicht gerade erfahren", maulte die.

„Du bist die Erste, der ich Bericht erstatte, aber ich konnte Schewe den Brief ja schlecht am Telefon zeigen", gab Bröker zurück. „Und wenn Ravenstijn einen Blick drauf wirft, kann das auch nicht schaden. Nicht unbedingt, weil ich mir große Erleuchtungen davon erhoffe, aber vielleicht bringt er Schewe mit seiner spontanen Art dazu, meinem Hinweis tatsächlich nachzugehen."

„Du kannst ihn nicht leiden, oder?"

Bröker schüttelte den Kopf. „Du musst noch auflegen, ich finde den Knopf nicht!"

„Es gibt auch keinen Knopf!", lachte seine Freundin und nahm das Technikwunder an sich.

Kapitel 18
Wer besuchet, der findet

Als Bröker nach Hause kam, waren sowohl Gregor als auch Ulf zugegen und – was besonders ungewöhnlich war – sie stritten sich nicht. Das mochte daran liegen, dass Ulf unten im Wohnzimmer eine Sendung schaute, in der ein ihm verdächtig ähnlicher Mann auf der Suche nach einer Partnerin war, während Gregor in seinem Zimmer in ein Computerproblem vertieft war.

„Schewe kommt in einer Stunde!", verkündete Bröker und musste zugeben, dass er tatsächlich so aufgeregt war wie seine Stimme klang.

Ulf nahm diese Mitteilung mit Interesse zur Kenntnis. Er schaltete sogar den Ton vom Fernseher aus.

Gregor hingegen rief nur kurz von oben: „Ach Bröker, du bist es, was machst du denn für eine Welle?"

„Hast du nicht gehört? Schewe kommt!"

Wäre er in der Verfassung dazu gewesen, hätte Bröker über den Rollenwechsel geschmunzelt: Endlich einmal war er derjenige, der drängte, während der Junge abwesend vor seinem Rechner saß. Selbst Ulfs Aufmerksamkeit schien die Neuigkeit stärker zu wecken, er hatte sich zusammen mit Bröker in Gregors Zimmer begeben.

„Schewe?" Gregor tauchte aus einer fernen Welt auf. „Was will er denn?"

„Das ist eine längere Geschichte", versuchte sich Bröker kurz zu fassen. „Ich war heute Morgen in Werther und habe mich auf dem dortigen Polizeirevier erkundigt, ob es eine Anzeige von Florian Schlangenbader gegen seinen Vater gegeben hat."

„Und hat es?"

Ulf war seit Neuestem interessierter an dem Fall, als es Bröker lieb war. Vielleicht wollte er aber auch nur einen Werbeblock überbrücken.

„Nun, so etwas Ähnliches. Er hat versucht, seinen Vater anzuzeigen."

„Versucht?" Ulf probierte am Ball zu bleiben.

„Weil er damals erst zehn war und der Polizist seinen Vater kannte", erläuterte Bröker. „Jedenfalls möchte ich Schewe darüber informieren, dass es diesen Anlauf gab, vielleicht lässt sich daraus das Motiv herleiten."

„Moment mal, *der* Schewe? Ich meine, du sprichst von dem Bullen, oder?" Endlich begriff auch Gregor.

„Ja, sicher, schon die ganze Zeit!", bestätigte Bröker.

„Oh, oh, dann werde ich mal besser einen Abgang machen."

„Wieso das denn?" Ulf war erstaunt, während Bröker die ganze Zeit auf solch eine Reaktion gewartet hatte.

„Weil ich mit den Herren von der Polizei schon mehr Erfahrungen habe als mir lieb ist", klärte Gregor seinen Mitbewohner auf. „Die haben mich mal beim Hacken erwischt. Und deshalb wäre es auch gar nicht gut, wenn sie sähen, was ich hier so treibe."

„Du nutzt unsere Internetverbindung für illegale Operationen?", echauffierte sich Ulf, aber Gregor hatte schon seinen Rechner heruntergefahren.

„Man sieht sich später!", rief er noch, während er die Treppe hinunterstürmte.

Ulf betrachtete seinen Hausherren mitleidvoll. „Keine Sorge, ich bleibe natürlich!"

Bröker wagte nicht einzuwenden, dass es ihm lieber gewesen wäre, wenn Gregor geblieben und Ulf statt seiner gegangen wäre.

Als es einige Zeit später läutete, saß Ulf schon wieder vor seinem Fernseher. Bröker öffnete und sah, dass neben Schewe tatsächlich auch van Ravenstijn stand, der natürlich gleich das Wort ergriff.

„Hoi. Schön haben Sie es hier! Schewe meinte, Sie könnten meine Hilfe gebrauchen?"

Bröker rollte über van Ravenstijns Gehabe innerlich die Augen. Dass der Holländer die Gelegenheit, sich als weltbeste Psychospürnase zu präsentieren, nicht ungenutzt lassen würde, hätte er sich natürlich denken können. Doch er versuchte, sich davon nicht aufbringen zu lassen – schließlich würde ihm vielleicht genau diese Ader van Ravenstijns gleich nützlich sein. Immerhin war die Kleidung des Fallanalytikers dieses Mal erstaunlich geschmackvoll. Zu einem dunklen Jackett trug er ein schwarzes Hemd und eine schwarze Jeans. Bröker kam der Gedanke, die beiden Polizeiangestellten kämen vielleicht direkt von einer Beerdigung. Allerdings war Schewe mit blauem Jackett und hellblauer Jeans völlig normal gekleidet.

Bröker bat die beiden herein. In Gegenwart von Polizisten fühlte er sich – da war er Gregor nicht unähnlich – stets ein wenig unwohl und er war dementsprechend damit beschäftigt, sich nichts anmerken zu lassen. Er führte seine beiden Gäste ins Wohnzimmer, wo Ulf noch immer vor dem Fernseher hockte. Die Ankunft der beiden Polizeiangestellten machte diesen aber erstaunlich lebendig.

„Guten Tag", begrüßte er den Hauptkommissar. „Wir kennen uns ja schon. Ich war auch dabei, als die Leiche gefunden wurde, wissen Sie noch?"

Am Tatort, so erinnerte sich Bröker, war Ulf relativ wortkarg gewesen. Dies schien er nun nachholen zu wollen.

„Ja, ich erinnere mich. Guten Tag!", begrüßte Schewe ihn höflich und schüttelte Ulf kräftig die Hand.

„Und wer sind Sie? Wir haben uns meines Wissens noch nicht kennengelernt?", fuhr Ulf an van Ravenstijn gewandt fort.

„Van Ravenstijn", stellte sich der vor. „Ich bin …" Der Holländer blickte zu dem laufenden Fernseher, dann lächelte er. „Ich bin Profiler."

Bröker konnte sehen, wie Schewe leicht zusammenzuckte, als van Ravenstijn diese Berufsbezeichnung wählte. Ebenso wie Bröker schien er dies trotz aller Vorliebe für den Polizeipsychologen für etwas übertrieben zu halten. Ganz anders jedoch reagierte Ulf. Der war begeistert.

„Was für ein Zufall! Ich sehe gerade eine Serie, in deren Mittelpunkt genau solch ein Profiler wie Sie steht." Aufgeregt deutete er auf den Fernseher. „Es geht um einen Fall, in dem ein Journalist ermordet wurde. Der Mörder könnte sein Informant gewesen sein, aber auch der Exmann seiner Geliebten oder ein Redakteur von der Konkurrenz. Was meinen Sie, wer war der Täter?"

„Nun ja …" Ulfs übersprudelnde Art schien selbst van Ravenstijn zu überfordern, zumal er dadurch selbst kaum zu Wort kam.

„Und Sie, Herr Schewe, was würden Sie als erfahrener Ermittler sagen?"

Ulf war einfach nicht zu stoppen.

Schewe zuckte nur mit den Schultern.

„Nun, es ist auch ein bisschen unfair", sagte Ulf und guckte verschmitzt. „Ich kenne diese Folge nämlich schon. Es ist keiner von den dreien, sondern es stellt sich heraus, dass der Journalist von seinem Bruder erschlagen wurde."

„Du hast nicht zufällig auch einen Bruder?" Bröker hätte sich auch angeboten, Ulf selbst zu erschlagen, wenn die Polizei nicht gerade in der Nähe gewesen wäre. Ihm war die ganze Situation mehr als unangenehm.

„Entschuldigen Sie bitte", bat er seine Besucher daher und warf Ulf einen wütenden Blick zu. „Vielleicht haben wir es woanders ein wenig ruhiger."

Zunächst dachte er daran, die beiden in die Küche zu führen und ihnen einen Kaffee anzubieten, auch wenn die alte Eckbank nicht ganz seiner Vorstellung davon entsprach, wie er solch förmlichen Besuch empfangen wollte. Als er jedoch einen Blick aus dem Wohnzimmerfenster warf, änderte er seinen Plan. Die Sonne war hervorgekommen und das Goldgelb der Herbsttage war mit einem Schlag zurückgekehrt.

„Was halten Sie von einem kleinen Spaziergang zur Sparrenburg?", schlug er vor. „Sie haben sicher schon gesehen, dass sie nicht weit von hier steht."

Die beiden Polizeibeamten nickten einhellig.

Keine Viertelstunde später betrat das Trio den Innenhof der Sparrenburg.

„Schauen Sie mal, hier hat man sogar ein Denkmal für Sie aufgestellt!", scherzte van Ravenstijn. Er war nicht der Erste, dem die Ähnlichkeit zwischen Bröker und der Statue des Kurfürsten, die sich auf dem Vorplatz befand, auffiel.

„Ja, das war, nachdem ich den Fall um Schwackmeier gelöst hatte", keuchte Bröker, der von dem steilen Aufstieg auf einen der höchstgelegenen Punkte Bielefelds noch außer Atem war.

„Und nun sind Sie ja wieder dabei, uns bei einem Fall zu helfen", lenkte Schewe zu dem Anlass des Treffens über. Er schien kein bisschen außer Atem zu sein, das Training bei der Polizei machte sich offensichtlich bezahlt.

„Nun ja", Bröker lächelte unangenehm berührt,

denn seine ganze Hoffnung steckte in einem Brief, der vor mehr als fünfzehn Jahren von einem Kind verfasst worden war. „Wenn meine Vermutungen stimmen, vielleicht. Aber sicher ist das leider nicht."

Er ließ sich auf einem Mäuerchen nieder, das den Innenhof der Sparrenburg umgab. Der Blick auf die Bielefelder Innenstadt, die in der tief stehenden Sonne glänzte, war malerisch. „Hier könnte man Werbung für Bielefeld als Urlaubsort machen", philosophierte er ausweichend.

„Ich wusste gar nicht, dass Sie ein Patriot sind", spottete van Ravenstijn. „Für meinen Geschmack fehlen ein paar Windmühlen. Und Kühe sind von hier aus auch keine zu sehen."

Bröker schaute van Ravenstijn skeptisch an. Manchmal war es schwer zu sagen, wann der Holländer einen Scherz machte und wann er etwas ernst meinte.

„Aber was haben Sie uns denn nun mitzuteilen?", versuchte Schewe wieder auf Brökers mittäglichen Anruf zurückzukommen.

„Wie gesagt geht es um das Mordmotiv Schlangenbaders", eröffnete Bröker zögerlich.

Schewe nickte.

„Nun, Florian Schlangenbader hat noch eine Schwester …"

„Carolin Schlangenbader, das wissen wir", unterbrach der Kommissar Bröker. „Aber inwieweit ist sie in den Fall verwickelt?"

„Wie Sie dann bestimmt auch wissen, lebt sie in einer Klinik für Menschen mit psychischen Störungen."

Bröker berichtete von seinem Besuch bei Schlangenbaders Tochter und dem wenigen, was diese gesprochen hatte. Dabei wurde er immer wieder durch einige

„Achs" und „Ahas" von van Ravenstijn unterbrochen, die er zu ignorieren versuchte. „Schließlich war ich mir sicher, dass Carolin sagen wollte, ihr Bruder habe ihren Vater angezeigt", beendete Bröker seinen Bericht.

„Das können wir überprüfen", sagte Schewe.

„Brauchen Sie nicht. Eine echte Anzeige hat es nie gegeben. Aber ich habe das hier gefunden!"

Obwohl Bröker sich vorgenommen hatte, zurückhaltend zu agieren, konnte er sich nicht gegen ein aufkommendes Triumphgefühl wehren, als er den Brief hervorzog und dem Polizisten und van Ravenstijn hin hielt. Die studierten ihn eingehend.

„Was hat es damit genau auf sich?", fragte Schewe schließlich.

„Das ist ein Brief, den der etwa zehnjährige Florian Schlangenbader an einen Polizisten geschrieben hat."

Schewe runzelte die Stirn. „Woher haben Sie den?"

Bröker hatte diese Frage befürchtet. „Das, Herr Schewe, darf ich Ihnen leider nicht sagen. Ich muss meinen Informanten schützen."

Er wusste selbst, dass er sich mit diesem Satz anhörte, als sei er frisch einem *Tatort* entsprungen, aber er hatte keinerlei Vorstellung, was man tatsächlich in solch einem Moment sagte. Prompt zog er sich ein Kichern von van Ravenstijn zu. Schewe schien eher verärgert.

„Was meinen Sie mit ‚Informant'? Sie sind schließlich kein Journalist."

„Aber ich habe ebenso meine Quellen, die ich nicht preisgeben kann", beharrte Bröker.

Zum Glück schaltete sich nun van Ravenstijn ein, der für seine Verhältnisse bisher recht still gewesen war.

„Wann, sagen Sie, war das mit dem Brief?"

„Die Mutter hatte die Familie wohl gerade verlassen", gab Bröker dankbar Auskunft.

„Das ist psychologisch natürlich interessant!"

Van Ravenstijn schien ein wenig Aufmerksamkeit beanspruchen zu wollen und Bröker gab sie ihm gern, solange das Gespräch nicht wieder auf seinen Informanten kam.

„Wieso?", fragte er daher.

„Nun", begann van Ravenstijn auszuführen, „bis zu einem gewissen Alter lehnen alle Kinder eine Trennung der Eltern ab – ganz gleich, was für Verhältnisse vorherrschen. Mit zehn wird Florian sich gerade in einer wie sagt man … Übergangsphase … befunden haben – emotional immer noch abhängig vom engsten Kreis, der ihn umgibt, von seiner Familie. Doch verstandesmäßig schon in der Lage, sich selbst davon abzugrenzen. Oft fühlen sich solche Kinder verpflichtet, Partei für das schwächere Elternteil zu ergreifen. Und wir müssen nicht lange überlegen, wer das bei den Schlangenbaders gewesen sein wird."

Bröker schüttelte den Kopf.

„In der Pubertät, aber auch schon vorher, kann sich dies durchaus in aggressivem Verhalten niederschlagen", ergänzte van Ravenstijn. Nun, da er mit seinem Wissen glänzen konnte, lief er zu Hochform auf.

„Dazu würde passen, dass laut meiner Quelle das Verhältnis zwischen Florian und seinem Vater schon immer schwierig gewesen sein soll", stimmte Bröker zu.

„Da haben Sie es!", rief van Ravenstijn begeistert aus.

„Was haben wir? Soll das heißen, Sie wissen, was das alles zu bedeuten hat?" Bröker erstaunte es, dass er soeben tatsächlich eine Frage an van Ravenstijn gerichtet hatte, deren Antwort ihn ernsthaft interessierte.

„Na, alles und nichts natürlich!", gab der Polizeipsychologe eine detailgenaue Analyse zum Besten.

Bröker sah van Ravenstijn irritiert an.

„Kindliche Reaktionen sind besonders von der Atmosphäre abhängig, die sie umgibt", führte dieser weiter aus. „Eltern können sich schuldig fühlen, sich schämen oder auch alles leugnen, wenn sie sich trennen. Und all das wirkt sich natürlich verschieden auf das Kind aus." Van Ravenstijn setzte eine wichtige Miene auf.

„Ich fürchte, ich verstehe nicht?" Bröker wusste nicht mehr, worauf van Ravenstijn hinauswollte.

„Sie müssen nur so viel verstehen: Dass sich die Psychologie oftmals jenseits unserer typischen Denkmuster bewegt. Kennen Sie sich mit Quantenmechanik aus?"

Bröker wäre nie so weit gegangen, dies zu behaupten. Angesichts van Ravenstijns Großspurigkeit widerstrebte es ihm jedoch, den Anschein zu erwecken, er hätte von Quantenmechanik noch nie etwas gehört. Daher nickte er nur und der Holländer dozierte weiter.

„Ich sage nur: Unschärferelation, Heisenberg." Bei diesen Worten überschlug sich van Ravenstijns Stimme. „Auch da kommen Sie mit gesundem Menschenverstand nicht weiter. Ob sich ein Elektron nun hier befindet oder da unten auf dem Jahnplatz, kann niemand mit Sicherheit sagen." Der Polizeipsychologe deutete auf das Zentrum Bielefelds.

„Aha", sagte Bröker, der sich an seine Physikvorlesungen erinnerte.

„Und ebenso verhält es sich mit der Psychologie. Wie sich jemand *tatsächlich* verhält, kann nicht einmal der beste Psychologe vorhersagen. Nur bauen wir anders als ein Quantenmechaniker nicht bloß an einem Theoriegebäude. Ein Psychologe ist immer auch ein Praktiker und als solcher zum Handeln gezwungen."

Bröker hatte das Gefühl, dass van Ravenstijn diesen Satz aus einem Vortrag geklaut hatte, vermutlich noch nicht einmal aus seinem eigenen.

„Und wie handelt man also, wenn einen das Chaos umgibt?", fuhr der selbsternannte Profiler inbrünstig fort und beantwortete seine Frage gleich selbst. „Indem man selbst unvorhersehbar bleibt! Nur so besteht die Chance, dem Zufall ein Schnippchen zu schlagen."

Für einen Augenblick kniff van Ravenstijn die Augen zu zwei engen Schlitzen zusammen, doch schon im nächsten Moment strahlte er wieder so zufrieden, als habe er soeben die Weltformel entdeckt und sie seinen Gesprächspartnern obendrein großzügig mitgeteilt.

Bröker sah van Ravenstijn überrascht an. Bislang waren ihm dessen Psychologiekenntnisse schnöde und veraltet vorgekommen. Nach van Ravenstijns jetzigem Redeschwall war Bröker jedoch davon überzeugt, dass er sich in diesem Punkt getäuscht hatte. Van Ravenstijn war nicht schnöde, van Ravenstijn war nicht ganz bei Trost!

„Wie dem auch sei, wissen Sie denn, ob es einen konkreten Vorwurf von Florian Schlangenbader gegen seinen Vater gab?", lenkte Schewe ungerührt das Gespräch wieder in konkretere Bahnen.

Er hatte van Ravenstijns Metaüberlegungen zur Existenzform des Profilers wahrscheinlich schon des Öfteren über sich ergehen lassen müssen.

„Nein, das weiß ich leider nicht", musste Bröker zugeben.

„Könnte Ihr ‚Informant' das wissen?" Schewes Tonfall war zweifellos ironisch.

„Nein." Bröker schüttelte den Kopf.

„Dann ist Ihr Hinweis aber nicht viel wert", bemerkte der Hauptkommissar bedauernd. „Ich kann Schlangenbader schließlich kaum mit dem Motiv überführen, dass ihn sein zehnjähriger Sohn vor mehr als fünfzehn Jahren aus unbekannten Gründen anzeigen wollte. Das klingt nicht überzeugend."

Das musste Bröker wohl oder übel zugeben. Doch eine Karte konnte er noch ins Spiel bringen. Auf dem Weg von der *Wunderbar* bis zu seinem Zuhause war ihm nämlich eine Idee gekommen. „Aber Carolin Schlangenbader müsste es wissen."

Schewe sann einen Moment nach.

„Das klingt zumindest nach einem Anhaltspunkt."

„Ich würde sie gern mit den neuen Informationen konfrontieren", erklärte Bröker, zögerte dann aber. „Das Problem ist nur, dass ich schon beim letzten Mal nicht mehr aus ihr herausbekommen habe als einen einzigen Satz. Sie ist nicht eben eine Plaudertasche."

Schewe schien unentschieden, was er von diesem Vorschlag halten sollte.

„Für solche Patienten braucht man die richtige Strategie", mischte sich van Ravenstijn ein. „Bröker, ich denke, ich werde Sie unterstützen!"

Bröker schaute überrascht.

„Und wie wollen Sie das machen?"

„Ich werde Sie einfach zu Frau Schlangenbader begleiten. Ich kenne mich schließlich bei der Arbeit mit seelisch von der Norm abweichenden Personen aus."

„Sie wollen mitkommen?"

Bröker ächzte. Das heikle Gespräch mit Carolin Schlangenbader hätte er lieber allein geführt.

„Ja, das scheint mir eine sehr gute Idee zu sein",

pflichtete Schewe seinem Fallanalytiker bei. „Herr van Ravenstijn ist schließlich vom Fach. Was meinen Sie, Bröker, so wäre das Ganze von unserer Seite aus in Ordnung."

Bröker seufzte resigniert. Der Übermacht aus Hauptkommissar und Psychologe hatte er nichts entgegenzusetzen. Van Ravenstijn schien dies nicht anders erwartet zu haben.

„Ich rufe Sie wegen eines Termins an", informierte er Bröker gut gelaunt, ohne dessen Zustimmung abzuwarten. „Und jetzt, Herr Schewe, müssen wir weiter, oder?"

Schewe sah auf die Uhr und pflichtete seinem Fallanalytiker bei. Die beiden Polizeiangestellten schüttelten Bröker die Hand und liefen in Richtung der Brücke, die den Burggraben überspannte.

Bröker stöhnte auf. Das Hochgefühl, das er nach dem Gespräch in Werther gehabt hatte, war noch nicht verflogen, jedoch durch van Ravenstijn erheblich auf die Probe gestellt worden. Doch da fiel glücklicherweise sein Blick auf die Speisekarte des Restaurants *Sparrenburg*, das im Bielefelder Wahrzeichen untergebracht war. Ein Gericht mit dem Namen „Kassler mit Pumpernickelkruste" lächelte ihn an. Bröker lächelte zurück.

Kapitel 19
Elternabend

Als Bröker nach Hause kam, war die Sonne schon seit einer guten halben Stunde hinter dem Horizont verschwunden. Ein merkwürdig dichter Tag war das gewesen. Er war nach Werther gefahren, hatte Charly getroffen und schließlich auch noch mit Schewe und van Ravenstijn seine Entdeckung und das weitere Vorgehen besprochen. Damit war er wieder mitten in diesem Fall, von dem er sich innerlich schon mehr als einmal verabschiedet hatte. So voll wie dieser Tag war in der letzten Zeit so manche Woche nicht gewesen. Nun freute er sich darauf, ihn bei einem guten Glas Wein ausklingen zu lassen. Er hatte noch einen Spätburgunder im Keller liegen, der im Barriquefass ausgebaut war. Genau das Richtige für diesen Abend, wie Bröker fand. Vielleicht würde er auch Keith Jarretts *Köln Concert* auflegen, das er sich nur selten gönnte, damit es sich nicht abnutzte. Er pfiff den Anfang dieses Glanzlichts der Jazzgeschichte, als er die Tür aufschloss. Gregor stürzte ihm entgegen. „Mensch, gut, dass du endlich da bist!"

Bröker kam es vor, als sei die Stimme des Jungen nicht nur schneller, sondern auch höher als sonst. Vielleicht war das aber auch nur der berühmte Doppler-Effekt.

„Gregor, wie kommt es, dass dich mein Anblick so glücklich macht? Wir haben uns doch erst vor ein paar Stunden gesehen", stellte Bröker fest.

„Ja, aber seitdem ist einiges passiert!", fuhr Gregor hektisch fort.

„Und was? Hast du es nicht mehr ausgehalten und bist auf Ulf losgegangen?" Bröker musste lachen.

„Ach Unsinn", entgegnete der Junge unwirsch. Er schien nicht zum Scherzen aufgelegt. „Nein, es geht wieder um meine Eltern."

Bröker erschrak. „Was ist mit ihnen? Sie haben es sich doch nicht etwa anders überlegt?"

„Nein, im Gegenteil! Als ich vorhin weg bin, um nicht das zweifelhafte Vergnügen mit diesem Schewe zu haben, bin ich kurz zu Hause vorbeigefahren. Dort angekommen hatten meine Eltern auf einmal die Idee, dass sie doch heute Abend mal hier vorbeischauen könnten. Keine Ahnung, warum ausgerechnet heute. Vielleicht ist ihnen der Backofen kaputt gegangen."

„Heute Abend?" Bröker war perplex. „Aber das ist ja jetzt!"

„Darum bin ich ja auch so froh, dass du endlich da bist. Natürlich wollte ich es ihnen ausreden. Ich habe versucht zu erklären, dass du für so eine Einladung etwas Vorbereitung brauchst. Aber darauf sagte meine Mutter nur, dass es ja nicht um das Essen ginge und wenn es erst eine größere Anmeldung bräuchte, irgendetwas ja wohl nicht ganz in Ordnung sein könne."

„Aber wie soll ich jetzt ein ganzes Essen für sie aus dem Hut zaubern? Das Einzige, was ich im Haus habe, ist eine große Schale mit Nachtisch. Die war eigentlich für uns gedacht, aber selbst wenn ich bereit wäre, sie zu opfern – das reicht natürlich nicht! Und dann habe ich gerade schon einen ziemlich großes Stück Kassler verspeist!"

„Bröker, du willst doch jetzt nicht kneifen, weil du schon etwas gegessen hast!", rief Gregor aus und Bröker konnte sehen, wie aufgebracht er war. „Ich kann meine Eltern jetzt nicht mehr absagen. Dann ist es bestimmt zu Ende damit, dass ich hier wohnen darf!"

Bröker lief in die Küche, öffnete die Kühlschranktür und schloss sie wieder, nur um sie im nächsten Moment noch einmal zu öffnen.

„Du hast ein bisschen Bammel, oder?", fragte ihn Gregor.

„Nun ja, etwas überrumpelt fühle ich mich schon", gab Bröker zu. Er lernte generell nicht gerne neue Menschen kennen, aber schon gar nicht solche, die sich ein Urteil über ihn bilden wollten und am allerwenigsten solche, bei denen es auch noch auf das Urteil ankam. Doch als er Gregors Hilfe suchenden Blick sah, schloss er beherzt die Kühlschranktür.

„Na los, wir schaffen das schon! Wann kommen deine Eltern denn?"

„Ich habe ihnen gesagt, sie sollen nicht vor acht hier sein. Da wusste ich ja nicht, dass du erst nach sieben wiederkommen würdest."

„Gut, das kann man nicht mehr ändern", sagte Bröker tapfer. Die Ereignisse des Tages hatten ihm Tatendrang verliehen. „Bleibt die Frage, was wir kochen."

„Das ist wie gesagt nicht ganz einfach. Mein Vater liebt die schwere, westfälische Küche. Darin seid ihr euch gar nicht so unähnlich. Meine Mutter ist leider das genaue Gegenteil davon. Sie würde wohl am liebsten gar nichts essen, wenn das möglich wäre. Sie ist gegen alles allergisch und folgt jedem asketischen Ernährungstrend, den man in Frauenzeitschriften finden kann."

Bröker stöhnte auf. „Na, deine Mutter ist mir ja jetzt schon sympathisch!" Dann überlegte er kurz. „Vielleicht machen wir am besten etwas, das sich gut mit Deftigerem verträgt und außerdem schnell geht. Vielleicht ein Steak auf Salat?"

„Das klingt, als könne es funktionieren. Meine Mutter wird zwar das Fleisch nicht anrühren, aber den Salat wird sie mögen", befand Gregor erleichtert.

„Die Sache hat nur einen Haken", sagte Bröker.

„Und welchen?"

„Bislang haben wir weder Steaks noch Salat."

„Das könnte ich alles besorgen!"

„Gut, ich weiß auch schon wo."

Bröker schrieb alle wichtigen Zutaten auf einen Zettel. Mit zwei Fünfzig-Euro-Scheinen seines Hausherren ausgestattet schnappte Gregor sich seinen Helm von der Garderobe und machte sich sogleich auf den Weg zu dessen Lieblingslebensmittelhändler.

Bröker atmete auf. Das erste Problem war, wenn schon nicht gelöst, so doch zumindest angegangen. Das zweite saß allerdings noch im Wohnzimmer und schaute eine Doku über eine Tierklinik. Uli hatte sich inzwischen endgültig mit Ulf angefreundet und lag eng zusammengerollt auf dessen Schoß. Obwohl Ulf behauptete, Katzen nicht besonders zu mögen, kraulte er dem dicken Kater das Fell. Dabei galt seine ganze Konzentration einer Operation an einem Minischwein.

„Heute Abend kannst du leider nicht fernsehen", teilte ihm Bröker mit, ohne die Konsequenzen zu bedenken, die eine so schonungslose Offenheit mit sich bringen konnte.

„Och nee, den *ganzen* Abend nicht?", klagte Ulf auch prompt. „Wieso das denn?"

„Heute Abend kommen Gregors Eltern, um sich anzusehen, bei wem er so lebt. Da will ich nicht, dass aus dem Wohnzimmer dieser Fernsehmüll dröhnt."

„Ich versuche nur, mich auf dem Laufenden zu halten", korrigierte Ulf. „Außerdem kommt gerade heute eine Folge von *CSI New York*, die ich noch nicht kenne. Du weißt doch selbst, wie wichtig es ist, Ermittlungsmethoden genau zu kennen!"

„Heute Abend wird nicht ferngesehen!", entschied Bröker rigoros. „Wenn du willst, kannst du mit uns essen. Aber nur, wenn du Gregors Eltern nicht so zutextest wie Schewe und Ravenstijn heute Nachmittag."

Ulf sah Bröker geknickt an.

„Hör zu, die Sache ist mir wirklich wichtig! Ab kurz vor acht ist hier Schicht im Schacht."

„Schon gut, schon gut", raunte Ulf und widmete sich wieder der Operation an dem Minischwein. Bröker blieb nur zu hoffen, dass sich sein neuer Mitbewohner einsichtig zeigen würde.

Als Nächstes galt es, das Haus in einen vorzeigbaren Zustand zu bringen. Zu seiner Überraschung stellte er fest, dass die meisten Zimmer – zumindest nach seiner Definition – ganz passabel aussahen. Nur die Polster der Cordsessel sollte er vielleicht noch einmal von Ulis Haaren reinigen, auch wenn dies Ulfs Kenntnisse der Anatomie eines Minischweins beeinträchtigen würde. Doch der neue Mitbewohner erhob sich wortlos, als er mit dem Staubsauger anrückte. Mit ihm hatte es sich Bröker wohl für heute verdorben. Doch war das vielleicht nicht das Schlechteste. Wenn Ulf ein wenig beleidigt war, stiegen die Chancen, dass er dem gemeinsamen Essen fernblieb.

Nach der Reinigung des Wohnzimmers begab sich Bröker in den Weinkeller. Den Spätburgunder würde er lieber allein trinken. Stattdessen wählte er einen kalifornischen Cabernet Sauvignon aus, der mit seinem kräftigen Aroma gut zu den Steaks passen würde. Noch auf der Treppe kehrte er wieder um und nahm noch eine Flasche Grauburgunder mit. Frauen sind ja manchmal mehr für Weißwein zu haben, entschied er. Gerade rechtzeitig kehrte auch Gregor mit den Einkäufen zurück. Bröker war erleichtert, dass der Abend trotz des Zeitdrucks noch gelingen konnte.

Die Uhr auf der Mikrowelle, die Bröker wie so vieles andere von seiner Mutter übernommen hatte, zeigte exakt 20:00 Uhr, als es an der Haustür klingelte.

„Das werden sie sein", sagte Gregor überflüssigerweise.

„Vielleicht sind es auch die Zeugen Jehovas", mutmaßte Bröker scherzhaft, doch Gregor war schon zur Tür geeilt. Als Bröker hinzukam, stand der Besuch bereits im Flur. Bröker staunte. Gregors Vater war ein Hüne, den er auf knapp zwei Meter Länge und gut drei Zentner Lebendgewicht schätzte. Im Vergleich zu ihm kam sich Bröker beinahe schmächtig vor und das passierte ihm nun wirklich nicht oft. Gregors Mutter war hingegen mehr als zierlich. Sie durfte kaum einen Meter und sechzig groß sein und war dabei spindeldürr. So unterschiedlich die Körperformen der Eheleute waren, so unterschiedlich war auch ihre Kleidung. Gregors Mutter schien sich auf ein Vorstellungsgespräch bei einer Bank vorbereitet zu haben: Sie steckte in einem grauen Kostümchen und trug einen Hut, der schon vor einem halben Jahrhundert auf dem Kopf von Queen Elizabeth altmodisch gewirkt hätte. Ihren Mantel hielt sie immer noch in der Hand. Gregors Vater war mit seinem Holzfällerhemd, das nicht mehr in seine Jeans in Übergröße gepasst hatte und bis zum dritten Knopf offenstand, dagegen mehr als leger gekleidet. Unwillkürlich fragte sich Bröker, wie sich die beiden kennengelernt haben mochten und vor allem wie sich ihr gemeinsamer Alltag gestaltete. Schon eine Umarmung zwischen den Eheleuten musste drollig wirken.

„So, so, *Sie* sind also Herr Bör ...?", begann die Mutter und bot Bröker ihre Hand an.

„Bröker!", stellte sich dieser brav vor, fragte sich aber zugleich, wen sie denn erwartet hatte.

„Tach!", begrüßte ihn der Vater deutlich ungezwungener.

Das Schulterklopfen, welches Bröker bei diesem Tonfall unwillkürlich erwartete, blieb aus.

„Hier also verbringst du deine Zeit", wandte die Mutter sich an Gregor und fuhr mit dem Zeigefinger prüfend über das Telefontischchchen.

Verdammt, ich hätte Staub wischen sollen, durchfuhr es Bröker. Säuselnd versuchte er abzulenken. „So legen Sie doch bitte ab!"

Gregor verdrehte die Augen, aber Bröker hatte sich vorgenommen, einen guten Eindruck zu hinterlassen.

„Ich möchte erst einmal Gregors Zimmer sehen", entgegnete die Mutter spitz. „Wenn das möglich ist."

„Aber natürlich", flötete Bröker dienstbeflissen. „Gregor, möchtest du deinen Eltern vielleicht dein Zimmer zeigen? Ich werde inzwischen unser Essen vorbereiten."

Gregor nickte und stieg die Treppe hinauf, seine Eltern folgten ihm. Bröker wurde nun doch ein wenig mulmig zumute. So genau hatte ihn niemand mehr kontrolliert, seit er als Zehnjähriger mit der katholischen Jugend in ein Ferienlager gefahren und in dem täglich die Ordnung der Spinde überprüft worden war.

Hoffentlich gelang wenigstens das Essen. Sorgfältig bereitete er eine Gewürzmischung vor, briet das Fleisch an und rührte ein Salatdressing zusammen. Gerade als er damit fertig war, betrat auch Gregors vollständige Familie die Küche. Bröker war froh, an eine akkurat gebügelte Tischdecke gedacht zu haben. Seine Mutter hatte stets einen ganzen Stapel davon in der Eckbank aufbewahrt und immer noch war dieser nicht aufgebraucht. Rasch deckte er den Tisch. Als er die Weingläser verteilte, sah er, wie sich die Gesichter beider Eltern verzogen.

„Für mich bitte keinen Wein", bat die Mutter. „Ich trinke keinen Alkohol."

„Ich bin da auch eher zurückhaltend", pflichtete Bröker bei. „Aber zu besonderen Anlässen biete ich ihn an. Es ist ja manchmal auch eine Geste der Höflichkeit."

„Ach was! Alkohol weckt die Lebensgeister! Das sagen sogar deine Apothekenblättchen, Ingrid", unterbrach ihn der Vater. Dann wandte er sich an Bröker. „Aber haben Sie denn kein Bier?"

„Doch natürlich!", beeilte sich Bröker zu versichern und während Gregor in den Keller stieg, um das Bier zu holen, kümmerte Bröker sich wieder um dessen Mutter: „Und was kann ich Ihnen anbieten? Einen Fruchtsaft vielleicht?" Dabei hoffte er, dass sich noch etwas von Gregors Orangensaft im Haus befand, den dieser beinahe täglich trank.

„Nein, danke, von Fruchtsaft muss ich leider immer fürchterlich aufstoßen. Eine Fructoseintoleranz, wenn Sie wissen, was …"

„Oh ja, schlimm, ganz schlimm!", nickte Bröker eilfertig.

„Aber wenn Sie vielleicht ein Glas stilles Wasser hätten?"

Schweißperlen traten auf Brökers Stirn. Er griff sich eine Karaffe vom Schrank und verließ damit die Küche.

„Einen Augenblick, bitte", verkündete er dabei und versuchte, seiner Stimme einen festen Klang zu geben. Im Badezimmer füllte er die Karaffe mit Leitungswasser. Gleichzeitig mit Gregor kam er zurück. Als seine beiden Besucher ihre Getränke bekamen, seufzten sie behaglich. Zum ersten Mal an diesem Abend schienen sie zufrieden.

„Man merkt gleich, dass dieses Wasser aus einer bekömmlichen Quelle stammt", urteilte Gregors Mutter mit Kennermiene.

„Ja, es ist sozusagen meine Hausmarke", erläuterte Bröker. „Ich bekomme es direkt hierhin geliefert und trinke kein anderes."

Seine Gesprächspartnerin nickte überzeugt. Bevor Bröker sich verplappern konnte, verteilte er lieber den Salat und das Fleisch auf die Teller.

„Hier also bist du untergekommen", wiederholte Gregors Vater beinahe die Worte, die auch seine Mutter gefunden hatte. Es klang versöhnlicher, als Bröker befürchtet hatte. „Es scheint dir hier ja ganz gut zu gefallen."

Gregor nickte heftig. Gleichzeitig wandte sich seine Mutter an Bröker. „Stört es denn nicht Ihre Ruhe, einen Siebzehnjährigen zu beherbergen?"

Bröker verneinte die Frage ebenso nachdrücklich. Es entstand eine unangenehme Stille. Er versuchte, sie durch das Servieren des Hauptgerichts zu überbrücken.

„Für mich bitte kein Fleisch", meldete sich Gregors Mutter sogleich zu Wort. „Ich bin seit mehreren Jahren Veganerin."

Bröker war froh, dass er dieses Wort kürzlich in einer von Ulfs Kochshows gehört hatte. Andernfalls hätte er eine Veganerin vermutlich für eine Bewohnerin fremder Welten gehalten. Dieser Vergleich schien ihm auch jetzt noch nicht ganz verkehrt. Er war sich sicher, dass ihm eine vegane Lebensauffassung trotz der sich häufenden Lebensmittelskandale immer fremd bleiben würde.

Nun musste er sich aber erst einmal Gedanken machen, wie er das Fleischstück für Gregors Mutter unauffällig verschwinden lassen konnte. Doch noch bevor er das Steak wieder vom Teller genommen hatte, war ihr Ehemann bereits eingesprungen.

„Dann werde ich wohl das Fleisch seiner Bestimmung zuführen müssen!"

Mit diesen Worten spießte er das Steak auf und zog es auf seinen Teller hinüber.

„Von nichts kommt nichts!", lachte er schallend und schlug sich dabei mit beiden Händen auf den beachtlichen Bauch.

„Du könntest schon etwas mehr auf dein Gewicht achten, Werner!", schaltete sich die Mutter ein. „Und vor allem auf dein Cholesterin!" Sie wandte sich Bröker zu. „Wissen Sie, Herr Bröker, mein Mann hat viel zu hohe Cholesterinwerte und das ist doch so ungesund."

„Hm, ja, das kenne ich", murmelte Bröker, dem das Gespräch zunehmend unangenehmer wurde. Schnell versuchte er abzulenken: „Darf ich Ihnen denn einfach etwas von dem Salat auftun? Das Dressing sollte ihn nicht zu fad erscheinen lassen."

„Ist das ein Joghurtdressing?", kam die Frage zurück.

„Ja!", bestätigte Bröker mit einem gewissen Stolz. „Joghurt mit Quark, einem Schuss Mayonnaise, Thymian und Dill."

„Oh, dann darf ich das nicht", erklärte Gregors Mutter nicht ganz unerwartet. „Quark und Joghurt sind ja auch tierische Produkte. Zudem habe ich auch eine Laktoseintoleranz."

Bröker schlug sich innerlich vor die Stirn: Richtig, Quark beziehungsweise Joghurt wurde ja aus Milch hergestellt und die stammte wohl von Kühen.

„Geben Sie mir einfach nur ein bisschen Salat", bat Gregors Mutter unterdessen.

Bröker kam ein rettender Einfall. In aller Eile zog er eine kleine, grüne Flasche aus dem Vorratsregal.

„Ich habe noch dieses sehr hochwertige Limettenöl

da. Schon ein paar Tropfen davon dürften genügen, um Ihren Salat zu verfeinern."

„Das könnte ich zumindest einmal ausprobieren", nickte Gregors Mutter und auf ihrem Gesicht zeichnete sich ein zaghaftes Lächeln ab.

Bröker gab ein paar Tropfen über das Grünzeug. Mitleidig beobachtete er, wie sein Gast zaghaft ein paar Blätter auf die Gabel nahm und sie kostete. Allergien, ob nun eingebildet oder tatsächlich vorhanden, waren wirklich eine scheußliche Krankheit, dachte er und wollte sich nicht ausmalen, wie sein Leben aussähe, wenn er auf all die Dinge, die er gerne aß, verzichten müsste.

Gregors Vater hingegen ließ es sich zweifelsohne schmecken. Geräuschvoll kaute er das Fleisch und saugte den Salat zwischen seine Lippen.

„Nicht schlecht!", befand er mit vollem Mund und begoss sein Urteil mit einem kräftigen Schluck Bier aus der Flasche. Ansonsten war er jedoch nicht sehr gesprächig. Auch Bröker und Gregor hielten die Konversation nicht am Leben, vor allem aus Furcht, sie durch eine Unachtsamkeit in die falsche Richtung zu lenken. Mitten in die Stille hinein, öffnete sich mit einem Mal die Tür. Ulf betrat die Küche.

„Na, da hast du aber ganz schön was aufgefahren, Bröker", bemerkte er indigniert.

Gregors Eltern blickten irritiert auf.

„Jaja, beim Essen ist er immer großzügig, der Hausherr. Aber leider gilt das nicht für alles. So darf ich zum Beispiel nicht den Fernseher einschalten. Dabei kommt heute eine Folge von *CSI New York*!" Bei diesen Worten sah er ernsthaft leidend aus.

Bröker und Gregor schauten sich an. Sie spürten:

Ulf konnte die halbwegs positive Stimmung, die sie mit Mühe geschaffen hatten, mit einem Schlag verderben.

„Das ist Ulf", stellte Bröker den Neuankömmling vor. „Er ist vorübergehend bei uns untergekommen. Bis er was Eigenes gefunden hat." Dann wandte er sich an Ulf: „Wieso nimmst du dir nicht auch ein Steak und etwas Salat?"

Ulf ging zu der Pfanne, in der noch zwei Fleischstückchen lagen. „Sieh an, bestes Rindfleisch. Ja, zu manchen Menschen kann Herr Bröker sehr gastfreundlich sein."

Mit dieser Klage schob er sich die restlichen beiden Steaks auf einen Teller. Den Salat hingegen verschmähte er. Dann verließ er den Raum. Ein paar Augenblicke später hörte man aus dem Wohnzimmer den Fernseher.

Die Eltern schauten Gregor fragend an. Bröker, der den Blick sah, schob erklärend ein: „Wie gesagt, er hat derzeit keine Wohnung, ihm wurde wegen Eigenbedarf gekündigt und da habe ich ihm angeboten, so lange bei mir unterzukriechen, bis er etwas Neues hat."

„Ich kann ihn nicht sonderlich leiden", führte der Junge aus. „Aber ich finde es schon bemerkenswert großherzig von Bröker, dass er Menschen hilft, wenn sie gerade in Schwierigkeiten stecken. Das war bei mir ja auch der Fall."

„So so. Gibt es keinen Nachtisch?", wechselte Gregors Vater das Thema.

„Aber Werner!" Die Stimme seiner Gattin war pure Empörung.

„Nein, nein, lassen Sie nur!", beschwichtigte Bröker. „Ich habe tatsächlich noch eine Quarkspeise im Kühlschrank, die sogar original westfälischen Ursprungs ist.

„Lecker!", kommentierte Gregors Vater wenige Minuten später die Bielefelder Spezialität aus Sahnequark, Kirschen, Pumpernickel und Schokostreuseln und ebenso erwartungsgemäß verlautete Gregors Mutter: „Das darf ich leider nicht essen, Herr Bröker. Aber vielleicht haben Sie ja einen Früchtetee für mich?"

„Und ich nehme noch einen Korn!", ergänzte ihr Ehemann.

Bröker schickte heimlich ein Dankgebet in den ostwestfälischen Himmel, dass er beides im Haus hatte.

Als Gregor seine Eltern eine knappe Stunde später zur Tür geleitete, wagte er endlich die entscheidende Frage zu stellen: „Und, darf ich denn nun bei Bröker wohnen bleiben?"

„Von mir aus schon", antwortete der Vater. „Es scheint dir ja hier ganz gut zu gehen und vielleicht komme ich ja so noch einmal zu einem guten Steak."

„Aber achte darauf, dass Herr Bröker bekömmlich kocht. Gemüse ist wichtig und er soll weiterhin dieses gute Wasser ins Haus kommen lassen", fügte die Mutter hinzu.

Dann schlossen die beiden die Tür hinter sich. Bröker atmete auf.

Kapitel 20
Paarermittlung

Am nächsten Tag wurde Bröker abermals von seinem weihnachtlichen Klingelton geweckt. Das Telefon hatte offenbar seit dem letzten Gespräch mit Charly neben seinem Bett auf dem Nachttisch gelegen. Bröker angelte nach dem Apparat und wollte eine verstimmte

Begrüßung hineinraunen, doch als er dazu ansetzte, überfiel ihn ein furchtbarer Hustenanfall.

Vom anderen Ende ertönte ein: „Hallo? Hallo? Bin ich da richtig bei Herrn Bröker?"

„Ja … ja", versuchte Bröker zu bestätigen. Doch alles, was er herausbrachte, war ein heiseres Krächzen. Sein Gesprächspartner schien ihn trotzdem erkannt zu haben. Bröker drang eine vertraute Stimme mit holländischem Akzent ins Ohr.

„Guten Morgen! Na, Sie klingen aber gar nicht gut! Haben Sie nicht gut geschlafen?"

„Ravenstijn", stöhnte Bröker und schaffte es endlich, sich anständig zu räuspern, musste dafür aber im nächsten Moment kräftig niesen. „Ich *würde* gerne gut schlafen."

„Sagen Sie nicht, ich habe Sie opgewekt." Van Ravenstijn lachte vergnügt, als hätte er einen fantastischen Witz gemacht. „Es ist nach elf! Sie sind ja ein ganz Verwegener."

Verwegen war Bröker sich nur in den seltensten Momenten seines Lebens vorgekommen und so wusste er nicht, was er von dem seltsamen Kompliment des Niederländers halten sollte. „Gibt es einen Grund für Ihren Anruf?", fragte er daher ein wenig barsch.

„Haben Sie nicht gestern darauf bestanden, mir zuzusehen, wie ich mit Carolin Schlangenbader spreche?"

Augenblicklich war Bröker hellwach. „Ravenstijn, ich dachte, Sie als Psychologe seien mit den Anzeichen ernsthafter Realitätsverzerrung vertraut!", blaffte er den Holländer an. „Es war doch wohl eindeutig abgemacht, dass Sie *mich* begleiten, wenn ich mich mit Schlangenbaders Tochter unterhalte!"

„Nun, wir werden doch darüber nicht streiten", versuchte der Niederländer abzuwiegeln. „Wir sprechen beide mit Carolin Schlangenbader. Ich wollte ja nur fragen, wann es Ihnen passen würde."

Van Ravenstijns letzte Sätze waren für seine Verhältnisse so defensiv, dass Bröker sie als eine Art Entschuldigung las und sich ein Stück weit beruhigte.

„Wie würde es Ihnen denn in einer halben Stunde passen?", machte der Psychologe schon einen Vorschlag.

„In einer halben Stunde?" Bröker übermannte ein neuer Hustenanfall. Erst jetzt begriff er, dass van Ravenstijn wirklich nicht davon ausging, dass er erst durch dessen Anruf wach geworden war.

„Nein, da habe ich noch einen Termin, der sich nicht verschieben lässt", schwindelte er kurzerhand, um sich mühsame Erklärungsarbeit zu sparen, und fügte in Gedanken hinzu: mit meinem Rührei!

„Sonst bliebe noch heute Nachmittag", bot der Holländer an.

„Das klingt schon besser", befand Bröker noch etwas ungnädig, obwohl er sich freute, dass der Besuch bei Schlangenbaders Tochter so schnell möglich wurde.

„Ich hole Sie so gegen drei ab", erwiderte van Ravenstijn mit unbeeindruckter Fröhlichkeit und wollte schon auflegen.

Doch Bröker, der an van Ravenstijns Fahrstil dachte, lehnte dankend ab. „Nein, gegenüber der Klinik gibt es einen größeren Parkplatz. Da komme ich hin und wir gehen zusammen rein."

Bröker wartete die Antwort des Psychologen gar nicht erst ab, sondern legte einfach auf. Er zog sich die Hose vom Vortag über und keuchte. Erst einmal musste er sich die Nase putzen. Er schien sich eine ordentliche Erkältung eingefangen zu haben. Doch im ganzen Haus ließ sich keine einzige Packung Taschentücher finden. Kurzerhand stopfte sich Bröker eine halb aufgebrauchte Rolle Toilettenpapier in die Hosentasche. So ausgerüstet begab er sich in die Küche zu seiner Verabredung mit dem Rührei. Leider war seine Nase jedoch so verstopft, dass sein Frühstück nach nichts schmeckte.

„Verdammt", fluchte er laut. Er wäre jede Wette eingegangen, dass er sich den Schnupfen in der Schwimmhalle zugezogen hatte. Sport war einfach nicht gesund. Und sein Körper nicht dafür gemacht, irgendwo nackt herumzulaufen!

Nach der missglückten Mahlzeit setzte er sich ins Wohnzimmer und lockte Uli mit einem Stück Lachs von Ulfs Schoß auf seinen hinüber. Der schaute einen Tele-Shopping-Kanal, auf dem man nur noch für dreieinhalb Stunden versandkostenfrei einen Designer-Ring aus Sterlingsilber für nur 69,90 € erstehen konnte. Gebannt verfolgte sein Mitbewohner, wie sich der eingeblendete Countdown, der anzeigte, wie viele Ringe noch auf Lager waren, langsam der Null näherte. Als Bröker sich jedoch zum dritten Mal ein Stück Klopapier von der Rolle abriss, um sich ausgiebig zu schnäuzen, stöhnte Ulf vernehmlich auf. Da Bröker bereits am Abend zuvor den Fernsehfrieden seines Mitbewohners gestört hatte, trat er den Rückzug an und beschloss, dass ihm ein heißes Bad vielleicht gut täte. Dabei ließe sich auch noch einmal in aller Ruhe überlegen, wie es ihm gelingen könnte, etwas Wichtiges aus Schlangenbaders schweigsamer Tochter herauszubekommen.

Doch das Bad verfehlte seine Wirkung. Als Bröker vier Stunden später auf dem Parkplatz auf van Ravenstijn wartete, plagte ihn inzwischen ein übler Schüttelfrost.

„Bröker, Sie sehen grauenhaft aus!", stellte der Holländer auf seine freundliche Art fest.

Bröker warf einen zweifelnden Blick auf das Outfit des Niederländers, der dieses Mal ein fliederfarbenes Hemd mit einer grünen Leinenhose kombiniert hatte, und sagte nur: „Danke, danke, ich weiß."

Wenn das Gespräch mit Carolin nur halbwegs erfolgsversprechend sein sollte, müsste er sich für die nächste Stunde ein dickes Fell zulegen.

Einen Vorteil hatte die Begleitung des Polizeipsychologen: Bröker würde sich nicht wieder heimlich in den Garten schleichen müssen, um dort auf Schlangenbaders Tochter zu treffen. Dies wäre heute auch schwierig geworden, denn bei dem herrschenden Regenwetter befand sich keiner der Patienten draußen. Hochoffiziell betrat Bröker an der Seite van Ravenstijns also die Klinik durch den Haupteingang. Direkt dahinter befand sich eine Rezeption, die in einer Art Glaskasten untergebracht war. Erst jetzt fiel Bröker ein, dass ihn ja der Pfleger von seinem ungebetenen Besuch in der letzten Woche wiedererkennen könnte. Automatisch zog er eines von mehreren gebügelten Stofftaschentüchern hervor, die, wie so vieles, noch seiner Mutter gehört hatten und mit verschiedenen Blumenmotiven bestickt waren. Selbst für Bröker, der in Bezug auf Mode wenig Ehrgeiz besaß, waren Stofftaschentücher definitiv nicht die erste Wahl. Doch mit der Klopapierrolle hatte er das Haus nicht verlassen wollen. Um nicht entdeckt zu werden, hielt er sich nun eines der Tücher vors Gesicht und tat, als müsse er sich ausgiebig schnäuzen. Dazu schob er sich ein wenig hinter seinen holländischen Begleiter.

Van Ravenstijn bekam von Brökers Versteckspiel

nichts mit und ging entschlossen auf die Schwester am Empfang zu.

„Guten Tag, mein Name ist van Ravenstijn", stellte er sich vor. „Herr Bröker und ich kommen von der Bielefelder Polizei." Dabei deutete er auf eine Stelle neben sich, an der er Bröker fälschlicherweise vermutete. „Wir würden gern mit Carolin Schlangenbader sprechen."

„Eine unserer Patientinnen, ja", gab die Empfangsdame Auskunft und legte die Zeitschrift weg, in der sie bis eben geblättert hatte.

„Präzise", entgegnete van Ravenstijn und klang dabei stark niederländisch.

„Dann muss ich Sie bitten, sich auszuweisen."

Bröker fragte sich, ob es der Akzent war, der die Schwester aufhorchen ließ, oder ob sie allgemein eine vorsichtige Natur besaß.

„Selbstverständlich. Bitte sehr!" Van Ravenstijn schob ein Plastikkärtchen, das ihn als Mitarbeiter der Polizei auswies, durch ein Schubfach unterhalb des Glasfensters. Die Schwester gab es nach einem kurzen Blick wieder zurück.

„Sie müssen entschuldigen", erklärte sie. „Aber stellen Sie sich vor, erst vor ein paar Tagen hat ein Fremder bei uns im Garten Patienten belästigt."

„Hat man ihn gefasst?", meldete sich Bröker zu Wort. Angriff schien ihm in diesem Moment die beste Verteidigung.

„Nein, leider konnte er fliehen", berichtete die Schwester, was Bröker schon wusste. „Seitdem achten wir natürlich besonders darauf, wer unsere Anlage betritt. Aber in welcher Angelegenheit kommen Sie nun eigentlich?"

„Sie haben sicher davon gehört, dass Frau Schlangenbaders Bruder in der letzten Woche ermordet worden ist. Wir stellen in diesem Fall Ermittlungen an", übernahm van Ravenstijn wieder die Gesprächsführung.

„Oh, da muss ich mich erst beim zuständigen Arzt erkundigen, ob dies möglich ist."

Die Schwester griff nach einem Telefonhörer, wählte eine Nummer und drehte sich um, als die Person am anderen Ende der Leitung abnahm. Nach wenigen Sätzen wandte sie sich wieder dem Psychologen zu und legte auf.

„Wie ich höre, haben Sie sich mit Dr. Gieseking schon telefonisch kurz geschlossen, Herr van Ravenstijn. Sie können wie verabredet ohne Begleitung zu Frau Schlangenbader gehen", informierte sie Bröker und den Holländer. „Aber bitte halten Sie sich an die Vereinbarungen."

Van Ravenstijn nickte.

„Und", fügte sie hinzu. „Ich soll Sie noch einmal darauf hinweisen, dass Ihnen das Gespräch aller Wahrscheinlichkeit nach nicht weiterhelfen wird."

„Mir ist die Diagnose bekannt." Van Ravenstijn schaute die Schwester bestimmt an.

„Das mag sein", bestätigte die Schwester. „Aber Frau Schlangenbader gilt als extrem verschlossen. Überfordern Sie die Patientin nicht."

„Ich bin Psychologe", erwiderte der Holländer und es schien Bröker, als stelle er sich bei diesen Worten auf seine Zehenspitzen. „Ich habe da schon meine Techniken."

„Dann wünsche ich Ihnen viel Glück", sagte die Dame am Empfang und vertiefte sich wieder in ihre Zeitschrift.

„Wo finden wir Carolin Schlangenbader denn?", erkundigte sich Bröker noch rasch, bevor ihm van Ravenstijn mit unbekanntem Ziel entfliehen konnte. Die Schwester blickte kurz auf und nannte ein Zimmer im ersten Stock.

Auf dem Weg dorthin schien es Bröker, als sei jeder Mensch, der ihnen entgegenkam, der Pfleger, der ihn vier Tage zuvor im Garten entdeckt hatte. Selbst Frauen schloss er von seinen Mutmaßungen nicht vollständig aus. Ständig rechnete er damit, ertappt und im günstigsten Fall des Hauses verwiesen zu werden. Immer wieder schob er sich deshalb unter Vorgabe eines Husten- oder Niesanfalls das Taschentuch vor sein Gesicht. Vielleicht konnte ihm van Ravenstijn wenigstens helfen, falls er entdeckt würde, damit man nicht sofort die Polizei rief. Endlich bemerkte auch der Psychologe Brökers Treiben.

„Bröker, was machen Sie da eigentlich die ganze Zeit? Ihr Schnupfen in allen Ehren, aber das …", der Niederländer zeigte auf das blumenverzierte Stofftaschentuch, „… ist wirklich …"

„Entschuldigen Sie bitte vielmals, Ravenstijn. Für Sie hätte ich natürlich ein Tuch mit Tulpenmotiv auswählen sollen."

Der Fallanalytiker grinste breit und nahm wieder sein straffes Tempo auf. Tatsächlich gelangten sie unbehelligt bis zu Carolins Zimmer. Als sie davor standen, schauten sich Bröker und van Ravenstijn für einen kurzen Moment an. Dann klopfte der Niederländer. Doch aus dem Raum jenseits der Tür kam keine Antwort. Noch einmal ließ van Ravenstijn seinen Knöchel gegen das Holz pochen und wartete kurz. Dann öffnete er die Tür.

Carolin Schlangenbader saß mit angezogenen Knien auf einem weiß bezogenen Bett und schaute auf den ge-

genüberliegenden Fernseher. Allerdings war dieser ausgeschaltet. Alles in allem war das Zimmer ziemlich karg
eingerichtet. Neben dem Bett befand sich ein Nacht-
kästchen mit einer kleinen Lampe darauf. An der Wand
mit dem Fernseher stand ein einfacher Kleiderschrank
aus Holz und vor dem Fenster ein runder kleiner Tisch
mit zwei Stühlen. Über dem Bett hing der obligato-
rische Druck von Monets Seerosen. Persönliches fand
sich in dem Zimmer auf den ersten Blick nichts.

Seit Brökers letztem Besuch hatte sich an Carolins
Erscheinungsbild so gut wie nichts geändert. Dass sie
die Regenjacke nicht mehr trug, ließ sie höchstens noch
magerer erscheinen, geradezu durchsichtig, kam es Bröker in den Sinn. Noch immer war ihr Blick abwesend,
ja fast wirkte sie katatonisch.

„Frau Schlangenbader?", sprach van Ravenstijn sie
als Erster an, bekam jedoch keine Reaktion. So schnell
gab er aber natürlich nicht auf und versuchte es noch
einmal kräftiger: „Frau Schlangenbader!"

„Ravenstijn, die Frau ist psychisch krank, nicht
schwerhörig!", zischte Bröker leise und probierte mit
einem „Carolin?" selbst sein Glück. Aber der Erfolg war
derselbe.

„Frau Schlangenbader, wir kommen zu Ihnen, weil
wir im Fall Ihres Bruders ermitteln", meldete sich van
Ravenstijn wieder zu Wort. „Sie erinnern sich daran,
dass Ihr Bruder tot aufgefunden wurde?"

Bröker bemerkte, wie sehr die wenig feinfühlige
Vorgehensweise des Niederländers seinem eigenen Verhalten vor ein paar Tagen ähnelte, als er Carolin das
erste Mal gegenübergetreten war. Die Arbeit eines aus-
gebildeten Psychologen hatte er sich doch etwas anders
vorgestellt.

Immerhin aber bewirkte van Ravenstijns Ansprache eine Reaktion. Bröker konnte sehen, wie Carolin ihre Arme, die sie um die angezogenen Knie geschlungen hatte, deutlich anspannte. Van Ravenstijn setzte unterdessen seinen Befragungsstil fort: „Wir verdächtigen Ihren Vater, Florian ermordet zu haben."

Bröker beobachtete, wie sich Carolins Hände weiß färbten, so stark presste sie sie inzwischen gegen ihre Unterschenkel. Ihr Blick blieb starr auf den Fernseher gerichtet.

„Ravenstijn, Sie verschrecken sie ja nur!", versuchte Bröker schließlich das sinnlose Getue des Niederländers zu beenden. „Lernt man das bei Ihnen im Studium?"

„Ich muss zu ihr durchdringen", beharrte der Fallanalytiker. Dennoch schien Brökers Einwand zu fruchten, denn als er sich wieder an Schlangenbaders Tochter wandte, klang seine Stimme deutlich sanfter: „Sie kennen doch sicher noch Herrn Bröker?", fragte er und zeigte auf seinen Begleiter.

Hoffentlich fängt sie nicht ausgerechnet jetzt an zu reden und verrät, unter welchen Umständen wir uns kennengelernt haben, schoss es Bröker durch den Kopf. Doch Carolin zeigte keine Reaktion.

„Sie haben Herrn Bröker etwas von einer Anzeige erzählt. Was haben Sie ihm mitteilen wollen? Bitte sagen Sie mir, was Sie über die Anzeige Ihres Bruders gegen Ihren Vater wissen."

Van Ravenstijn säuselte nun beinahe.

„Donnerwetter, Sie können ja auch anders!", bemerkte Bröker und versuchte, nicht zu viel Anerkennung in seine Stimme zu legen.

„Ja, das ist die sogenannte ‚Giraffensprache', die einem oft in psychologischen Gesprächen hilft!", erklärte van Ravenstijn und verdrängte dabei erfolgreich, dass Bröker ihn erst darauf gebracht hatte, diesen Kniff anzuwenden.

Auf die junge Frau hingegen machte die Sprache der Langhalsantilopen wenig Eindruck. Sie schwieg weiterhin.

„Bitte helfen Sie uns!", flüsterte der Holländer ihr zu. „Ich weiß, es fällt Ihnen schwer. Aber tun Sie es für Florian!"

Nun reagierte Carolin endlich – jedoch unerwartet heftig. Sie sprang vom Bett, stürzte sich auf den Fernseher und riss ihn von dem kleinen Tisch herunter. Es gab einen lauten Knall, die Mattscheibe bekam einen Riss und die Verkleidung brach an einer Seite ab. Dann sank Carolin in die Knie und begann zu schluchzen.

Bröker warf van Ravenstijn einen ärgerlichen Blick zu und nestelte so lange in seiner Hosentasche, bis er eines seiner Stofftaschentücher hervorzog, das noch nicht benutzt war. Betroffen hielt er es Carolin dicht vors Gesicht. Und tatsächlich nahm sie es an sich. Doch anstatt ihre Tränen damit zu trocknen, schaute sie versonnen auf die Rosenmotive des Tuchs. Schließlich legte sie es über den zerbrochenen Fernseher und strich mehrmals darüber. Fast sah es aus, als streichele sie ein Tier oder ein kleines Kind.

„Wenn er nach Hause kommt, legt er immer seine Hand drauf und prüft, ob es warm ist …"

Van Ravenstijn und Bröker sahen sich fragend an.

Carolin begann nun immer weitere Bruchstücke von sich zu geben, die weder der Fallanalytiker noch Bröker zu deuten wussten. Dabei bekamen die Worte nach und nach eine Melodie.

„Was singt sie da?", fragte van Ravenstijn.

„Nun hören Sie doch erst einmal hin!", entfuhr es Bröker ungeduldig. Tatsächlich verstummte der Fallanalytiker für einen Moment und beide lauschten Carolins monotonem Gesang.

„… es blühen rote Rosen … wie ein Lächeln von dir …"

Doch lange hielt der Niederländer sein Schweigen nicht aus: „Was soll das heißen?", fragte er wieder dazwischen. Als Bröker mit den Schultern zuckte, richtete der Niederländer seine Frage an die Patientin: „Carolin, was möchten Sie uns mitteilen. Bitte sagen Sie es uns!"

Die aber ließ sich nicht beirren, sondern setzte ihren gleichförmigen Singsang fort.

„Frau Schlangenbader!", versuchte sich van Ravenstijn wieder bemerkbar zu machen. Doch Carolin schien ihn nicht mehr zu hören. Ungerührt machte sie weiter.

„… sagen tröstend zu mir … was macht es schon …"

„Frau Schlangenbader!", übertönte der Psychologe den Gesang und beugte sich zu der jungen Frau hinunter. Tatsächlich schien er einer Giraffe dabei nicht ganz unähnlich, dachte Bröker, als der Psychologe beruhigend über Carolins Oberarm strich. Mit einem Schlag unterbrach die junge Frau ihr Tun. Ihr Körper erstarrte und statt des Singsangs entfuhr ihrem Mund nun ein spitzer Schrei, der Bröker durch den ganzen Körper ging. Auch der Holländer erschrak und ließ den Arm los.

„Carolin, bitte beruhigen Sie sich: Wir tun Ihnen nichts zuleide, das verspreche ich!", versuchte Bröker zu der jungen Frau durchzudringen.

Der Schrei war mit Sicherheit durch das ganze Haus zu hören gewesen. Ängstlich blickte Bröker Richtung Flur und dann zu van Ravenstijn, der sich darüber jedoch keine Gedanken zu machen schien. Bröker fragte sich, welcher Sprache dieser sich wohl als nächstes bedienen würde.

Die Tür ging auf und zwei weißgekleidete Pfleger störten Brökers Analysen. In kritischen Situationen gibt es die typische Klinikbesatzung also doch noch, stellte Bröker fest. Die beiden Weißkittel schienen nicht mit Besuchern in Carolins Zimmer gerechnet zu haben. Sie blieben in der Tür stehen.

„Wer sind Sie denn?", fragte der Langhaarige der beiden.

„Wir kommen von der Politie", entgegnete van Ravenstijn. Die Aufregung ließ ihn anscheinend sein deutsches Vokabular vergessen. „Wir befragen Frau Schlangenbader zum Tod ihres Bruders."

„Haben Sie eine Erlaubnis dafür?", hakte der Pfleger nach.

„Ja, das ist mit der Anstaltsleitung und Dr. Gieseking abgestimmt", konnte der Psychologe ins Feld führen. „Carolins Wissen ist von entscheidender Bedeutung für die Ermittlungen."

Der zweite Pfleger trat zu Carolin Schlangenbader und half ihr hoch.

„Wie dem auch sei, es geht nicht, dass Sie Frau Schlangenbader so aus dem Gleichgewicht bringen", fuhr der Langhaarige fort. „Und das alles ohne die Anwesenheit des zuständigen Arztes! Ihre Befragungen sind an dieser Stelle beendet!"

„Aber …", begann van Ravenstijn zu protestieren. Doch nun schaltete sich auch der zweite Weißkittel in die Unterhaltung ein.

„Sagen Sie, kenne ich Sie nicht?", fragte er und zeigte dabei auf Bröker.

Nun erkannte auch Bröker in ihm eine der Personen, die anwesend gewesen waren, als er vier Tage zuvor aus dem Garten der Klinik geflohen war. Es hatte also doch mehr als einen Pfleger im Garten gegeben! Zum Glück schien er ihn jedoch nicht aus der Nähe betrachtet zu haben. Schnell begann Bröker sich zu schnäuzen und murmelte hastig: „Nein, das kann ich mir nicht vorstellen, woher denn auch?"

„Aber ja doch, das ist sehr gut möglich …", fiel van Ravenstijn ein, der anscheinend die Bekanntschaft Brökers mit dem Pflegepersonal für einen günstigen Umstand hielt, den es auszunutzen galt.

„Kommen Sie, Ravenstijn, wir haben hier doch nun wirklich schon genug angerichtet. Für heute reicht es!", sagte Bröker entschieden und schob den verdutzten Holländer an den beiden Weißkitteln vorbei hinaus auf den Gang.

Kapitel 21
Katz und Maus

Auf dem Heimweg schwiegen Bröker und van Ravenstijn. Der Holländer ärgerte sich über die misslungene Befragung und auch Bröker kam sich nicht gerade heldenhaft vor. Zum zweiten Mal innerhalb von fünf Tagen hatte er aus der Klinik fliehen müssen. Und was noch verheerender war: Wie schon in der letzten Woche waren einzelne Satzbruchstücke die ganze magere Ausbeute, die er von seinen Ermittlungen mitbrachte. Was hatten sie diesmal nur zu bedeuten?

Bröker war so vertieft in diese Frage, dass er nicht einmal van Ravenstijns rasante Fahrweise bemerkte.

Erst als Bröker in einiger Entfernung ein rotes „A" auf sich zufliegen sah, riss ihn dies aus seinen Gedanken.

„Da vorne bei der Apotheke können Sie mich rauslassen!", sagte er zu van Ravenstijn.

Der Fallanalytiker konnte noch gerade rechtzeitig vom Gas gehen, um auf Höhe der Apotheke zum Stehen zu kommen.

„Danke fürs Mitnehmen", verabschiedete sich Bröker und stieg aus. Van Ravenstijn nickte wortlos und brauste davon. Bröker sah das Auto hinter der nächsten Ecke verschwinden und begab sich in die Apotheke, in der er ein 20er-Paket Taschentücher und etwas Kamillenextrakt zum Inhalieren erstand.

Zu Hause fand er wie so häufig nur Ulf vor, Gregor hingegen war bedauerlicherweise noch unterwegs. Er hätte sich gern mit jemandem über seinen Klinikbesuch beraten. Doch der verbliebene der beiden Mitbewohner schien gerade wieder einmal völlig vom Fernsehprogramm gefesselt zu sein.

„Guck mal!", rief Ulf, als er Bröker kommen hörte. „Hier wird gerade ein Restaurant ganz aus der Nähe getestet." Natürlich hatte auch Uli wieder seinen Stammplatz auf Ulfs Schoß eingenommen. Langsam begann Bröker die gemischten Gefühle seinem neuen Mitbewohner gegenüber auch auf den Kater zu übertragen. Er warf einen kurzen Blick auf den Bildschirm, erkannte eine Kneipe in einem Gütersloher Vorort, deren Küche die Salate schon mit pampigen Saucen übergossen hatte, als er vor mehr als einem Jahrzehnt von Charly dorthin verschleppt worden war, und brummte nur ein „Aha".

Doch Ulfs Begeisterung war nicht zu stoppen.

„Das musst du dir anschauen!"

Anscheinend war er gerade gesellig gestimmt und wollte nicht alleine vor dem TV-Gerät sitzen. Bröker wandte sich mit einem mürrischen Gesichtsausdruck ab. Heute schien wieder einer dieser Tage zu sein, an denen man sich mit Ulf nur unterhalten konnte, wenn das Gespräch live im Fernsehen stattfand.

Schnaufend trottete er in die Küche, füllte den Wasserkocher bis über das angegebene Maximum hinaus und schaltete ihn an. Dann träufelte er einige Tropfen des Kamillenextrakts auf den Boden eines Topfes, holte sich ein Handtuch und goss das inzwischen heiß gewordene Wasser in den Topf.

Kaum hatte Bröker, dessen Oberkörper inzwischen bis auf ein Feinrippunterhemd entkleidet war, seinen Kopf unter das Handtuch gesteckt, dachte er wieder an das seltsame Gespräch, das van Ravenstijn und er mit Carolin geführt hatten. Ob man mit einer anderen Herangehensweise mehr aus der jungen Frau hätte herausbringen können? Bröker musste allerdings zugeben, dass er nicht zu sagen gewusst hätte wie. Schlangenbaders Tochter schien kaum in der Lage zu sein, mit fremden Menschen zu kommunizieren. Aber vielleicht war das anders, wenn ihr ein Gesprächspartner vertraut war.

Während Bröker nachdachte, entfaltete das Dampfbad allmählich seine Wirkung. Er begann merklich zu schwitzen. Dafür legte sich endlich der Hustenreiz.

Carolin war beinahe wie ein Orakel, von dem man bei jedem Besuch ein paar Andeutungen bekam, die es zu enträtseln galt. Immerhin hatte sich ihre letzte Botschaft nach einigen Anstrengungen als erstaunlich inhaltsreich erwiesen. Aber ob ihre Ausrufe auch diesmal etwas zu bedeuten hatten? Was genau hatte sie noch einmal alles gesungen? Bröker versuchte, sich den monotonen Singsang der jungen Frau ins Gedächtnis zu rufen. Irgendetwas mit Blumen war es gewesen. Genau, Rosen. „Es blühen rote Rosen …" Und wie ging es weiter? Irgendetwas mit einem Lächeln. Bröker begann zu singen, um sich über die Melodie die Zeilen zu erschließen. Nur wollte ihm leider auch diese nicht wirklich gelingen. „… Es blühen rote Rosen …" Die Zeile kam ihm trotzdem vertraut vor, nur woher? Er musste sie vor langer Zeit schon einmal gehört haben, so verschwommen erinnerte er sich an sie. Mehrmals sang er sie vor sich hin. Seine Stimme klang unter dem Handtuch noch dumpfer, als sie es ohnehin schon tat. Doch so oft er die Worte auch wiederholte, es blieb bei dem vagen Erkennen.

Ob die Zeile aus einem Musical stammte? Die Melodie schien ihm fast bekannter als der Text. Seine Mutter hätte vielleicht gewusst, um welches Lied es sich handelte. Bröker überlegte. Vielleicht musste er den ungeliebten Rechner anwerfen, um die Bruchstücke zu identifizieren. Ja, so würde er es machen!

Doch gerade als Bröker unter dem Handtuch hervortauchen wollte, kam Ulf in die Küche. „Was hast du da eben gesungen?", fragte er seinen Hausherrn. Dieser schrak durch die plötzliche Stimme neben ihm derart auf, dass er sich fast den Topf mit dem heißen Wasser über die Beine gegossen hätte. Wütend, verschwitzt und mit hochrotem Kopf lugte er unter dem Handtuch hervor. „Mensch, Ulf, pass doch auf!", fluchte er vor Schreck.

„Tut mir leid, war keine Absicht", entschuldigte sich der. Dann lächelte er. „Ich habe nur gehört, wie du gesungen hast, und fand es lustig, weil ich das Lied auch immer gemocht habe."

Bröker war überrascht. Zum einen hatte er Ulf bisher noch nicht lächeln sehen und musste zugeben, dass dies ein Gesichtsausdruck war, der seinem Mitbewohner durchaus stand. Zum anderen fragte er sich, was Ulf wohl meinte. Offenbar waren Brökers musikalische Versuche bis ins Wohnzimmer vorgedrungen.

„Du kennst das Lied?", fragte er zweifelnd und rieb sich mit dem Handtuch Gesicht und Haare trocken.

„Wie sollte ich es nicht kennen?", konterte Ulf. „Es ist die Titelmelodie von *Tom und Jerry.*"

„Tom und wer?"

„Sag nicht, du kennst *Tom und Jerry* nicht?" Ulf verzog entsetzt das Gesicht.

„So, wie du reagierst, ist es bestimmt eine deiner Polizeiserien", mutmaßte Bröker.

„Du kennst die beiden wirklich nicht?!" Ulf konnte es nicht glauben. „*Tom und Jerry* ist eine Zeichentrickserie, in der der Kater Tom ständig damit beschäftigt ist, Jerry die Maus zu fangen. Sie entwischt ihm aber immer wieder. Die Serie stammt aus Amerika und lief in Deutschland ungefähr an, als ich in die Schule kam. Das, was du eben gesungen hast, ist die Titelmelodie der Serie. Die hat Udo Jürgens gesungen! Der sagt dir doch was, oder?"

„Natürlich kenne ich Udo Jürgens", sagte Bröker ärgerlich und musste sich schon wieder schnäuzen. „Aber Comics und Zeichentrickfilme waren bei uns zu Hause nicht gerne gesehen. Meine Eltern hielten sie für Schund. Das hat meine Mutter allerdings nicht davon abgehalten, Udo Jürgens zu hören."

„Pf!" Ulfs Geräusch spiegelte eindeutige Verachtung über solch ein elterliches Urteil wider.

„Jedenfalls stammen die Zeilen, die du eben gesungen hast, aus diesem Lied." Er begann zu singen: „Vielen Dank für die Blumen. Vielen Dank, wie lieb von dir!"

Wieder ging die Tür auf.

„Ach, hier seid ihr!" Gregor kam herein. „Ich habe euch schon gesucht. Wenn selbst Ulf nicht vor dem Fernseher sitzt, muss etwas Besonderes im Gange sein. Ihr singt den Tom-und-Jerry-Song?"

„Ulf hat ihn mir gerade beigebracht", erläuterte Bröker.

„Ja, stell dir vor, Bröker kannte ihn gar nicht!", gab Ulf noch einmal seiner Verwunderung Ausdruck. Dann runzelte er die Stirn. „Wieso singst du eigentlich eine Zeile aus einem Lied, das du gar nicht kennst?"

„Ich kannte es schon irgendwoher", maulte Bröker. „Ich kam nur nicht gleich drauf. – Ich war heute mit Ravenstijn bei Schlangenbaders Tochter. Die hat das Lied die ganze Zeit gesungen." Er fasste kurz seinen zweiten Besuch in Bethel zusammen und erwähnte auch seinen überstürzten Aufbruch.

„Bröker, Bröker, ein drittes Mal lassen sie dich da aber nicht rein", neckte ihn Gregor. „Oder zumindest nicht wieder raus!" Dann überlegte er: „Meinst du denn, das Lied hat was zu bedeuten?"

„Na ja, das Ganze wird schon immer verrückter, aber möglich wäre es doch? Der letzte Satz, den Carolin mir mitgegeben hat, hatte ja auch eine Bedeutung."

„Aber was könnte sie mit dem Titellied zu *Tom und Jerry* gemeint haben?", hakte Gregor nach. „Sie will ja vermutlich keine Gärtnerei eröffnen und dich um Mithilfe bitten."

„Sehr witzig!", ächzte Bröker und musste erneut husten. Wenn er nachdachte, konnte er sich nicht auch noch mit dem Jungen ein Rededuell liefern.

„Hat sie den Satz einfach so gesagt oder gab es einen Anlass?", fragte Gregor.

„Sie fing an zu singen, als Ravenstijn sie befragt hat. Plötzlich ist sie aufgesprungen, hat den Fernseher umgeworfen und ist zusammengebrochen. In meiner Verlegenheit habe ich ihr eines meiner Stofftaschentücher hingehalten, um sie zu trösten. Das Tuch war mit einer Rose bestickt. Ich glaube, das war der Auslöser."

„Ein Stofftaschentuch?" Der Junge fing an zu lachen und selbst Ulf schaute Bröker mitleidvoll an.

„Bitte nicht du auch noch, Gregor!", bat Bröker, musste aber selbst schief grinsen. „Ich musste schon Ravenstijns Spott über mich ergehen lassen. Dabei kann ich doch nichts dafür. Ich bin heute mit einem elenden Schnupfen aufgewacht, aber es war keine einzige Packung Taschentücher mehr im Haus. Da hab ich eben …"

„Schon gut, schon gut", beschwichtigte Gregor seinen Freund ungeduldig. „Ich glaub dir ja, aber jetzt erzähl weiter!"

„Soweit ich weiß, wollte Ravenstijn kurz vor Carolins Ausbruch wissen, worum es in der Anzeige gegen ihren Vater ging", erinnerte sich Bröker.

„Hm", murmelte Gregor nachdenklich. „Das ist nicht einfach."

„Stimmt", nickte Bröker. „Aber wenn es trivial wäre, könnten wir auch Ravenstijn fragen. So müssen wir selbst überlegen."

„Ich weiß einfach zu wenig, um irgendetwas vermuten zu können", kapitulierte Gregor. „Weder kenne ich Carolin noch den Songtext genau."

„Das geht mir genauso", nickte Bröker. „Sie hat bei meinem ersten Besuch nur einen einzigen Satz gesagt und nun gibt es im Grunde auch nur wieder diese Liedzeilen von ihr."

„Du musst aber zugeben, dass das auch damit zusammenhängt, dass du jedes Mal, wenn du da bist, kurze Zeit später vor dem Pflegepersonal fliehst. So kann natürlich gerade mit einem solchen Menschen kein Gespräch zustande kommen", gab Gregor zu bedenken.

Bröker nickte ein wenig zerknirscht.

„Sag mal, haben deine Eltern eigentlich noch etwas zu gestern Abend gesagt?"

Bröker fand seinen Ablenkungsversuch selbst ein wenig plump, aber gerade war ihm jedes Mittel recht, um nicht in die Kritik zu geraten. Zu seinem Erstaunen ging Gregor jedoch auf den abrupten Themenwechsel ein.

„Ich habe sie heute nur kurz gesprochen. Aber du hast sie anscheinend mit deinen Künsten als Gastgeber überzeugt. Mein Vater hat von der doppelten Portion Fleisch geschwärmt."

„Das war ja eher das Verdienst deiner Mutter", lachte Bröker.

„Außerdem hat ihm das Zimmer gefallen, das du mir gegeben hast. Da hat es sich doch gelohnt, dass ich es das erste Mal, seit ich bei dir eingezogen bin, aufgeräumt habe."

„Und deine Mutter?"

„Die fand lustigerweise dein Wasser großartig. Woher hattest du das eigentlich mit einem Mal?"

„Oh, das habe ich aus dem Wasserhahn gezapft", grinste Bröker und die Idee kam ihm auch im Nachhinein nicht so dumm vor.

„Das werde ich ihr wohl besser nicht erzählen!", lachte auch Gregor.

„Das heißt also, dass du definitiv bei mir wohnen bleiben darfst?"

„Vorerst scheinen sie jedenfalls nichts dagegen zu haben", bestätigte Gregor. „Und wenn ich 18 bin, können sie mir eh nichts mehr vorschreiben."

„Was willst du denn nun im Fall Florian Schlangenbader unternehmen, Bröker?", meldete sich Ulf wieder zu Wort. Zumindest einer von Brökers Mitbewohnern hatte also doch sein Manöver durchschaut. Der Ablenkungsversuch hatte sich aber trotzdem gelohnt, befand er, denn immerhin ging das Gespräch nun ohne einen Vorwurf an seine Adresse weiter.

„Mir geht es wie Gregor", gab er zu. „Ich weiß wenig über Carolin und eigentlich noch weniger über diese Zeichentrickfiguren. So etwas durfte ich als Kind nie gucken."

„Zumindest letzteres können wir vielleicht ändern."

Gregor holte sein Netbook aus der Tasche und machte sich an ihm zu schaffen. Bröker und Ulf sahen ihm über die Schulter.

„Das sind *Tom und Jerry*", verkündete er kurz darauf. Er hatte *YouTube* geöffnet und den deutschen Vorspann zu der Serie geladen. Aus den Lautsprechern erklang ein wenig blechern die Stimme von Udo Jürgens: „Vielen Dank für die Blumen, vielen Dank, wie lieb von dir!"

Ulf begann sofort inbrünstig mitzusingen, während Bröker interessiert auf die Trickfilmfiguren schaute.

„Gut möglich, dass uns Carolin mit ihrer Liedzeile gar nichts mitteilen wollte. Vermutlich hat sie die Serie wie ihr einfach als Kind gesehen", schniefte er.

„Wie kommst du darauf?", fragte Gregor, während Ulf gerade die von Schlangenbaders Tochter zitierte Zeile sang.

„Na ja, sie hatte ja gerade zuvor den Fernseher zerlegt. Vielleicht hat sie sich dadurch einfach daran erinnert, dass sie als Kind *Tom und Jerry* geguckt hat", spekulierte Bröker.

„Und was, wenn sie doch etwas sagen wollte? Beim ersten Mal hat sie auch nicht irgendeine belanglose Anekdote aus ihrer Kindheit erzählt", meldete Gregor Bedenken an.

„Es wäre herrlich, wenn man diese Antworten auch auf dem Computer finden könnte", wünschte sich Bröker beim Blick auf das Netbook ein wenig faul. „Es heißt doch immer: ‚*Wikipedia* weiß alles', oder?"

„Nicht ganz. Ich glaube, zu Carolin Schlangenbader könnte ich das Netz vergeblich befragen. Dazu sind wir schon auf deine Eindrücke angewiesen."

Bröker wiegte nachdenklich den Kopf.

„Wäre das ein Deal: Du kochst uns was Schönes und ich helfe dir dafür bei der Suche? Ich könnte mal schauen, was es im Netz alles rund um die Serie zu finden gibt", schlug Gregor vor.

„Sei mir nicht böse, aber auch wenn ich mir gerade Wunder von der Technik erhofft habe, so vertraue ich doch noch eher dem gedruckten Wort!"

Das Lied war inzwischen zu Ende. Ulf drückte den Repeat-Button und die Titelmelodie von *Tom und Jerry* erklang erneut.

„Das ist aber häufig ein Fehler", sagte Gregor. Anscheinend fühlte er sich verpflichtet, die Ehre des Internets zu verteidigen. „Es ist schon wahr, dass es im Internet auch eine Menge falscher Informationen gibt. Und auch bei *Wikipedia* finden sich Einträge, die bei näherem Hinsehen lückenhaft oder voller Fehler sind. Aber das trifft auf gedruckte Lexika ebenso zu."

„Das mag alles stimmen, aber ich fühle mich nun mal mit meinen Büchern wohler", blieb Bröker standhaft.

„Aber da oben findest du doch nichts!"

Zweifelnd dachte Gregor an das vollgestopfte Bücherzimmer im Obergeschoss.

„Ja, da hast du Recht", musste Bröker zugeben und wurde von einem kräftigen Hustenanfall überfallen. Als er sich wieder beruhigt hatte, dachte er einen Moment nach. Dann lächelte er: „Aber in der Uni haben sie ihre Bücher schön geordnet – und eine größere Auswahl haben sie auch noch!"

Der Junge sah seinen Freund wenig überzeugt an.

„Gregor, es tut mir leid, aber wenn ich mich jetzt zu dir ans Netbook setze, kann ich nicht viel anderes machen, als dir zuzusehen. Da komme ich mir überflüssig vor. Ich muss das auf meine Weise angehen, wenn ich überhaupt eine Chance haben will, etwas herauszufinden."

Gregor verstand, um was es seinem Freund ging, und nickte.

„Außerdem konnte ich in der Unibibliothek schon immer gut nachdenken."

Bröker hatte seinen Entschluss spontan gefasst. Er gefiel ihm so gut, dass er keine fünf Minuten später Pullover und Jacke übergeworfen hatte und das Haus verließ, natürlich nicht, ohne ein paar Päckchen Taschentücher einzustecken.

„Dann machst du uns heute gar kein Abendbrot?", rief Ulf ihm enttäuscht hinterher und startete das Udo-Jürgens-Lied erneut.

Kapitel 22
Ein Kinderspiel

Als Bröker die Uni betrat, schien gerade eine größere Vorlesung zu Ende zu sein. Scharenweise kamen ihm Menschen entgegen, die sich mit ihren großen roten Ausgaben des Bürgerlichen Gesetzbuches als Jurastudenten zu erkennen gaben. Die Einteilung der Studierenden nach Kleidung und Accessoires hatte Bröker schon zu Beginn seiner eigenen Unizeit für sich entdeckt. Dies funktionierte in der Bielefelder Universität besonders gut, da sie als Campusuniversität Studenten aller Fachrichtungen nicht nur auf einem Platz, sondern, passend zu dem unbeständigen Bielefelder Wetter, auch unter einem Dach versammelte. Bröker erkannte daher die Studenten in Markenklamotten als Hörer einer rechtswissenschaftlichen oder betriebswirtschaftlichen Veranstaltung, je nachdem, welche Literatur sie unter dem Arm trugen. Ebenso leicht identifizierte er die auffällig leger Gekleideten – das waren oftmals Soziologen oder Philosophen. Und diejenigen, die ihre Sachen in Leinen- oder gar in Jutetaschen mit sich herumtrugen, entpuppten sich meist als Biologen und dann oft genauer als Botaniker. Schließlich waren da noch die Studenten, die häufig so aussahen, als hätten sie beim Ankleiden die verschiedenen Kleidungsstücke mit geschlossenen Augen aus dem Schrank gegriffen. Hier die Mathematiker von den theoretischen Physikern zu unterscheiden, war eine diffizile Angelegenheit, die einiger Erfahrung bedurfte.

Bröker erklomm eine längere Treppe und befand sich in der zentralen Halle der Universität. Um diese Uhrzeit ähnelte diese der Kölner Innenstadt nach dem

Rosenmontagszug. Auf dem genoppten Boden befanden sich mehrere kleine Seen aus Flugblättern. Aus einigen Mülleimern, die mit ihren verschiedenen Farben für Mülltrennung warben, quoll der Abfall. Bröker erklomm eine weitere Treppe und befand sich nun im ersten Stock des Universitätsgebäudes. Dieser gehörte beinahe ausschließlich der Bibliothek. Hier, wo auf tausenden von Quadratmetern Millionen von Büchern versammelt waren, war schon immer einer von Brökers Lieblingsorten in Bielefeld gewesen. Meist jedoch hatte er sich in Teilen der Bibliothek aufgehalten, die nicht seinem jeweiligen Studium entsprachen. So hatte er bald in der Soziologiebibliothek in den alten Jahrgängen des *Spiegel* geschmökert, bald in den Büchern des mathematischen Fachbereichs über die Grundlagenkrise der Mathematik oder bei den Philosophen über Foucaults Theorien zur Macht gelesen. Und so war aus ihm über die Zeit das genaue Gegenteil dessen geworden, was das moderne europäische Bildungssystem hervorzubringen trachtete: Statt zu einem Fachidioten war Bröker zu einem Universaldilettanten herangewachsen.

Nach kurzem Überlegen beschloss er, für den Ausgangspunkt seiner Recherchen sei das Informationszentrum im Nordteil des Gebäudes mit seiner Vielzahl an Nachschlagewerken genau das Richtige. Nachdem er seine Jacke in einem der vielen Schließfächer verstaut hatte, betrat er die Bibliothek. Seit seinem ersten Besuch, der noch zu Schulzeiten stattgefunden hatte, war eigentlich inklusive des Fußbodens aus beigem Nadelfilz alles gleich geblieben. Nur eines hatte sich verändert: Der Katalog, damals auf modernen Mikrofiche-Folien gespeichert, war längst durch ein computergestütztes System ersetzt worden. Dementsprechend waren inzwischen auch etliche Arbeitsplätze mit Computern, wenn auch meist mit älteren Modellen, bestückt.

Bröker sicherte sich einen der freien Tische, indem er demonstrativ Stift und Notizbuch darauf ablegte, was er beides stets in seiner Hosentasche trug. Die wenigen Anwesenden, zumeist in Brökers Augen erschreckend junge Studenten, durften ruhig sehen, dass er zur alten Schule gehörte und sich noch mit Papier und Stift statt auf dem Laptop Notizen machte. Er schnäuzte sich ausführlich, was ihm einige verärgerte Blicke einbrachte. Zum Glück schien aber das Dampfbad ein kleines Wunder bewirkt zu haben, denn Kopf und Nase fühlten sich schon viel freier an.

Bröker begab sich zum Regal mit den allgemeinen Nachschlagewerken, zog den entsprechenden Band eines Lexikons heraus und setzte sich damit an seinen Tisch. Irgendwo zwischen „Toledo" und „Toskana" fand er auch einen Eintrag zu „Tom und Jerry". Ulf hatte ihm jedoch wohl das Wesentliche schon verraten: Dass es sich um eine Serie von 161 kurzen Zeichentrickfilmen handelte, bei denen es um die Jagd des Katers Tom nach der Maus Jerry ging, wusste auch das Nachschlagewerk. Ebenso, dass die Folgen über einen Zeitraum von 27 Jahren produziert worden waren und sieben von ihnen einen *Oscar* erhalten hatten. Bröker staunte ein wenig, wie er diese Serie so lange hatte ignorieren können. Er las sogar, dass einige Szenen, die zu gewalttätig oder rassistisch anmuteten, zensiert worden waren. Mehr konnte aber auch das schlaue Buch nicht sagen.

Bröker lehnte sich zurück und seufzte. Steckte in der vagen Beschreibung der Zeichentrickserie ein Schlüssel zu Carolin Schlangenbader?

Vermutlich würde er doch mehr über die Trickfilme

in Erfahrung bringen müssen. Leider war das inzwischen auch in der Bibliothek nicht möglich, ohne einen Computer zu benutzen. Irgendwie hatte er sich das alles anders vorgestellt. Mit einem Ächzen, das so laut war, dass einige der Anwesenden ihn erneut mit vorwurfsvollen Blicken bedachten, begab sich Bröker mit dem Lexikon unter dem Arm zu einem der Rechner.

Im Bibliothekskatalog fand er kein einziges Buch, das sich mit *Tom und Jerry* befasste. Konnte das tatsächlich sein oder war er nur zu dumm, die Suchmaske zu benutzen? Bröker schimpfte auf den Katalog, das Programm und die ganze computerisierte Welt, bis ihm einfiel, dass es früher in dem Mikrofiche-Katalog sogar unmöglich gewesen war, ein Buch zu finden, wenn man nicht den Verfasser oder den Titel kannte. Vielleicht war doch nicht alles schlecht an diesen miteinander kommunizierenden Chips. Jedenfalls, so beschloss er, konnte man ihre Macht nutzen, um im Internet weiter nach den Zeichentrickfiguren zu recherchieren. Vielleicht gab es ja irgendwo eine Seite, auf der die Inhalte der einzelnen Folgen aufgelistet waren. Gregor müsste er diesen Rechercheschritt ja nicht auf die Nase binden.

Er blickte auf den Bildschirm vor sich. Vergeblich suchte er nach einem Feld, in das er die Adresse seiner bevorzugten Suchmaschine eingeben konnte. Zweifelnd betrachtete er den Rechner. Waren seine Computerkenntnisse schon so veraltet? Dann entdeckte er ein Hinweisschild am Nebentisch. Die Rechner waren für das Surfen im Internet nicht freigeschaltet.

Bröker fluchte leise. Eine Frau an einem der Arbeitstische blickte ärgerlich zu ihm herüber und legte den Finger auf die Lippen. Bröker zuckte entschuldigend mit den Schultern.

Wieder sah er aus dem Fenster und musste lächeln. Wie viele Leute hier schon in der Bibliothek gesessen und in Gedanken in den Abendhimmel gestarrt haben mochten? In den mehr als vierzig Jahren, in denen es die Universität gab, kamen da sicher etliche tausend Menschen zusammen. Es war nicht ausgeschlossen, dass sogar Schlangenbader, auch wenn er von Amts wegen wohl eher die Soziologiebibliothek benutzte, schon einmal just auf dem Platz, auf dem sich Bröker gerade befand, gesessen und nachgedacht hatte. Nun, daraus ließ sich aber vermutlich nichts folgern.

Bröker schlug noch einmal das Lexikon auf. Doch er hatte den kleinen Paragraphen über die Trickfilmepisoden tatsächlich schon ausgeschöpft. Er blätterte um und lachte leise auf. Wieder traf ihn der strenge Blick eines Sitznachbarn. Sogar ein *Tom-und-Jerry-Syndrom* gab es. Es schien sich dabei um eine Art des Mobbens zu handeln, bei der ein Mensch oder gar eine ganze Institution jemand anderen ohne erkennbaren Grund verfolgt.

Bröker schüttelte den Kopf. Es konnte doch wohl kaum sein, dass Carolin Schlangenbader durch das monotone Wiederholen der Liedzeile auf diesen Aspekt hinweisen wollte. Oder doch?

Bröker erhob sich und begab sich auf einen Rundgang durch die einzelnen Bibliotheken der Fachbereiche. Er hatte nicht die Hoffnung, zufällig auf einen hilfreichen Hinweis zu stoßen, doch er hatte schon während seines Studiums beobachtet, dass ein Spaziergang durch die Räume, die über und über mit Büchern gefüllt waren, manchmal inspirierend auf ihn wirkte. In Erinnerung an frühere Zeiten öffnete er die Glastür in den nächsten Raum.

Vier Bibliotheken weiter, dort, wo sich die Bücher der Physik befanden, blieb Bröker stehen. Aus den Augenwinkeln erkannte er eine Frau, die ganz in Schwarz gekleidet war. Irgendetwas an ihr kam ihm bekannt vor. Sie schien nichts um sich herum wahrzunehmen, so konzentriert kopierte sie den Inhalt eines Buches in eine abgegriffene Kladde. Noch eine, die mit Stift und Papier arbeitet, dachte Bröker und freute sich. Als er näher kam, erkannte Bröker aber, dass es nicht etwa physikalische Literatur war, mit der die Frau sich beschäftigte, sondern ein Telefonbuch. Noch dazu musste es mindestens so alt sein wie Brökers Exemplar, denn auch sein Einband war noch in Postgelb und nicht in Weiß und Magenta gehalten. Als Bröker noch einen Schritt dichter herantrat, blickte die Frau zu ihm auf und zischte wie eine Schlange kurz vor dem Angriff. Nun erinnerte er sich! Diese Frau hatte schon vor mehr als zwanzig Jahren in den Räumen der Bibliothek gesessen und Telefonbücher kopiert. Auch damals war sie winters wie sommers mit einem schwarzen Kleid und schwarzen Wollstrümpfen bekleidet gewesen. Und auch damals hatte sie gezischt, wenn man ihr zu nahe getreten war. Das Einzige, was sich verändert hatte, war ihre Haarfarbe von einstmals schwarz zu nun schneeweiß.

Mit einem Kopfschütteln ging Bröker weiter. Wenn er bedachte, dass *diese* Frau sich in keiner Klinik befand, sollte er vielleicht an die Zeile, die Carolin Schlangenbader so beharrlich gesungen hatte, nicht allzu viele Gedanken verschwenden. Trotzdem wollte sie ihn nicht loslassen. Was hatte Gregor noch gleich gefragt? Richtig, in welchem Augenblick Carolin begonnen hatte, die Zeilen zu singen. Eine gute Frage, fand Bröker. Noch einmal erinnerte er sich, wie van Ravenstijn versucht

hatte, mit seinen Fragen zu der jungen Frau durchzudringen. Er hatte ihr beruhigend den Arm gestreichelt
und Carolin war außer sich geraten, hatte den Fernseher umgeworfen, war zusammengebrochen und genau
in diesem Augenblick hatte sie begonnen zu singen.

Was konnte das bedeuten? War es ein Ausweichen gewesen? Wusste Schlangenbaders Tochter etwas, kannte
sie die Verfehlungen ihres Vaters, traute sich aber nicht,
etwas gegen ihn zu sagen? Eine gewagte These gewiss,
aber völlig abwegig fand Bröker diesen Gedanken nicht.
Nur, wenn dies die Lösung des Rätsels war, wie konnte
er das beweisen? Nur zwei Menschen, derer er habhaft
werden konnte, kannten die Wahrheit um das, was in
der Familie Schlangenbader geschehen war: Carolin
und ihr Vater. Aber wenn die Tochter sich so verhielt
wie bei Brökers letztem Besuch in der Klinik, so war
aus ihr wenig herauszubekommen. Ganz zu schweigen
davon, dass kein Richter ein Urteil auf einer Aussage
von Carolin gründen würde. Vielleicht musste er sich
auch einmal darum kümmern, was aus Schlangenbaders Frau geworden war, dachte er. Die wüsste eventuell
mehr. Aber hatte nicht Wärter angedeutet, dass sie nicht
aufzufinden war?

Vielleicht war es aber auch nicht notwendig: Seine
Interpretation von Carolins Verhalten erschien ihm
schon jetzt umso fadenscheiniger, je länger er darüber
nachdachte. Ein solcher Hinweis kam ihm einfach zu
dünn und zu kopflastig vor, zu sehr getrieben von der
Hoffnung, irgendetwas aus der Tatsache zu ziehen, dass
sie dieses Lied gesungen hatte. Würde jemand wie Carolin wirklich versuchen, sich auf diese Art mitzuteilen?
Oder würde sie in diesem Fall nicht einfach schweigen?
Bröker hatte keine Ahnung. Das Ganze konnte auch

unterbewusst in ihr ablaufen. Zum wiederholten Mal musste er sich eingestehen, dass er von der jungen Frau und ihrer Erkrankung so gut wie nichts wusste.

Ohne es zu merken war Bröker wieder zu seinem Arbeitsplatz im Informationszentrum zurückgekehrt. Draußen war es nun vollständig dunkel geworden. Noch einmal warf er einen Blick in das aufgeschlagene Lexikon. Er musste versuchen, seine Gedanken ein wenig zu ordnen, sonst würde er immer und immer wieder an denselben Punkt kommen. Manchmal konnten ein paar Stichworte Wunder wirken. Er griff sich sein Notizbuch und fluchte. Es war bis auf die letzte Seite vollgeschrieben und er hatte vergessen, sich ein neues einzustecken. Die Frau ein paar Tische weiter legte wieder den Finger auf den Mund. Diesmal tat Bröker, als habe er sie nicht bemerkt.

In seiner Jacke musste er noch ein leeres Büchlein in Reserve haben. Doch diese hatte er ja wegschließen müssen. Zum wiederholten Male seufzte Bröker, gab sich aber Mühe, es dieses Mal leiser zu tun. Dann erhob er sich und trottete zu den Schließfächern. Doch auch in seiner Jacke war kein neues Notizbuch zu finden. Dafür fiel Bröker Florians Brief in die Hände, der die ganze Zeit über in der Innentasche seiner Jacke gesteckt hatte.

Dass ihm der Polizist aus Werther diesen mitgegeben hatte, hatte er beinahe schon wieder vergessen. Er zog den Brief aus der Klarsichtfolie und studierte ihn so genau wie möglich. Noch einmal las er die wenigen kindlichen Worte. Bröker schüttelte den Kopf. Selbst beim abermaligen Lesen enthielt dieses Schreiben nichts, was er nicht schon vorher bemerkt hatte.

Augenblick, was war das?! Mit einem Mal fielen ihm dünne Linien auf dem Papier auf. Bröker betrachtete die nadelfeinen Gravuren genauer. Nein, das war nicht der Abdruck irgendeines Gegenstandes. Das waren die Spuren eines Stiftes. Da hatte sich etwas durchgedrückt, vermutlich vor vielen Jahren, als Florian Schlangenbader das darüber liegende Papier beschrieben hatte.

Bröker wurde neugierig. Vielleicht konnten die durchgedrückten Zeilen ja das Geheimnis um den Brief lüften, den Florian an Wärter geschrieben hatte. Vielleicht enthielten sie eine Erklärung, warum er seinen Vater anzeigen wollte oder was damals vorgefallen war. Bröker starrte die feinen Linien an, konnte aber nichts erkennen. Schade, dachte er, es wäre zu schön gewesen.

Doch dann fiel ihm ein Trick ein. Das hatte er seit Kindertagen nicht mehr gemacht. Er suchte in seinen Taschen, fand aber keinen Bleistift. Wohl oder übel schloss er seine Jacke wieder ein und ging mit dem Brief in der Hand wieder in die Bibliothek.

„Könnte ich vielleicht einen Bleistift leihen?", bat er die Frau, bei der er schon durch seine Geräuschkulisse Eindruck geschunden hatte. Die Frau verzog das Gesicht, kramte in einem Mäppchen und reichte Bröker einen Bleistiftstummel, der offenkundig aus einem Möbelhaus stammte.

„Den darfst du sogar behalten, wenn ich dann nichts mehr von dir höre."

Bröker war es recht. Er begab sich an seinen Platz zurück und begann Florian Schlangenbaders Brief vorsichtig mit dem Bleistift zu schraffieren. So würde er ihn Wärter natürlich nicht mehr zurückgeben können, aber das war vielleicht auch nicht so wichtig. Nach wenigen Minuten lehnte er sich enttäuscht zurück. Was als Negativ zutage kam, war keine Schrift, sondern der Abdruck eines Bildes, das Florian wohl vor beinahe zwanzig Jahren gemalt haben musste. Immerhin erkannte Bröker mit Erstaunen, dass es sich bei den abgebildeten Figuren aller Wahrscheinlichkeit nach um *Tom und Jerry* handeln sollte. Der Kater war in der Szene gerade im Begriff, sich auf die Maus zu stürzen. Beide Figuren waren um einige Details ergänzt. So trug der Kater etwa eine Brille und die Maus schien eher eine Mäusin zu sein. Aber was um Himmels willen konnte das schon wieder zu bedeuten haben?

Erschöpft lehnte sich Bröker zurück. Der Blick der Frau am Nebentisch traf ihn. Demonstrativ steckte er den Bleistift in seine Hosentasche. Dann schaute er noch einmal auf den Brief.

Mit einem Mal fiel es ihm wie Schuppen von den Augen. Natürlich, die Brille! Der Kater stellte Schlangenbader dar, wie er sich auf eines seiner Kinder stürzte. Bröker kam schlagartig ein Verdacht.

Hastig packte er seine Sachen zusammen und verließ die Bibliothek, nur um sie gleich auf der gegenüberliegenden Seite in der Psychologieabteilung wieder zu betreten. Suchend durchstreifte er die Gänge, bis er vor den Büchern zu Kinder- und Jugendpsychologie stehen blieb. Sein Finger glitt über die Rücken der Einbände. Ja, dieses Buch war gut, entschied er. Und noch eines daneben. Und noch zwei weitere. Schnell stapelte er die Bücher auf dem nächsten Arbeitstisch und öffnete das erste. Er blätterte, verwarf zwei Kapitel, dann fand er, wonach er gesucht hatte. Das zweite und dritte Buch bestätigten das Gelesene, das vierte guckte sich Bröker schon gar nicht mehr an. Ja, Zeichnungen von Kindern wurden immer wieder unterstützend herangezogen, um Fälle von Kindesmissbrauch zu untersuchen. Und auch wenn nicht geklärt schien, wie man mit solchen „Beweismitteln" juristisch verfahren sollte, vor allem, weil häufig die Gefahr zu bestehen schien, dass die hinzugezogenen Psychologen ihre kleinen Zeugen beeinflussten und damit die Glaubhaftigkeit der Zeichnungen verfälschten, so tauchten doch eine Reihe von stets übereinstimmenden Merkmalen auf. Abbildungen ohne Hände und Füße, mit übergroßen Rümpfen oder überflüssigen Extremitäten konnten etwa ein Hinweis sein. Auch bestimmte Farben wie Rot oder Schwarz wurden als Indikator diskutiert, aber das war natürlich auf dem durchgedrückten Negativ nicht mehr sichtbar. Bröker betrachtete noch einmal die Szene, die er mit dem Bleistift hervorgezaubert hatte. Es war schon auffällig, wie der Kater sich auf die Maus stürzte – das hatte etwas Übergriffiges. Dazu die weibliche Kleidung der Maus und die abwehrende Haltung. Und dann der Schwanz des Katers, der von hinten zwischen den Beinen hervorschaute und unverhältnismäßig groß dargestellt war. Plötzlich gewannen auch Carolins allererste Andeutungen an Bedeutung. Sie hatte ja nicht unmittelbar nach ihrem Ausbruch angefangen zu singen, sondern noch diesen Satz gestammelt. Bröker hatte ihn bisher auf den Fernseher bezogen, weil sie diesen gestreichelt hatte, während sie sprach, aber jetzt erschienen diese Worte ihm in einem neuen Licht. Carolin war es, die Schlangenbader immer angefasst hatte, wenn er nach Hause kam … Bröker schluckte.

War das denkbar? Hatte Schlangenbader Florian oder Carolin missbraucht? War das das große Geheimnis? Bröker zögerte, doch schon spann sich seine Fantasie weiter. Es war doch beispielsweise denkbar, dass der Professor sich an Carolin vergangen hatte und Florian dies mitbekommen hatte. Es war möglich, dass er deshalb schon als Zehnjähriger Anzeige erstatten wollte. So etwas konnte ein Kind dazu bringen, sich an die Polizei zu wenden. Dies würde auch erklären, warum die junge Frau schließlich in die Psychiatrie eingeliefert worden war. Und damit wäre mit einem Mal auch plausibel, warum das Verhältnis zwischen dem Professor und Florian so schlecht gewesen war. Vielleicht hatte der Sohn dem Vater immer wieder gedroht, ihn anzuzeigen. Vielleicht hatte er ihn auch erpresst und davon seinen Lebenswandel bezahlt. Vielleicht war das so lange weiter gegangen, bis der Vater seinen Sohn schließlich umgebracht hatte. Das wäre immerhin ein denkbares Szenario.

Nun konnte sich Bröker auch vorstellen, warum Carolin jene Zeile aus der Titelmelodie von *Tom und Jerry* wieder und wieder gesungen hatte. Der Kampf des Katers Tom gegen die Maus Jerry symbolisierte ja geradezu die Verfolgung der Kleinen, zu denen sich Schlangenbaders Tochter sicherlich noch immer zählte. Vielleicht hatten die beiden Kinder sich in den Zeichentrickfolgen wiedererkannt und sie hatten ihnen Trost gespendet. Die Maus war schließlich geschickt und entkam immer, wie Bröker inzwischen wusste. Entsprechend hatte sie auch den Titelsong gesungen, als sie durch van Ravenstijns übergriffiges Verhalten die Erinnerungen an ihre Vergangenheit überfielen.

Bröker stand auf und ging auf und ab. War das wirklich die Lösung des Falles? Und wenn ja, wie konnte er das alles beweisen. Auch hier gab es eigentlich nur die Möglichkeit, dass Carolin glaubwürdig aussagte – was Bröker für beinahe unmöglich hielt – oder dass ihr Vater gestand. Aber wie konnte man Schlangenbader zu einem Geständnis bewegen? Das würde schwierig werden, dachte Bröker. Trotzdem kam ihm die Geschichte stimmig vor.

„Ja, so könnte es gewesen sein", murmelte er so lange, bis ihn schließlich eine Bibliothekarin höflich aber bestimmt darum bat, doch bitte etwas leiser zu sein.

Bröker entschuldigte sich und räumte die Bände wieder zurück ins Regal. Dann verließ er die Bibliothek mit dem Gefühl, einen wichtigen Schritt vorangekommen zu sein.

Kapitel 23
Deutschlandkartoffeln

Als Bröker sein Haus betrat, zogen ihm Rauchschwaden entgegen und Gregor überraschte ihn mit zwei Neuigkeiten.

„Ulf hat Deutschlandkartoffeln gemacht", sagte er. „Und Charly hat angerufen."

„Deutschlandkartoffeln?" Bröker kam bei Gregors Mitteilung ein wenig aus dem Konzept und vergaß, dass er ihm eigentlich von seinem Verdacht berichten wollte. „Ich merke nur, dass hier alles voller Rauch ist."

„Deutschlandkartoffeln sind Bratkartoffeln, die angebrannt sind", erläuterte Gregor.

„Wieso sind das Deutschlandkartoffeln?"

„Nicht per se, aber Ulf hat ein wenig Ketchup darüber geschüttet und Rührei dazu gemacht. Das ist ihm immerhin nicht abgebrannt. Also leuchten seine Delikatessen nun in Schwarz, Rot und Gold." Gregor musste über seine Erklärung lachen. „Du musst aber aufpassen, er wird dir bestimmt davon anbieten. Mich wollte er auch schon vergiften."

„Danke für die Warnung", grinste Bröker. „Und was wollte Charly?"

„Sie hat nur gesagt, du sollst sie zurückrufen. Es gehe um Schlangenbader. Wieso erzählt sie mir eigentlich nie etwas? Ein bisschen kenne ich sie schließlich auch!"

„Wahrscheinlich ist das eine Journalistenkrankheit. In dem Job muss man seine Informationen mit Sicherheit so sparsam wie möglich streuen."

Gregor schien diese Antwort nicht gänzlich zufriedenzustellen, doch in diesem Moment kam Ulf aus der Küche. Auf seinem ehemals weißen Hemd, das er schon die letzten drei Tage getragen hatte, prangten ein großer Fettfleck und ein paar rote Spritzer, die im besten Falle Tomatenketchup waren.

„Hallo, Bröker. Gut, dass du zurück bist!", begrüßte er seinen Gastgeber freudig. „Möchtest du vielleicht etwas essen?"

„Du hast gekocht?", versuchte Bröker erstaunt zu wirken.

„Ja, Bratkartoffeln mit Rührei. Ich dachte, es geht ja nicht an, dass du der Einzige bist, der uns kulinarische Köstlichkeiten vorsetzt."

Bröker war gerührt von Ulfs Bemühungen. Verlegen dachte er nach, was er sagen sollte.

„Rühr das Zeug nicht an!", versuchte Gregor leise seinen Freund zurückzuhalten.

Ulf, der die Worte nicht verstanden hatte, pries weiterhin seine Mahlzeit an. „Er hat auch schon gekostet", lächelte er und zeigte mit dem Pfannenwender auf Gregor.

„Ja, und es fast mit dem Leben bezahlt!", sagte dieser nun lauter.

„Es tut mir leid, Ulf, aber ich habe keinen Hunger",

wehrte Bröker den Vorschlag seines Mitbewohners ab, obwohl ihm gerade in diesem Moment vernehmlich der Magen knurrte.

„Dein Bauch scheint da anderer Meinung zu sein", entgegnete Ulf prompt.

„Oh, der ist das nur nicht gewohnt. Wirklich, ich mag gerade nicht, meine Erkältung verdirbt mir den Appetit." Gleichzeitig beschloss er, im Verlauf des Abends trotzdem noch irgendwie in die Küche kommen zu müssen. Er wollte ja nicht wieder mitten in der Nacht von Gregor erwischt werden, wie er dessen Vorräte vertilgte.

„Nun ja, es war jetzt nicht so aufwändig", gab sich Ulf unterdessen bescheiden. „Dann eben beim nächsten Mal."

„Ja, unbedingt!", beschwor Bröker aus Verlegenheit und versuchte sich unauffällig aus der Affäre zu ziehen.

„Ich werde mal Charly anrufen", wechselte er schnell das Thema und schnappte sich das Telefon.

Noch auf der Treppe nach oben begann er die Nummer einzutippen.

„B.!", meldete sich Charlys fröhliche Stimme schon nach dem ersten Klingelzeichen.

Bröker hatte sich inzwischen daran gewöhnt, dass ihn seine Freunde erkannten, bevor er sich gemeldet hatte, auch wenn das nicht seinen erlernten Telefongewohnheiten entsprach.

„Hallo Charly", antwortete er daher einfach. „Gregor sagt, du hast angerufen."

„Ja, ich wollte wissen, ob es was Neues gibt."

Bröker zögerte. Sollte er Charly von seinem Verdacht erzählen?

„Vielleicht", antwortete er zurückhaltend. „Ich war

heute Nachmittag mit Ravenstijn noch einmal bei der Schwester des Toten. Auch dieses Mal waren ihr nur ein paar Worte zu entlocken."

„Und welche waren das?", fragte die Journalistin und Bröker konnte die wachsende Spannung auf der anderen Seite der Leitung förmlich greifen.

„Zeilen aus dem Titelsong von *Tom und Jerry.*"

„*Tom und Jerry*?" In diesem Augenblick hätte Bröker das Gesicht seiner Freundin gern gesehen. „Du kennst *Tom und Jerry*?"

„Seit Neuestem." Bröker musste grinsen.

„Wir sprechen schon von den Zeichentrickfilmen, ja?"

„Ja genau, die amerikanische Zeichentrickserie mit 161 Episoden, die zwischen 1940 und 1967 gedreht wurden", trumpfte Bröker mit seinem neuen Wissen auf.

Charly lachte.

„Und hast du eine Ahnung, was Schlangenbaders Tochter euch damit sagen wollte?"

„Vielleicht", brummte Bröker wieder. Er meinte zu hören, wie enttäuscht Charly war, dass er ihr nicht mehr anzubieten hatte. „Wenn mein Verdacht sich erhärtet, ist das ein ganz großes Ding. Und dann verspreche ich dir, dass du die Erste bist, die davon erfährt", sagte er daher. „Vorerst aber kann ich dir noch nicht mehr verraten. Ich möchte nicht, dass man das, was ich vermute, über Schlangenbader zu Unrecht in der Zeitung liest."

Charly kannte ihren ehemaligen Studienkollegen lang genug, um zu wissen, dass er sein Versprechen halten würde, aber zum jetzigen Zeitpunkt nicht mehr aus ihm herauszubekommen war.

„Eigentlich sollte ich dir dann ja auch meine Neuigkeiten zu Schlangenbader nicht verraten. Aber ich tue es trotzdem", lenkte sie das Gespräch daher in eine andere Richtung.

„Was für Neuigkeiten?"

„Schewe hat den Professor heute am späten Nachmittag auf freien Fuß gesetzt."

„Er hat was? Ja, ist er denn wahnsinnig geworden?" Bröker bekam vor Entsetzen einen Rückfall und musste fürchterlich husten.

„Ich glaube nicht, dass er es freiwillig getan hat. Schlangenbader war ja auch Schewes Hauptverdächtiger."

„Warum hat er ihn dann freigelassen?"

„Der Staatsanwalt sieht keinen dringenden Tatverdacht mehr, weil Schewe ihm kein Mordmotiv nennen kann."

„So schnell geht das?", wunderte sich Bröker. „Und wo ist Schlangenbader jetzt?"

„Er hat sich vor dem Ansturm der Presse nach Hause zurückgezogen", berichtete Charly. „Vielleicht hat er auch die Auflage, sich regelmäßig bei der Polizei zu melden."

„Aha!" Nun klang Bröker schon ein wenig beruhigter. Mit etwas Glück würde er Schewe vielleicht das fehlende Motiv liefern können – vorausgesetzt, sein Verdacht erhärtete sich – und dann würde Schlangenbader hoffentlich endgültig überführt werden.

„Was willst du denn von ihm?"

„Ich habe dir doch von meinen Vermutungen erzählt", erklärte Bröker.

„Na ja, sagen wir, du hast mir erzählt, dass du etwas vermutest."

„Ja. Und du ahnst vielleicht, dass sich dieser Verdacht aus dem Gespräch mit Carolin Schlangenbader ergeben hat. Wer könnte einen solchen Vorwurf wohl bestätigen?"

„Carolin Schlangenbader selbst und ihr Vater, den du beschuldigst? Vielleicht auch noch seine Exfrau."

„Ganz genau. Und dass Schlangenbaders Tochter nicht eben zur Hauptbelastungszeugin taugt, hast du vielleicht inzwischen ebenso mitbekommen wie, dass seine Frau vor mehr als zehn Jahren verschwunden ist. Demnach bleibt nur der Professor."

„Also willst du Schlangenbader einen Besuch abstatten", folgerte die Journalistin.

„Vielleicht", brummte Bröker zum dritten Mal.

„Du lässt dir heute aber auch wirklich gar nichts aus der Nase ziehen, B.! Versprochen, du meldest dich, sobald du etwas für spruchreif hältst?

„Ja, natürlich", versuchte er seiner Freundin zu versichern. „Und danke für die Informationen."

„Gerne!"

Nachdem Bröker aufgelegt hatte, entfuhr ihm ein kurzer Wutschrei. Es war doch nicht zu glauben, dass Schlangenbader tatsächlich wieder auf freiem Fuß war! Beinahe gleichzeitig kamen Gregor und Ulf herbeigestürzt.

„Bröker, was ist los?" Gregor konnte seine Gedanken als Erster in Worte fassen. „So schreit eigentlich nur Tom, wenn ihm Jerry mal wieder entwischt ist."

Ohne es zu wollen, musste Bröker grinsen. „So falsch liegst du damit gar nicht. Ich habe soeben erfahren, dass Schewe Schlangenbader freilassen musste."

„Das ist natürlich dumm!" Ulf schien weiterhin an dem Fall Anteil zu nehmen. „Aber trotzdem verstehe ich nicht, wieso du so schreist."

„Na ja, ich habe in der Unibibliothek eine Entdeckung gemacht, die vielleicht einiges erklären könnte. Und wenn diese Erklärung stimmt, dann gehört Schlangenbader doppelt hinter Gitter, nur ist er gerade eben auf freien Fuß gesetzt worden."

„Was war denn das für eine Entdeckung?", fragte Ulf, der Brökers Überlegungen durch seine Kenntnis der Zeichentrickfiguren ja erst ins Rollen gebracht hatte. Wieder fiel Bröker auf, dass Ulf zumindest manchmal das Fernsehprogramm vergessen konnte, wenn es um die Ermittlungen gegen Schlangenbader ging.

„Es ist noch sehr spekulativ", antwortete er ausweichend. Nun, da er seine Gedanken zum ersten Mal in Worte fassen sollte, war er von ihrer Richtigkeit schon weniger überzeugt. „Aber ich habe dort in der Bibliothek noch einmal einen Blick auf den Brief geworfen, den Florian Schlangenbader als Zehnjähriger geschrieben hat."

„Und?", hakte Gregor ungeduldig nach.

„Es waren so feine Linien darauf, die sich durchgedrückt hatten. Ich habe sie schraffiert. Und das ist dabei herausgekommen."

Bröker lief eilig die Treppe hinab, holte den Brief aus seiner Jackentasche und hastete wieder hinauf. Ulf und Gregor betrachteten das Papier.

„Schon wieder *Tom und Jerry*?"

Ulfs Gesicht war nun ein einziges großes Fragezeichen.

Auch Gregor schien nicht viel mehr damit anfangen zu können: „Sieht ein bisschen aus wie ein später Picasso."

„Na ja, eher wie ein früher Schlangenbader", gab Bröker zurück. „Kommt euch die Zeichnung an manchen Stellen nicht komisch vor? Tom trägt eine Brille und Jerry hat ein Kleid an. Und schaut mal, wie der Kater sich von oben auf die Maus stürzt!"

„Hm, also ich finde, obwohl dieser Kater eine Brille trägt, sieht er normaler aus, als Uli es tut!", wagte Gregor einzuwenden.

„Unsinn!", lachte Bröker. Dann wurde er aber wieder ernst. „Für mich hat Florian da seinen Vater und seine Schwester gemalt. Ich habe in der Bibliothek der Psychologen nachgeschaut, wie man mithilfe von Kinderzeichnungen dem Verdacht auf Missbrauch nachgeht. Und bei meiner Suche bin ich da auf einige Merkmale gestoßen, die passen würden. Schaut euch doch nur mal an, wie seltsam der Schwanz des Katers zwischen den Beinen hervorkommt."

Ulf und Gregor bewegten wie vom gleichen Marionettenspieler gespielt die Köpfe hin und her.

„Soll das heißen, du denkst, dass Schlangenbader seine Tochter vergewaltigt hat?", fragte Gregor schließlich direkt.

„Das soll nur bedeuten, dass ich eben in der Bibliothek darüber nachgedacht habe, ob es nicht so gewesen sein könnte. Um diesen Verdacht zu prüfen, müsste ich Schlangenbader noch einmal befragen", fasste Bröker seine Gedanken zusammen.

„Und das geht nicht, wenn er aus der U-Haft entlassen wurde", versuchte Ulf mitzudenken.

„Doch, doch, das geht schon." In Bröker war in den letzten Minuten schon ein vager Plan herangereift. „Nur kann er jetzt vielleicht Carolin gefährlich werden. Aber eigentlich würde ich gerne erst einmal mit Schewe sprechen. Was hat man sich bei der Polizei eigentlich gedacht, als man Schlangenbader freigelassen hat?!" Entschlossen griff er erneut zum Telefon.

„Aber doch nicht mehr heute!", sagte Gregor bittend. „Bröker, guck mal, wie spät es ist. Nach neun. Wenn Ulf schon kocht, müssten bei dir doch sämtliche Alarmglocken läuten. Um die Zeit ist Schewe bestimmt nicht mehr im Dienst. Und wenn doch, dann nicht, um sich von dir Vorwürfe machen zu lassen. Man erkennt dich ja kaum wieder. Du hast in den letzten 48 Stunden mehr gemacht als sonst in manchen Monaten!"

„Hm, da hast du wohl Recht", nickte Bröker und legte das Telefon wieder weg. „Eigentlich habe ich für heute tatsächlich genug vom Detektivspielen. Außerdem ist es ein gutes Gefühl, den Abend mit dem Gedanken zu beschließen, dass man den Fall vielleicht gelöst hat. Wer weiß, ob sich diese Hoffnung nicht schon morgen wieder zerschlägt."

Mit einer inneren Zufriedenheit ging er in den Keller. Richtig, den Spätburgunder hatte er ja schon gestern öffnen wollen.

„Trinkt jemand ein Schlückchen mit?", fragte er, als er die Treppe wieder hinaufkam. An diesem Abend saßen alle drei Hausbewohner das erste Mal gemeinsam im Wohnzimmer. Zugegeben, der Fernseher lief, aber Ulf hatte den Ton fast ganz heruntergeregelt.

Kapitel 24
Bröker macht sich ein Bild

Endlich begann mal wieder ein Tag, wie ein Tag beginnen sollte, dachte Bröker, als er mit den beiden regionalen Morgenzeitungen, seiner Tasse Kaffee, Lachsbrötchen und Rührei am Küchentisch saß. Er hatte tief und fest geschlafen und seine Erkältung war auf wundersame Weise verschwunden. Und auch danach gab sich der Tag alle Mühe. Weder ereilte ihn eine neue Hiobsbotschaft von Gregor, noch störten ihn aus dem Wohnzimmern dröhnende Fernsehgeräusche, denn Ulf hatte wegen eines Besuches bei seinem Hausarzt schon früh das Haus verlassen. Was bedeutete, dass Bröker im eigenen Haus für ein oder zwei Stündchen sturmfreie Bude hatte. Genießerisch lud er eine Portion Rührei auf die Gabel, balancierte sie auf das Lachsbrötchen, biss ab und spülte mit einem Schluck Kaffee nach.

„Aaaah", seufzte er und legte die Lokalteile der beiden Zeitungen nebeneinander. Über den Fall Schlangenbader wussten beide nicht viel Neues zu berichten. Das *Westfalen-Blatt* hatte einige gut zu lesende Gedanken allgemeiner Natur zusammengetragen und auch Charly hatte die Nachricht über die Freilassung des Professors noch nicht in der heutigen Ausgabe unterbringen können. Vermutlich war sie erst nach Redaktionsschluss bekannt geworden. Auch die Polizei wusste schließlich ihre Termine zu setzen. Ansonsten tendierten beide Blätter dazu, den Hochschullehrer weiterhin für schuldig zu halten.

Und damit haben sie wohl Recht, dachte Bröker und biss noch einmal vom Brötchen ab. Dass Schewe allerdings Schlangenbader auf freien Fuß gesetzt hatte, trübte seine Frühstückslaune ein wenig. Überhaupt: Schewe wollte er ja noch einmal anrufen. Nicht nur, um ihm seine Meinung zu sagen, sondern auch um herauszufinden, ob dieser ihm nicht eine Möglichkeit bieten könnte, den Professor mit seiner Vermutung zu konfrontieren. Aber das musste bis nach dem Frühstück warten, beschloss er und suchte im Lokalsport des *Westfalen-Blatts* die neuesten Berichte über die Arminia.

Eine halbe Stunde später jedoch ließ sich das Telefonat nicht länger aufschieben. Dazu trug der leere Teller, der Bröker traurig anschaute, ebenso bei wie der ausgelesene Sportteil und die Tatsache, dass Ulf nach Hause gekommen war und sich anscheinend überlegt hatte, seine Aufmerksamkeit nun gleichmäßiger auf Bröker und das Fernsehprogramm zu verteilen. Da er auf seine gewohnte Beschäftigung aber offenbar nicht verzichten wollte, rief er Bröker im Zwei-Minuten-Takt Fragen zu, deren Beantwortung ihm jedoch herzlich egal war.

„Ich muss mal telefonieren", brummte Bröker schließlich, griff sich das Telefon, wählte die Nummer des Polizeipräsidiums und ließ sich zu Schewe durchstellen.

„Bröker!", eröffnete der das Gespräch freundlich. „Ich habe schon gehört, dass Sie zusammen mit van Ravenstijn ein sehr aufschlussreiches Gespräch mit Schlangenbaders Tochter hatten."

Bröker stutzte. War das Schewes trockener Humor oder hatte der Niederländer das Zusammentreffen mit der Tochter des Professors wirklich so anders wahrgenommen als er.

„Aufschlussreich?", fragte er irritiert in den Hörer.

„Ja, van Ravenstijn sagte mir, er habe Äußerungen aus der jungen Frau herausbekommen, die uns bei der Suche nach einem Motiv weiterhelfen könnten."

„Aha?"

Bröker hatte Schewe eigentlich von seinem eigenen Verdacht berichten wollen, zögerte aber nun. Was hatte der Holländer erzählt?

„Van Ravenstijn wollte mir noch nichts Genaueres mitteilen. Er sagte nur, er hätte eine heiße Spur."

Bröker schluckte. Bluffte der selbsternannte Profiler,

war das nur einer seiner typischen Anfälle von Selbst-
überschätzung oder hatte er wirklich etwas herausgefunden? Wieder einmal bemerkte er, dass er van Ravenstijns Verhalten einfach nicht einschätzen konnte.
Und – Bröker gab es nur ungern zu – er missgönnte
dem Polizeipsychologen einen solchen Erfolg. Schon
allein, weil dieser es anscheinend so dargestellt hatte,
als habe *er* alle Ermittlungsarbeit geleistet. Dabei waren sie gemeinsam bei Carolin Schlangenbader gewesen
und dass sie überhaupt dort gewesen waren, beruhte
nur auf dem, was Bröker herausgefunden hatte. Besser,
er würde seinen neuen Verdacht selbst verfolgen. Sonst
würde sich van Ravenstijn auch noch diesen Gedanken
an die Fahnen heften.

„Und die Spur ist so heiß, dass Sie Schlangenbader
gestern Abend freigelassen haben", sagte er stattdessen
ein wenig süffisant.

„Wir haben ihn gewiss nicht freiwillig laufen lassen!", seufzte Schewe vernehmlich. „Der Staatsanwalt
hielt eine Untersuchungshaft für nicht mehr länger zu
rechtfertigen."

„Und Ravenstijn wollte trotzdem nichts verraten?"

„Er sagt, es sei noch nichts spruchreif, aber wenn sich
seine Vermutungen als richtig herausstellen, würden sie
uns das gesuchte Motiv liefern. Wir brauchen einfach
nur ein bisschen Zeit, um Schlangenbader zu überführen."

„Ja, das sind wahrscheinlich Probleme, die häufi-
ger während Ermittlungsarbeiten auftauchen", zeigte
Bröker unfreiwillig Verständnis. Das war also aus sei-
nem Vorsatz geworden, Schewe die Meinung zu sagen.
„Aber könnte er nicht wichtige Hinweise vernichten?"
Dabei dachte er auch an seine eigenen Mutmaßungen.

„Was für Hinweise denn und worauf?"

„Och, ich dachte nur so allgemein, dass es gefährlich sein könnte, wenn sich ein Verdächtiger so kurz nach der Tat wieder frei in seinem gewohnten Umfeld bewegen kann."

Nein, Bröker würde Schewe nichts von seinen eigenen Recherchen erzählen, das wurde ihm in diesem Moment endgültig klar.

„Nun, damit haben wir schon einige Erfahrung, das können Sie mir glauben." Schewe kehrte nun wieder den Polizisten heraus und Bröker konnte es ihm kaum verdenken. „Weshalb rufen Sie eigentlich an?", setzte der Hauptkommissar nach.

Die Frage hatte Bröker schon befürchtet.

„Ach, ich wollte mich nur wegen der Freilassung Schlangenbaders erkundigen", antwortete er schlapp und hoffte, Schewe fiele nicht auf, dass er dies nicht aus der Zeitung erfahren haben konnte. „Außerdem wollte ich wissen, was Ravenstijn von unserem gemeinsamen Besuch bei Carolin hält", schob er daher schnell nach.

„Nun, das wissen Sie ja jetzt", entgegnete der Hauptkommissar und seine Stimme verriet endgültig Ungeduld. „Entschuldigen Sie bitte, Bröker, aber ich bin eigentlich gerade beschäftigt. Vielleicht können Sie mich wieder anrufen, wenn Sie meinen, etwas herausgefunden zu haben."

Mit diesen Worten beendete er das Gespräch und hängte ein.

Auch Bröker stellte das Telefon in die Ladestation zurück. Verschiedene Gedanken verknäuelten sich in seinem Kopf. Hatte van Ravenstijn den Worten Carolins wirklich etwas entnehmen können oder hatte er nur heiße Luft gequirlt? Und wenn er wirklich einen

Verdacht gegen den Professor hegte, war es dann derselbe, den auch Bröker hatte, oder hatte der Fallanalytiker noch etwas anderes entdeckt? Der Einzige, der ihm dies hätte sagen können, wäre vermutlich van Ravenstijn selbst. Nur wollte Bröker gerade ihn nicht fragen. Seine Rivalität zu dem Niederländer erstaunte ihn. Soweit er sich erinnerte, hatte es nie jemanden gegeben, mit dem er bewusst in Konkurrenz getreten wäre. Wieso jetzt mit diesem Polizeipsychologen?

Bröker wusste es nicht. Problematisch war nur, dass er den Holländer eigentlich eingeplant hatte, um mit ihm zu Schlangenbader zu gehen. Als Vorwand für eine Ermittlung wäre sein Polizeiausweis gut zu gebrauchen gewesen – auch wenn er den selbsternannten Profiler nicht mochte. Das fiel nun flach. Wie aber sonst konnte er sich dem Professor nähern? Bröker dachte nach. Er könnte natürlich noch einmal die Studentennummer versuchen. Allerdings hatte Schlangenbader mitbekommen, dass er die ermittelnden Polizisten kannte. Der Professor würde ihm den Studenten daher wohl kaum ein zweites Mal abkaufen. Zudem war unklar, mit welchem studentischen Anliegen er sich an ihn wenden sollte. Doch wie konnte er sonst mit ihm ins Gespräch kommen? Bröker schlich am Wohnzimmer vorbei, wo Ulf einen Bericht über ein Erdbeben guckte.

„Und hast du etwas erreicht?", rief der ihm zu.

„Nicht das, was ich wollte", berichtete Bröker und blieb im Türrahmen stehen, bemerkte dann aber, dass Ulf sich schon längst wieder dem Fernsehapparat zugewandt hatte. Ein Reporter befragte die Opfer des Bebens und das war ganz offensichtlich spannender als alles, was Bröker hätte sagen können.

Plötzlich kam ihm ein Gedanke. Konnte er sich

Schlangenbader vielleicht als Journalist nähern? Aber nein, der Professor kannte ihn ja. Er bräuchte schon einen echten Reporter, als dessen Helfer er sich vielleicht im Notfall ausgeben könnte. Aber selbst dann würde ihn der Professor vermutlich erkennen. Dennoch schien ihm der Gedanke an sich nicht schlecht. Und eine Reporterin kannte er schließlich auch: Charly! Die müsste er nur überzeugen, ein Interview mit Schlangenbader zu führen, und er könnte sie begleiten.

„Ulf, es ist einfach genial, dass du die ganze Zeit fernsiehst!", rief Bröker begeistert und schlug ihm freundschaftlich auf die Schulter. Diese Geste war für Bröker beinahe so intim wie ein Kuss – und für Ulf offensichtlich auch.

„Wirklich?", fragte er erstaunt und Bröker meinte bemerkt zu haben, dass sein Mitbewohner rot geworden war.

„Ja, man bekommt so viele gute Einfälle dabei!"

„Und ich dachte immer, es stört dich eher", sagte Ulf noch immer ein wenig zaghaft.

„Ach was! Gerade hatte ich eine wirklich gute Idee!"

Mit diesem Satz verschwand Bröker in sein Schlafzimmer und schnappte sich noch einmal das Telefon. Er erwischte Charly auf ihrem Handy.

„B., du schon wieder", sagte sie, aber ihre Stimme lächelte.

„Ja, ich habe noch einmal über deine Mitteilung von gestern nachgedacht", begann Bröker. Nun musste er alles richtig machen. Charly konnte es nicht leiden, wenn man sie für eigene Pläne einspannte, aber eben das hatte er vor.

„Und?"

„Nun, ich habe mich gefragt, ob du es nicht spannend finden würdest, ein Interview mit Schlangenbader zu führen, jetzt, wo er draußen ist."

Am anderen Ende der Leitung wurde es still. Bröker hörte Tassen klirren und wie seine Freundin einen Cappuccino bestellte. Dann sprach sie wieder mit ihm.

„Entschuldige, ich bin gerade im *Alex*. Also, das scheint mir eine sehr vernünftige Idee, Schlangenbader zu befragen. Ich könnte ihn vielleicht damit ködern, dass er seine Sicht der Dinge schildern kann, mir Gründe für seine Unschuld nennt und so weiter."

„Ja genau, so in etwa hatte ich mir das auch gedacht", stimmte Bröker zu, froh, dass Charly offenbar angebissen hatte.

„Aber ich frage mich eins, B.!"

„Und zwar?" Zu spät bemerkte Bröker den lauernden Unterton in Charlys Stimme.

„Seit wann interessiert dich meine Arbeit derart, dass du mir Vorschläge machst, worüber ich schreiben könnte. Das ist seit *Rotbarsch*-Zeiten nicht mehr vorgekommen!"

„Nun, der Fall Schlangenbader beschäftigt mich eben besonders. Schließlich war ich dabei, als die Leiche gefunden wurde", startete Bröker einen Erklärungsversuch.

„Und jetzt noch mal ehrlich!", konterte Charly prompt und lachte.

„Na ja, ich habe mir gedacht, dass du zu solch einem Termin bestimmt einen Fotografen mitnimmst."

„Und?"

„Wie wäre es denn, wenn ich dieser Fotograf wäre?"

Charly prustete in den Hörer. „Ach, von daher weht der Wind!"

„Ja … Ich habe dir doch von meinem Verdacht erzählt. Ich muss Schlangenbader einfach dazu befragen!", erläuterte Bröker etwas kleinlaut und knüpfte an das gestrige Gespräch an. Die überlegte einen Moment.

„Sag mal, du und Schlangenbader, ihr hattet doch schon einmal das Vergnügen miteinander, oder?", fragte sie dann.

„Ja, ich war schon mal bei ihm in der Uni", musste Bröker zugeben.

„Und meinst du nicht, er würde dich wiedererkennen? Selbst wenn du deinen Luxuskörper in ein Damenkostüm zwängst, so bleibst du doch unverkennbar. Ganz davon abgesehen, dass du dich noch nicht einmal zu Karneval verkleidest!"

Bröker schwieg betroffen – musste sich aber eingestehen, dass seine Freundin mit ihren Einwänden nicht ganz Unrecht hatte. Doch glücklicherweise hatte sie auch eine Lösung parat.

„Wie wäre es, wenn Gregor statt deiner mitkäme? Dem könntest du doch auch sagen, welche Fragen er stellen soll."

Bröker zögerte einen Augenblick, sah dann aber ein, dass dies wohl die beste Möglichkeit war, um doch noch an ein paar Antworten von Schlangenbader zu kommen.

„Ich muss zuerst mit Gregor reden, ob er dazu überhaupt bereit ist", gab er noch zu bedenken.

Aber Charly lachte nur: „Hör mal, B., so gut solltest du deinen Mitbewohner mittlerweile kennen. Aber frag ruhig nach. Ich werde in der Zwischenzeit Kontakt zu Schlangenbader aufnehmen", fuhr sie fort. „Wenn es klappt, melde ich mich, wenn nicht, auch."

„So machen wir es!", stimmte Bröker zu und beendete das Gespräch.

Noch bevor er sich daran machen konnte, Gregors Handynummer in den Tiefen seines Mobiltelefons zu suchen, hörte er, wie sich im Erdgeschoss die Haustür öffnete und der Junge mit schnellen Schritten die Treppe hinaufstürmte.

„Gregor! Du kommst ja wie bestellt!", rief er erfreut.

„Bröker! Wie kommt es, dass du gar nicht wissen willst, wieso ich heute beschlossen habe, dass der Sozialkundeunterricht ohne meine Mitarbeit auskommen muss?" Lachend schob sich Gregors schwarzer Schopf durch die Tür zu Brökers Schlafzimmer.

„Vielleicht weil ich heute ausnahmsweise finde, dass ich einen besseren Verwendungszweck für dich habe als die Schule."

„Ach, und der wäre?"

„Du sollst für mich Fotograf spielen!" Aufgeregt berichtete Bröker von seinem Plan.

„Klingt super! Nur: Wie willst du sicherstellen, dass mir die richtigen Fragen einfallen?"

„Da muss ich dich vorher natürlich instruieren", gab Bröker zu.

„Vielleicht habe ich eine bessere Idee", entgegnete Gregor und zog einen winzigen Kopfhörer aus der Tasche.

„Was ist das?" Bröker schaute verständnislos.

„Das ist ein Headset. Damit kann ich telefonieren, auch ohne mir mein Handy ans Ohr zu halten. Vielleicht hast du ja schon einmal von so einer segensreichen Erfindung gehört."

„Mag sein", brummte Bröker. „Und wozu soll so was gut sein?"

„Oh, in unserem Fall könnte es dabei helfen, dass du mitbekommst, was wir in Schlangenbaders Haus besprechen und mir entsprechende Anweisungen geben kannst – vorausgesetzt, du schaltest auch dein Telefon an."

„Gregor, du bist genial!" Bröker strahlte. „Vielleicht ist doch nicht alles schlecht, was in den letzten zwanzig Jahren erfunden wurde!"

Noch bevor Gregor das seltene Lob genießen konnte, schellte Brökers Telefon und er hatte Charly zum zweiten Mal an diesem Tag in der Leitung.

„Es klappt tatsächlich! Schlangenbader hat uns einen Termin für heute Abend um sieben gegeben", vermeldete die Journalistin freudig.

„Klasse!" strahlte Bröker. „Ich habe inzwischen mit Gregor gesprochen. Holst du uns ab?"

„Ja. Ich bin um halb sieben bei euch! – Und packt eine Kamera ein", erinnerte ihn die Journalistin.

„Gut, dass du es sagst!" Bröker hätte den Fotoapparat tatsächlich vergessen.

„Tja, B., ich kenne dich eben! Ach, eine Bedingung hätte ich noch", fügte sie hinzu.

„Und welche?"

„Wenn sich dein Verdacht als begründet herausstellt, bekomme ich die Geschichte exklusiv."

„Die kannst du haben. Wenn wir denn etwas herausfinden. Schlangenbader wird nicht leicht zum Reden zu bringen sein", gab Bröker zu Bedenken.

„Na, schauen wir mal. Immerhin hast du ja schon einmal einen Fall gelöst!"

Bröker lächelte. Manchmal wusste Charly einfach, was man sagen musste, um ihn aufzumuntern.

„Na dann bis nachher!", verabschiedete er sich.

„Bis dann, Mr. Marple", zog ihn Charly auf und hängte ein.

Kapitel 25
In Schlangenbaders Grube

Den ganzen Tag über hatte Bröker eigentlich nichts mehr zu tun gehabt. Und so hatte er versucht, sich auf die Befragung des Professors vorzubereiten. Er hatte sich von Gregor noch einmal die Funktionsweise des Headsets erläutern lassen und ihn überredet, die Digitalkamera gegen eine analoge Spiegelreflexkamera auszutauschen, die er noch aus Schulzeiten besaß und die mit ihrem Teleobjektiv ungleich mehr hermachte als das kleine Elektronikwunder, auch wenn er auf die Schnelle keinen Film mehr dafür hatte auftreiben können. Zwischendurch hatte er noch sein Handy aufgeladen. Und schließlich hatte er noch einmal Florians Brief betrachtet und die Bilder mit dem verglichen, was sich im Internet über die Zeichnungen von missbrauchten Kindern finden ließ. Ab vier Uhr war er so unruhig im Haus auf und ab gelaufen, dass Ulf ihn gebeten hatte, doch bitte stillzusitzen, weil er sich sonst nicht auf die Doku-Soap über Betrugsfälle konzentrieren könne.

So war Bröker das reinste Nervenbündel, als er zusammen mit Gregor und Charly schließlich zur verabredeten Zeit vor Schlangenbaders Haus hielt. Vergeblich hatte ihm der Junge klarzumachen versucht, dass die Handyverbindung keinen Deut schlechter funktionieren würde, wenn Bröker zu Hause am Telefon hing, statt vor dem Haus des Professors zu warten.

„Das halten meine Nerven nicht aus", hatte er nur geantwortet.

Gregor hingegen war vollkommen ruhig. Weder hatte er sich besonders auf seine Rolle als Pressefotograf vorbereitet, noch schien sie ihn sonderlich zu ängstigen. Sicherheitshalber hatte er sich nur schon einmal das Headset ins Ohr gesteckt und natürlich baumelte ihm Brökers Kamera vor der Brust.

„Vergiss nicht, gleich dranzugehen, wenn ich anrufe!", verabschiedete er sich von Bröker, der auf der Rückbank von Charlys sportlichem Kleinwagen sitzen blieb und an seinem Mobiltelefon herumfingerte. Doch schon in der nächsten Minute stand die Verbindung.

„Es geht los!", flüsterte Gregor Bröker ins Ohr, dann war schon das Läuten von Schlangenbaders Türglocke zu hören.

Wenige Sekunden später öffnete der Professor die wuchtige Haustür.

„Guten Abend, Herr Schlangenbader, mein Name ist Charlotte Lindhorst, ich komme von der *Neuen Westfälischen*, wir hatten telefoniert", stellte sich Charly routiniert vor.

Schlangenbader nickte, dann erblickte er Gregor.

„Und das ist Herr Otterpohl, mein Fotograf", stellte Charly ihren Begleiter vor. Gregor reichte dem Professor die Hand.

„Dann kommen Sie mal herein", bat Schlangenbader seine Besucher ins Haus und lotste sie in sein Arbeitszimmer, das im oberen Stockwerk lag.

„Hier ist sozusagen mein Allerheiligstes", erläuterte er und wies auf eine Bücherwand hinter sich.

Gregor betrachtete die soziologische, philosophische und pädagogische Literatur, ohne jedoch sehr viele Autoren zu kennen.

„Ein hervorragendes Motiv!", sagte er, nahm schnell den Deckel vom Objektiv der Spiegelreflexkamera und stellte den Professor im Sucher scharf.

„Warten Sie! Warten Sie! Wenn Sie mich fotografieren, möchte ich wenigstens halbwegs passabel aussehen!", wandte dieser ein, rückte seine Brille zurecht und setzte sich hinter seinem Schreibtisch in Positur.

Charly nutzte die Gelegenheit und begann mit ihrem Interview. Zunächst fragte sie ein paar persönliche Daten ab, die sowohl Gregor als auch Bröker, der gespannt am Handy lauschte, schon kannten.

„Was siehst du?", flüsterte Bröker Gregor über sein Mobiltelefon zu.

„Ein typisches Arbeitszimmer eines Professors. Bücher über Bücher."

Bröker versuchte sich den Raum vorzustellen.

„Kannst du dich nicht mal ein wenig umsehen?", schlug er dann vor. „Vielleicht finden wir etwas, mit dem wir Schlangenbader effektvoll konfrontieren können." Währenddessen war an seinem Ende der Leitung zu hören, wie Charly beinahe mechanisch Eckdaten aus dem Lebenslauf des Professors abfragte, wann und wo er promoviert, habilitiert und welche Positionen er bekleidet hatte. Dann hörte er Gregor.

„Herr Schlangenbader, dürfte ich einmal Ihre Toilette benutzen?"

Der Professor zog die Brauen hoch, antwortete aber höflich: „Sicher, einfach die Treppe wieder hinunter und dann gleich rechts an der Küche vorbei, dort befindet sich das Gästebad."

Der Junge bedankte sich und verließ den Raum. Charly schaute ihm ein wenig besorgt nach.

„Gute Idee!" kommentiert Bröker über den Kopfhörer. „Kannst du irgendetwas Interessantes sehen?"

„Ich bin noch auf der Treppe", flüsterte Gregor. „Und überhaupt: Bist du dir eigentlich sicher, dass nicht sonst noch jemand in diesem Haus wohnt?"

„Hm." Bröker dachte einen Moment nach. „Der Sohn wurde ermordet, die Tochter lebt in einer Klinik und die Mutter ist seit vielen Jahren verschwunden. Eigentlich müsste die Luft rein sein."

„Na, dein Wort in Gottes Ohr. Ich gehe trotzdem erst ins Gästebad. Ist ja möglich, dass Schlangenbader mich hört."

Gregor öffnete die ihm beschriebene Tür.

„Hier gibt es wenig Überraschendes", meldete er an seinen Freund und drückte die Spülung. Dann verließ er die Örtlichkeit wieder.

„Kannst du nicht mal gucken, ob es nicht so etwas wie ein ehemaliges Kinderzimmer gibt?", drängte Bröker.

Obwohl nicht er, sondern Gregor durchs Haus schlich, waren seine Hände schweißnass und er merkte, dass seine Stimme leicht zitterte.

„Kann ich mir nicht vorstellen." Gregor schien hingegen noch immer erstaunlich ruhig. „Und wenn, dann ist es nicht hier im Erdgeschoss. Aber gleich neben der Haustür geht es zum Wohnzimmer."

Er warf einen schnellen Blick hinein.

„Was siehst du?"

Bröker fand inzwischen, dass doch besser er hätte Charly begleiten sollen. Zweiter Hand durch das Haus des Professors zu schleichen, machte ihn schier wahnsinnig.

„Bücherregale", meldete sich Gregor wieder.

„Und sonst nichts? Junge, lass dir doch nicht alles aus der Nase ziehen!"

„Zwei abstrahierte Zeichnungen an der Wand, Türme oder so etwas. Sehen teuer aus."

„Keine Fotos?"

„Nein, ich sehe keine. Aber das hier könnte dich interessieren."

„Was könnte mich interessieren? Gregor, ich sehe doch nichts!"

„Hier steht eine Kinderzeichnung im Regal. Kein *Tom und Jerry* diesmal, aber auch wieder Figuren mit riesigen Bäuchen und kleinen Köpfen. „Carolin 1992" steht drauf. Und der eine hier sieht mit seiner Brille wieder aus wie Schlangenbader."

„Ist das Bild farbig?"

„Es ist alles mit rotem Filzstift gemalt. Warte, ich zeige es dir."

„Wie willst du es mir denn zeigen?"

„Ich mache ein Foto und schicke es dir."

Wenige Augenblicke später piepte Brökers Mobiltelefon und zeigte ihm den Eingang einer MMS an.

„Warte, ich muss erst sehen, wie ich das öffnen kann", gab Bröker durch, nur um sofort vorzuschlagen: „Kannst du es nicht einfach mitnehmen?"

„Und wo soll ich es verstecken? – Außerdem hättest du mir sagen können, dass Schlangenbader eine Töle hat! Der Hund liegt unter dem Wohnzimmertisch und hätte mich gerade fast zu Tode erschreckt. Zum Glück schläft er und hat fast keine Zähne mehr!"

„Ach ja, den hat der Professor im Verhör erwähnt", erinnerte sich nun auch Bröker. „Das hatte ich ganz vergessen. Warte, ich schaue mir erst einmal das Foto an."

Bröker hantierte an seinem Mobiltelefon. Das piepte zweimal, dann jedoch gelang es ihm beim dritten Tastendruck tatsächlich die Nachricht zu öffnen. Bröker war beinahe ein wenig stolz. Und das Bild schien ihm ein gerechter Lohn. Es wies beinahe alle Kennzeichen auf, die er in der Literatur über sexuellen Missbrauch nachgelesen hatte.

„Gregor, das Bild ist ein 1A-Beweisstück. Nimm es mit!", rief er in sein Telefon. Doch das Handy tutete nur, Bröker hatte beim Öffnen der Bildnachricht die Verbindung gekappt.

„Mist!", fluchte er, doch in diesem Moment läutete sein Mobiltelefon schon wieder.

„Bröker, Bröker, seit der Erfindung des Schnellkochtopfes weißt du aber auch wirklich von keiner technischen Entwicklung mehr richtig, wie du sie benutzen sollst." Der Junge lachte. „Ich gehe übrigens gerade wieder zurück zu Charly und dem Professor."

„Halt! Nein! Nimm zuerst noch das Bild mit!", protestierte Bröker, doch es war zu spät. Statt Gregors Stimme konnte er nun die des Professors vernehmen: „Und, haben Sie sich zurechtgefunden?"

„Ja, danke!", erwiderte der Junge. „Ich habe noch einen Anruf bekommen, deshalb hat es etwas länger gedauert." Dabei wies er auf sein Headset. Charly musste ein Grinsen unterdrücken und erklärte schnell: „Wir sind auch schon ein ganzes Stück vorangekommen."

Dann warf sie ihren roten Zopf demonstrativ nach hinten und setzte ihr Interview fort.

„Wie war das nun, als Ihr Sohn starb?"

„Das war kein guter Abend!", antwortete Schlangenbader und seufzte, allerdings auf eine Weise, dass es Bröker wie eine wohlüberlegte Geste erschien. „Florian hat mich in der Uni aufgesucht. Er brauchte wie so oft Geld."

Charly nickte, so viel wusste sie schon aus dem Polizeibericht.

„Ich habe ihm seinen Lebenswandel vorgeworfen.

Aber davon wollte er nichts hören. Natürlich haben wir uns daraufhin gestritten. Das war die Auseinandersetzung, die mein Assistent gehört hat."

Es war unglaublich, wie schlüssig der Professor diese Geschichte klingen lassen konnte, dachte Bröker und spürte, wie er wütend wurde.

„Mich hat das Ganze auch deshalb so ungehalten gemacht, weil Florian genau wusste, dass ich über einem äußerst wichtigen Antrag saß, für dessen Fertigstellung ich auch ohne das Aufkreuzen meines Sohnes die halbe Nacht im Büro verbracht hätte. Nach dem Streit war ich so aufgebracht, dass ich erst einmal einen Schluck Wein getrunken habe, um mich ein wenig zu beruhigen."

Bröker erinnerte sich an die Flasche auf der Fensterbank in Schlangenbaders Büro.

„Und was sagen Sie zu dem Vorwurf, Sie seien später noch einmal zu Ihrem Sohn ins Unibad gegangen. Der hatte an jenem Abend dort seinen Kurs vorzubereiten. Sie hätten ihn aufgesucht und ihn dort ermordet."

„Wieso hätte ich das tun sollen? Auch wenn es mit Florian des Öfteren Meinungsverschiedenheiten gab, so war er doch mein Sohn."

„Sie behaupten also, die Vorwürfe sind haltlos?", startete Charly noch einen Versuch.

„Ja, genau das denke ich, mehr noch, sie sind absurd! Es gibt doch gar keinen Grund, weshalb ich Florian hätte umbringen sollen", behauptete Schlangenbader. „Letztlich scheint ja wohl auch die Polizei zu dieser Einsicht gelangt zu sein, denn sie hat mich aus der Untersuchungshaft entlassen."

Bröker fühlte, dass er es nicht mehr länger aushielt, Schlangenbader zuzuhören. Wäre er doch nur am Ort des Geschehens bei Charly und Gregor. Dann würde er das Motiv schon aufdecken. Es war nur eine Frage der richtigen Technik. Man musste den Professor in die Ecke drängen, psychologisch geschickt sein. So stellte Bröker es sich zumindest vor. Er stieg vor Aufregung aus Charlys Wagen aus und ging auf und ab.

„Frag ihn, ob er Kindesmissbrauch für ein solches Motiv hält", rief er aufgeregt in sein Mobiltelefon.

„Bröker, das bringe ich nicht!", zischte Gregor so leise zurück, dass sein Freund ihn kaum verstand. „Ich habe doch überhaupt nichts in der Hand."

„Doch, los, frag ihn einfach!"

Bröker schrie nun so laut, dass ihn der Professor eigentlich schon von draußen hätte hören müssen.

„Bröker, ich werde taub, wenn du so schreist!", flüsterte Gregor aufgebracht zurück.

Das aber bekam Schlangenbader mit.

„Mit wem reden Sie da eigentlich?", unterbrach er das Interview und wandte sich dem Jungen zu.

„Ich? Mit niemandem", hörte Bröker diesen noch sagen. Dann hatte sein junger Freund das Gespräch unterbrochen.

Bröker brauchte nicht nachzudenken, was zu tun war. Mit großen Schritten eilte er auf Schlangenbaders Haus zu und läutete Sturm. Das Dauerklingeln vermischte sich nach wenigen Sekunden mit dem Bellen des Hundes. Die Tür wurde aufgerissen, Bröker und Schlangenbader standen sich gegenüber.

„Was wollen *Sie* denn hier?" Der Professor schien überrumpelt, fasste sich jedoch erstaunlich schnell. Bröker ging sofort zum Frontalangriff über.

„Ich bin gekommen, um Sie zu fragen, ob Sie Ihre Kinder missbraucht haben. Ob das vielleicht das Mordmotiv sein könnte, nach dem die Polizei sucht."

Eine ironische Stimme in Brökers Hinterkopf sagte ihm, dass aus solchen Situationen vermutlich die Redewendung „mit der Tür ins Haus fallen" entstanden war. Aber Bröker war so in Rage, dass er nur wenig Freude an dieser kleinen Beobachtung hatte.

„Wie meinen Sie das?"

Schlangenbader sah ihn entgeistert an. Auch Charly, die dem Professor unterdessen ebenso an die Tür gefolgt war wie Gregor, betrachtete ihn mit aufgerissenen Augen.

„B., du solltest doch im Wagen bleiben!", bemerkte sie tadelnd und auch der Junge schüttelte den Kopf.

„Sie kennen diesen Herrn?"

Der Professor begann eins und eins zusammenzuzählen und wandte sich wieder an Bröker. „Verwechseln Sie da nicht etwas? Wären meine Kinder von mir missbraucht worden, hätten doch wohl diese vielmehr ein starkes Motiv gehabt, mich zu ermorden!"

„Nicht wenn Florian Sie erpresst hat." Noch hatte Bröker ein paar Trümpfe im Ärmel.

„Sie behaupten, ich hätte meine Kinder missbraucht und Florian im Schwimmbad ertränkt, weil er mir mit dem Wissen darum die Pistole auf die Brust gesetzt hat, verstehe ich das richtig?"

„Ich behaupte, so könnte es gewesen sein, ja."

„Und wie kommen Sie darauf? Haben Sie irgendeinen Beweis für eine derartige Anschuldigung? Und wie in Himmels Namen soll ich überhaupt den Mord begangen haben?"

„Dass Sie ins Schwimmbad gelangen konnten, weil Ihr Sohn an diesem Abend seinen neuen Kurs vorbereitete, wusste die Polizei ja schon. Ich vermute, dass Sie die Schwimmhalle betraten, um noch einmal mit

Ihrem Sohn zu reden. Vielleicht wollten Sie ihn davon abbringen, Sie zu erpressen. Das ist Ihnen aber nicht gelungen, sondern der Streit eskalierte endgültig. Vermutlich hat Ihr Sohn nicht locker gelassen oder Ihnen Vorwürfe gemacht."

„Solche Szenarien habe ich mir die letzten Tage zur Genüge anhören müssen", winkte der Professor ab.

„Ich vermute, dass es zu einem Handgemenge zwischen Ihnen und Florian gekommen ist. Ihr Blick fiel auf den Sack mit den Schwimmutensilien und da kam Ihnen der Gedanke, wie Sie den Erpressungsversuchen Ihres Sohnes ein für alle Mal ein Ende setzen könnten. Sie haben ihn mit dem Elektroschocker betäubt, in den Sack gesteckt, diesen zugezogen und ihn ins Wasser gestoßen."

Bröker hielt erschöpft inne. Charly betrachtete ihn ungläubig.

„Ich wusste ja gar nicht, dass du eine so ausgeklügelte Theorie besitzt!"

„Man könnte auch ‚eine absurde Theorie' sagen!", lächelte Schlangenbader kalt. Dann räusperte er sich. „Ich sehe es doch richtig, dass Sie hier auf mein Grundstück kommen und mir irgendwelche hanebüchenen Vorwürfe unter die Nase reiben, von denen Sie nichts, aber auch gar nichts beweisen können, ja?"

Bröker schluckte. Er konnte dem Professor schlecht das Handyfoto unter die Nase halten, das Gregor ihm wenige Minuten zuvor geschickt hatte, ohne den Jungen noch weiter in die Geschichte hineinzuziehen. Aber Schlangenbader wandte sich schon Charly zu und fuhr fort: „Und Sie beide kommen hier als Journalisten in mein Haus, angeblich, damit ich durch eine Gegendarstellung wenigstens den Versuch unternehmen kann, meine Reputation wiederherzustellen. Doch was tun Sie? Sie stellen mir die gleichen Fragen, die mir schon die Polizei zur Genüge gestellt hat, und Ihr Fotografenfreund, der aller Wahrscheinlichkeit nach gar kein Fotograf ist, kommuniziert unterdessen mit diesem Plagegeist hier."

Bei diesen Worten blickte er wieder zu Bröker.

„Und Sie ... Wie kommen Sie dazu ... Glauben Sie eigentlich selbst, was Sie da sagen?"

Der Professor hatte sich nun doch in Rage geredet und war ganz rot im Gesicht geworden. Charly versuchte noch zu vermitteln: „Aber Herr Professor Schlangenbader", sprach sie den Hochschullehrer erstmals mit seinem Titel an. „Wir wollten doch nur ..."

„Dieser Mann verfolgt mich seit Florians Tod. Und damit nicht genug: Nun wirft er mir nicht nur den Mord an meinem Sohn vor, sondern auch, dass ich meine Kinder missbraucht habe. Das muss ich mir nicht bieten lassen, schon gar nicht in meinem eigenen Haus!"

Erregt machte der Professor Anstalten die Tür zu schließen. Bröker wollte sich gegen sie stemmen, doch seine Freunde hielten ihn zurück.

„Raus mit Ihnen! Verlassen Sie sofort mein Grundstück, alle drei!", rief der Professor außer sich und ließ die Tür ins Schloss knallen.

Kapitel 26
Im Unterholz

Als Bröker seinen Freunden wieder Richtung Wagen hinterhertrabte, war er mehr verdattert als aufgebracht. Keine Viertelstunde zuvor hatte er sich noch überlegt, wie er den Professor attackieren musste, damit dieser sein Verbrechen gestand, und nun hatte ihn eben dieser Professor einfach vor die Tür gesetzt. Auch Charly schien mit einem so schnellen Wechsel des Geschehens nicht gerechnet zu haben.

„Hatten wir dich nicht gebeten, im Wagen zu warten?", fragte sie vorwurfsvoll.

„Ja, das wollte ich auch", sagte Bröker schuldbewusst. „Aber als Gregor aufgelegt hat, ist mir einfach die Sicherung durchgebrannt."

„Na hör mal, du hast so laut geschrien, dass ich beinahe einen Hörsturz bekommen habe", verteidigte sich der Junge und auch Charly hob eine Augenbraue, musste dann aber doch lachen.

„Schlangenbader hat jedenfalls ganz schön die Contenance verloren."

Bröker war erleichtert, dass seine Freundin die ganze Situation mit Humor nahm.

Dennoch fragte sie: „Aber nun sag bitte, wie du drauf gekommen bist, dass Schlangenbader seine Kinder missbraucht haben könnte?"

„Männliche Intuition?" Bröker zuckte mit den Schultern. „Den Verdacht hatte ich schon, seit ich eine Kinderzeichnung von Florian gesehen habe. Und dann hat mir Gregor eben ein Foto von einem ähnlichen Bild aus dem Wohnzimmer des Professors geschickt und da passte für mich alles."

„Vielleicht hat deine innere Stimme ja Recht, aber sowas jemandem einfach an den Kopf zu werfen … Schlangenbader war jedenfalls ganz schön schockiert."

„Offensichtlich nicht schockiert genug", befand Bröker ärgerlich.

„Hattest du etwas anderes erwartet?"

„In meinen Träumen ist die Welt immer viel schöner."

„Und was hätte dein Traum-Schlangenbader gemacht?"

„Im Idealfall wäre er unter der Last meiner Anschuldigungen zusammengebrochen", seufzte Bröker. „Aber das war wohl nichts."

„Nein, das war gar nichts! Ich hoffe, ich kann wenigstens aus dem ersten Teil des Interviews einen brauchbaren Artikel zusammenschreiben."

„Entschuldige!", sagte Bröker zerknirscht.

„Nun, du kannst es wenigstens zum Teil wiedergutmachen", zwinkerte seine Freundin.

„Und wie?"

„Gib mir die Fotos von Schlangenbader für mein Interview!"

„Was für Fotos?", meldete sich nun auch Gregor.

„Na, du hast doch zu Anfang Bilder von ihm gemacht!"

„Nun ja, ich hätte wohl."

„Was heißt ‚ich hätte wohl'?", fragte Charly Böses ahnend.

Gregor blickte Bröker an. „Die Spiegelreflexkamera gehört ihm." Er deutete auf seinen älteren Freund. „Er fand, sie mache mehr her als meine Digitalkamera. Nur hatten wir keinen Film mehr für das alte Ding."

„Soll das heißen, du hast gar keine Bilder gemacht?"

„Nein, kein einziges", gestand Gregor.

„Oh, ihr seid wirklich ein Dream-Team", stöhnte Charly. „So werde ich euch aber nicht noch einmal meine Fotografen spielen lassen."

Bröker und Gregor schwiegen betroffen.

„Na kommt, wir fahren zurück", sagte die Journalistin, als sie ihre Freunde so unglücklich dastehen sah, und öffnete die Wagentür.

Gregor nahm auf der Rückbank Platz, doch Bröker blieb wie angewurzelt stehen. Das Geschehen der letzten Stunde ließ ihn nicht los.

„Ich fürchte, ihr müsst alleine fahren. Ich bleibe noch ein wenig hier."

„Hier? Was heißt das? Hier bei Schlangenbader oder hier in Werther?", rief Gregor aus dem Auto.

„So genau weiß ich das noch nicht", musste Bröker zugeben.

„Aber wie willst du wieder zurückkommen? Es ist schließlich schon acht. Sollen wir dich nicht wenigstens bis Bielefeld mitnehmen?", gab seine Freundin zu bedenken.

„Ach, macht euch darum mal keine Gedanken. Notfalls kann ich immer noch ein Taxi rufen."

Als Bröker sah, dass Gregor Anstalten machte, wieder aus dem Wagen zu steigen, schüttelte er nur den Kopf.

„Lass mal, Gregor. Ist schon o.k. Ich brauche einfach ein paar Minuten für mich."

„Na gut B., wir können dich nicht zwingen. Aber versprich mir bitte, dass du keinen Unsinn machst! Keinen wirklich schlimmen Unsinn zumindest", willigte Charly schließlich ein.

„Nein, ich denke, damit war es für heute genug", antwortete Bröker betreten.

Charly stieg zu Gregor in den kleinen Flitzer, zögerte noch einen Moment und startete dann den Motor.

Als das Auto losfuhr, sah Bröker Gregors besorgten Blick durch die Scheibe. Dann war er allein. Nachdenklich schaute er auf das Haus, aus dem seine Freunde soeben hinausgeworfen worden waren. Er hätte mit Schlangenbaders Wutanfall rechnen müssen. Wenn der Professor unschuldig war, war der Temperamentsausbruch nur zu verständlich, und wenn an Brökers Vorwurf tatsächlich etwas dran war, war er die beste Art, seine Hände in Unschuld zu waschen. Wenn er nur auf eigene Faust das Innenleben des Hauses hätte durchsuchen können. Vielleicht hätten sich noch mehr Hinweise finden lassen. Aber selbst von Carolins Bild hatte er nur ein winziges Foto. Zu dumm aber auch! Das Originalbild hatte doch viel mehr Beweiskraft als dieses Foto oder das, was sich auf dem Brief des damals zehnjährigen Florian durchgedrückt hatte. Ja, wenn es hart auf hart käme, ließe sich mit dem Brief vermutlich gar nichts belegen und mit dem Foto ebenso wenig. Bröker fluchte leise.

Ob in Schlangenbaders Wohnung denn noch mehr Hinweise zu finden waren? Gregor hatte nur sehr wenig Zeit gehabt, um sich umzugucken. Er könnte vielleicht noch einmal unter einem Vorwand zurückkehren und zumindest das Bild, das Gregor gefunden hatte, entwenden. Es musste ja noch im Wohnzimmer sein. Nein, so ein Quatsch! Es war vollkommen klar, dass Schlangenbader ihn nicht freiwillig in sein Haus lassen würde.

Bröker war während dieser Gedanken durch die kleine Siedlung gegangen, in der das Haus des Professors stand, und fand sich unversehens auf der Rückseite von Schlangenbaders Heim wieder. Das Grundstück war größer, als es die Frontseite hatte vermuten lassen, und von einer schon herbstgebeutelten Buchenhecke umgeben, die im Schein einer Straßenlaterne rötlich schimmerte. Teile der Rückseite waren von einem kleinen Zaun begrenzt, der durch eine Gartenpforte Einlass bot.

Wie von Zauberkräften gelenkt öffnete Bröker das Tor und betrat den Garten. Etwa dreißig Meter vor sich sah er die Terrassentür des Wohnzimmers, das inzwischen von einem Deckenfluter beleuchtet wurde. Schlangenbader schien sich gerade nicht dort aufzuhalten. Trotzdem war es mit Sicherheit besser, sich nicht zu deutlich zu zeigen. Bröker suchte den Garten nach Sträuchern ab. Eine Forsythie konnte Deckung bieten, näher am Haus stand noch ein anderer Strauch, vielleicht ein Flieder, dann folgte ein kleiner Apfelbaum.

Bröker schlich sich langsam näher ans Haus heran. Wieder spähte er zu der Terrassentür. Es schien wirklich niemand im Wohnzimmer zu sein. Vielleicht konnte er das Bild, das Gregor fotografiert hatte, doch an sich bringen. Von dem Apfelbaum waren es noch knappe zehn Meter bis zu dem Gebäude, die zur Hälfte über eine Terrasse führten, die direkt an das Haus grenzte. Das war der gefährlichste Teil der Strecke, hier konnte er leicht entdeckt werden. Zumal sich auch über dem Wohnzimmer zwei Fenster befanden, die zum Garten hinausgingen. Bröker duckte sich. Wirklich klein wurde er dadurch natürlich nicht. Wenn er sich nur auch in die Breite ducken könnte! Falls jemand in den Garten schaute, war ein dicklicher Gartenzwerg wie er nicht zu übersehen. Wieder spähte er zu Schlangenbaders Wohnzimmer. Selbst wenn er erfolgreich bis zum Haus vordrang, würde er nicht einfach durch das Fenster schauen können. Neben der Terrassentür erblickte er einen Strauch, der sich am Mauerwerk emporrankte. War das Efeu? Nein, eine Kletterrose. Immerhin üppig genug, um sich dahinter vor jemandem zu verstecken, der nur einen flüchtigen Blick in das Dunkel des Gartens warf. Um den Strauch zu erreichen, musste er jedoch einmal quer über die Terrasse laufen. Bröker machte sich so klein wie möglich. Dann rannte er vom Apfelbaum aus geduckt in Richtung der Rosen. Wenn er nur nicht in den Schein des Wohnzimmerlichts geriet! Es waren noch drei Meter bis zur Wand. Aus dem Haus ertönte ein heiseres Bellen. War Bröker entdeckt? Er versuchte, den letzten Meter in einem einzigen Sprung zu meistern und landete fluchend in dem Strauch.

„Psst", ermahnte er sich selbst und auch der Hund hörte tatsächlich kurz danach auf anzuschlagen. Trotzdem hatte er Bröker an den Rand eines Herzinfarktes gebracht. Ängstlich drückte dieser sich in den Kletterrosenstrauch. Die Dornen drangen schmerzhaft durch seine Cordhose hindurch und er musste wieder an das Lied denken, das er von Carolin Schlangenbader gelernt hatte: „Es blühen rote Rosen und sind nur Souvenir …"

Diese Rosen waren gerade mehr als ein Souvenir, sie bewahrten ihn vor einer peinlichen Entdeckung. Schlangenbader riefe mit Sicherheit die Polizei, wenn er Bröker hier im Garten fände, und dann käme es im schlimmsten Fall vielleicht auch noch zu einer unangenehmen Begegnung mit Wärter, dem Bröker erklären müsste, dass er gar nicht Dr. Höcker von der psychiatrischen Klinik in Bethel war. Nein, er durfte auf gar keinen Fall entdeckt werden!

Bröker drängte sich noch dichter an den Rosenstrauch, bis dieser nachgab und ihn hindurchließ. Nun stand er eingezwängt zwischen Strauch und Haus. So würde man ihn nur sehen, wenn Schlangenbader auf die Idee kam, den Garten zu beleuchten. Seinen ursprünglichen Plan, einen Blick in das Heim des Professors zu werfen, konnte Bröker so natürlich nicht in die Tat umsetzen.

Er schielte wieder zu der Terrassentür, die im Licht des Wohnzimmers erstrahlte. Jetzt dorthin zu schleichen, wagte Bröker nicht. Wie gut konnte inzwischen der Hund oder gar Schlangenbader selbst hineingekommen sein. Aber zurückkriechen konnte er aus den gleichen Gründen ebenso wenig. Bröker musste fast lachen, als er sich seiner Lage bewusst wurde. Wie lange würde er hier wohl ausharren müssen? Bis Schlangenbader sich schlafen legte? Nur, wann mochte das sein? Wenn Bröker Glück hatte, ging der Professor schon um zehn zu Bett. Wenn er Pech hatte, war Schlangenbader ein typischer Vertreter der so häufig nachtaktiven Akademiker. So oder so, stehen konnte Bröker schon jetzt nicht mehr.

Er ging in die Hocke. Der Strauch knackte und grub seine Dornen tief in Brökers Beine. Von dem Hund war zum Glück nichts zu hören. Bröker fingerte nach dem Mobiltelefon in seiner Hosentasche und drückte eine Taste.

„Profil draußen" leuchtete auf. Bröker schreckte zusammen. Wenn jetzt jemand auf die Idee käme, ihn anzurufen, sei es Charly, sei es Gregor, würde nicht nur Schlangenbader das Läuten hören, sondern dessen gesamte Nachbarschaft. Hektisch drückte er dieselbe Taste noch einmal. „Profil lautlos", erschien auf dem Display. Bröker atmete erleichtert auf. Dann verschwand die Anzeige und die Uhrzeit, die er als Hintergrundbild eingestellt hatte, wurde sichtbar. Halb neun! Wenn er sich nicht von hier fortzuschleichen traute, würde er also noch eine halbe Ewigkeit hinter dem Rosenstrauch festsitzen. Warum war er bloß nicht mit Charly und Gregor zurückgefahren?

Von drinnen war wieder ein Geräusch zu hören.

Schnell hielt Bröker das leuchtende Display gegen seinen Oberschenkel, um so wenig Licht wie möglich zu machen. Dabei sah er im letzten Schein rechts von sich ein kleines Gitter an der Wand, das sich nun, da er kniete, etwa in Höhe seiner Brust befand. Der Trailer zu *Tom und Jerry* fiel ihm ein und er musste lächeln. Dort befand sich auch genau solch ein Lüftungsgitter in der Wand, hinter der die Maus wohnte. Am Ende des Vorspanns, das Einzige, was Bröker von *Tom und Jerry* kannte, öffnete Tom das Gitter und fand dahinter Jerrys Tagebuch. Kein schlechtes Versteck, befand Bröker. Vielleicht war ja auch hinter diesem Gitter ein Geheimnis? Er schüttelte den Kopf. Gut, dass ihn hier niemand sah und noch besser, dass niemand seine Gedanken mitbekam! Andererseits, wenn er sowieso nichts Besseres zu tun hatte, konnte er auch einmal nachschauen, dachte er und zwinkerte sich bei dieser Idee selbst zu.

Vorsichtig zog er an dem Eisenrost. Wenn er bloß keine Geräusche machte. Es gäbe kaum etwas Dümmeres als in seinem Versteck entdeckt zu werden, weil er aus Langeweile einer absurden Idee nachging. Natürlich bewegte sich das Gitter nicht. Bröker leuchtete noch einmal mit dem Handy. Das Rost wurde von einer Schraube gehalten, die aber locker saß. Er zog kurz an ihr und konnte sie danach einfach herausziehen. Noch einmal rüttelte er vorsichtig an dem Eisen. Diesmal löste es sich ganz leicht von der Wand.

Ha! Gerade wäre die Bezeichnung „Mr. Marple" gar nicht so unangebracht, befand Bröker. Er fasste in die Öffnung, die das Gitter zuvor verschlossen hatte, und ertastete etwas Staubiges, Festes. Neugierig zog er daran. Das Ding verhakte sich kurz an der Maueröffnung, dann gab es nach.

Bröker brachte sein Handy noch einmal zum Leuchten. Zu seinem Erstaunen hielt er tatsächlich ein kleines, muffig riechendes Buch in der Hand. Er schlug es mittendrin auf. Verblasste Schrift und Zeichnungen in dem Stil des Bildes, das Gregor vorhin in Schlangenbaders Wohnzimmer fotografiert hatte, schauten ihm entgegen. Das musste von einem der Kinder stammen. Verwundert schlug Bröker das Buch wieder zu. Hatte er sich nicht eben genau solche Zeichnungen gewünscht? Was war das für eine Öffnung, die ihm seine Wünsche erfüllte? Vielleicht sollte er sich dann auch ganz kräftig wünschen, den Mörder Florian Schlangenbaders zu finden, und noch einmal in das Loch greifen.

Wieder musste Bröker leise über seine eigenen Gedanken lachen. Zur Strafe für diesen Unsinn waren ihm inzwischen vom langen Hocken die Beine eingeschlafen. Es stach, wenn er versuchte, sein Gewicht zu verlagern. Vorsichtig stand er auf. Doch er hatte nicht nur kein Gefühl mehr, wo er hintrat. Was viel schlimmer war: Er konnte sich nicht mehr auf den Beinen halten. Wie in Zeitlupe sah er sich nach vorn in den Rosenstrauch kippen.

„Ahhh … verdammt!", schrie er laut und erschrak sofort darüber. Doch es war zu spät. Die Terrassentür wurde geöffnet. Bröker stürmte los.

„Hallo, wer ist denn da?", hörte er Schlangenbader hinter sich rufen, während er stolpernd auf das Gartentor zu hastete. Die Beine stachen bei jedem Schritt. Doch das Bellen in seinem Rücken mahnte Bröker, nicht stehen zu bleiben.

Kapitel 27
Auf der Flucht

Als Bröker die Gartenpforte aufstieß, hörte er noch einmal Schlangenbaders Stimme hinter sich: „Halt!" Dann ein: „Bleiben Sie stehen!" und schließlich ein: „Paul, komm!"

Dieser verdammte Köter, ging es Bröker durch den Kopf. Er wusste schon, weshalb ihm Katzenliebhaber sympathischer waren. Eine Katze würde man niemals auf einen Eindringling hetzen können, abgesehen von einem Löwen vielleicht. Dann kam ihm wieder in den Sinn, dass in diesem Fall er der Eindringling war und er beschleunigte seine Schritte, obwohl seine Beine immer noch nicht ganz aufgewacht waren. Aus Schlangenbaders Garten vernahm er ein schlaffes, aber wütendes Bellen. Er konnte hören, wie sich das Tor wieder öffnete. Folgte ihm der Professor? Bröker blickte sich um. Tatsächlich: Schlangenbaders Gestalt war im Licht der Straßenlaterne sichtbar und neben ihm Paul, der die verbliebenen Zähne bleckte. Bröker schaute nach links und rechts. Zu beiden Seiten zweigte eine Straße ab. Auch geradeaus ging es weiter. Welche Richtung sollte er einschlagen? Er zögerte. Entscheidungen unter Druck zu fassen, lag ihm nicht. Hier war allerdings sicher: Aussitzen ließ sich die Situation nicht. Wenn er nicht bald weiterlief, würde Schlangenbader ihn mit dem Hund eingeholt haben. Spontan rannte er noch zweihundert Meter geradeaus und bog in einen kleinen Fußweg nach links.

Hinter sich hörte er den Professor. Den Hund hatte er anscheinend angeleint, ein Umstand für den Bröker mehr als dankbar war. So altersschwach dieser Paul auch sein mochte, mit Brökers Tempo hätte er mühelos mithalten können. Schlangenbader hingegen war mit einem Hund an der Leine kaum schneller als er.

Nach dreihundert Metern gabelte sich der Fußweg erneut. Wieder konnte Bröker zwischen drei Richtungen wählen, wieder entschied er sich geradeaus weiterzueilen. Das heisere Bellen des Hundes kam näher. Nun in die Hände Schlangenbaders zu fallen, wäre Bröker mehr als peinlich gewesen. Ob der Professor von dem Buch seiner Kinder wusste? Aber dann hätte es wohl kaum all die Jahre über in dem Loch gelegen. Ängstlich beschleunigte Bröker seine Schritte und presste seinen Fund eng an seinen Bauch. Langsam aber sicher kam er außer Atem. Schlangenbader war zwar älter, aber deutlich schlanker als er und hatte vermutlich eine bessere Kondition. Er musste dem Professor unbedingt bald entwischen, sonst würde dieser ihn über kurz oder lang einholen.

Der Weg wurde immer schmaler und dunkler. Nun war er auch nicht mehr gepflastert. Bröker wandte sich um. Sein Vorsprung betrug vielleicht zwanzig Meter. Eine Barriere, die Radfahrer zum Absteigen zwingen sollte, versperrte ihm den Weg. Er zwängte sich hindurch und versuchte anschließend, die verlorene Zeit durch einen kurzen Sprint wiedergutzumachen. Doch als er sich hektisch umsah, schlug er hin. Verdammt, eine Wurzel! Er rappelte sich auf. Seine Knie schmerzten. Trotzdem lief er, so schnell er konnte, weiter. Der Hund bellte hinter ihm inzwischen wie wild. Mit einem Mal mündete der Weg in einem Wäldchen. Hier war kaum noch zu erkennen, wie es weitergehen sollte. Bröker schlängelte sich zwischen Bäumen hindurch. Unter seinen Füßen zerbrachen Zweige. Das Geräusch wies

Schlangenbader den Weg. Dann erkannte Bröker, dass er schnurstracks auf eine Hecke zulief. Er wandte sich nach links, auch dort war dichtes Gebüsch. Zeit umzukehren, blieb nicht. Mit aller Wucht warf sich Bröker in die Sträucher. Sie knackten laut und gaben nach. Er strauchelte, ein Zweig fuhr ihm durchs Gesicht. Endlich schienen die Sträucher jedoch wieder weniger dicht zu werden. Tatsächlich, er hatte sich auf die andere Seite durchgekämpft – und stand auf einem Spielplatz. Keine drei Meter hinter ihm bellte Paul. Der Professor atmete schwer. Auch er schien solche Sprints nicht gewohnt und nun zögerte er, durch die Hecke zu kriechen.

Lauf weiter, sagte sich Bröker. Aber in der Dunkelheit war nicht zu erkennen, wo sich der Ausgang des Spielplatzes befand. Außerdem hatte er Seitenstechen. So konnte es nicht weitergehen. Er musste versuchen einen Unterschlupf zu finden. Vor ihm war ein Drehgestell. Kein ideales Versteck befand Bröker. Er durchquerte den Sand, über dem sich mehrere Blockhütten auf Holzpfeilern befanden. Die erste war über eine Leiter zu erreichen, die anderen waren durch Kletternetze miteinander verbunden. Bröker erklomm die erste Hütte.

Ob er hier bleiben sollte? Nein, dann wäre er zu leicht zu finden. Schon hörte er ein besorgniserregendes Rascheln in der Hecke. Es war nur eine Frage der Zeit, bis Schlangenbader ebenfalls auf den Spielplatz gelangen würde. Bröker testete die Strickleiter, die zur nächsten Blockhütte führte. Ob sie halten würde? Egal, er musste es probieren. Die Seile spannten sich, als Bröker sie mit seinem Gewicht belastete, und die Verankerung in einem der Pfosten der Blockhütte ächzte deutlich vernehmbar, aber die Konstruktion hielt stand. Bröker war in der zweiten Hütte. Diese war nochmals durch ein

Netz mit der dritten verbunden. Das Ächzen der Stricke war diesmal lauter, aber Bröker gelangte auch in diese Hütte. Von hier führte eine letzte kurze Leiter in ein Baumhaus. In dem Moment, in dem Bröker es erreichte, teilte sich die Hecke und Schlangenbader erschien mit seinem Hund, den er immer noch an der Leine hatte. Suchend blickte er sich um. Bröker beglückwünschte sich zu dem Einfall, in das Baumhaus zu kriechen. Von hier aus konnte er die Szene überblicken, ohne selbst gesehen zu werden. So hoffte er jedenfalls.

Der Professor suchte den Spielplatz ab. Doch außer den Blockhäusern bot sich nur noch eine Rutsche mit integriertem Häuschen als Versteck an. Dort schaute Schlangenbader zuerst nach. Dann kam er zu den Blockhäusern. Er stieg die Sprossen zu der ersten Hütte hinauf, während Paul unten stehenblieb. Bröker sah, wie der Professor die Strickleiter zum zweiten Blockhaus skeptisch betrachtete und vorsichtig den Fuß auf die erste Sprosse setzte. Wieder knarrte die Verankerung. Es war unmöglich, dass Schlangenbader mehr wog als Bröker. Vielleicht aber hatten die Haken, die die Seile hielten, sich schon gelockert, vielleicht war auch das Holz morsch, jedenfalls löste sich einer der Haken mit einem deutlich vernehmbaren Knall aus dem Pfosten und die Strickleiter hing daraufhin an einer Seite ungesichert herunter. Der Professor kämpfte mit dem Gleichgewicht, konnte sich aber in der ersten Blockhütte halten. Bröker hörte einen leisen Fluch und sah, wie Schlangenbader den Kopf schüttelte. Offenbar hatte er beschlossen, dass eine Strickleiter, die unter seinem Gewicht aus der Verankerung riss, unmöglich von Bröker überquert worden sein konnte. Bröker atmete auf, als der Professor die erste Blockhütte wieder verließ und unten von seinem Hund mit schleifender Leine und Schwanzwedeln begrüßt wurde.

Nun ließ Schlangenbader ihn von der Leine.

„Such!", kommandierte er seinen vierbeinigen Begleiter. Der richtete seine Nase auf den Boden und gehorchte brav. Zielstrebig rannte er auf eine der angrenzenden Hecken zu, stellte sich davor und bellte. Vielleicht hatte er vergessen, dass er eigentlich hier war, um Bröker zu verfolgen, vielleicht wollte er seinem Herrchen auch nur einen Gefallen tun. Als Schlangenbader herbeigeeilt kam, begann Paul jedenfalls zu graben. Ein Kaninchen sprang aus der Hecke, Paul verfolgte es mit begeistertem Bellen, bis es wieder in einem der vielen Eingänge seines Baus verschwand. Mit hängendem Kopf kehrte der Hund reumütig zu seinem Herrchen zurück.

„Paul!", schimpfte Schlangenbader. „Wir jagen Herrn Bröker, nicht die Kaninchen!"

Verdammt, der Professor hat mich tatsächlich erkannt, dachte Bröker unter Herzklopfen. Nun, das war jetzt nicht mehr zu ändern. Hauptsache, Schlangenbader entdeckte ihn nicht, dann würde Bröker durch seinen Fund im Garten des Professors für die Hetzjagd entschädigt werden. Wo war das Buch eigentlich? Bröker durchzuckte es heiß, als er bemerkte, dass er es nicht mehr in den Händen hielt. Er musste es irgendwo verstaut haben, als er über die Strickleitern getaumelt war. Er tastete seine Jacke ab, dann seine Hose. Dabei entdeckte er zwei große Löcher in seinen Hosenbeinen, die wohl der Kletterrose zu verdanken waren, das Buch aber war verschwunden. Himmel, wo hatte er es verloren? Bröker unterdrückte einen Wutschrei. Er versuchte, das Gelände zu überblicken, aber es war inzwischen einfach zu dunkel.

Unterdessen hatte Schlangenbader Paul noch einmal den Auftrag erteilt zu suchen. Der wollte diesmal seine Sache augenscheinlich besser machen und lief zu dem Baum, an dem Brökers Versteck befestigt war. Er bellte dreimal und machte Anstalten, den Baum hinaufzuklettern. Aber der Professor hatte anscheinend das Vertrauen in seinen Hund verloren.

„Was hast du diesmal, Paul? Ein Eichhörnchen?", winkte er ab.

Bröker schwitzte, obwohl die Nacht empfindlich kalt zu werden begann. Hoffentlich kam Schlangenbader nicht doch noch die richtige Idee. Unruhig schaute er sich noch einmal auf dem Spielplatz um. Wenn dem Professor nur nicht das Buch in die Hände fiele, das musste ja noch irgendwo liegen. Doch der leinte seinen Hund wieder an und ließ sich auf einer der umstehenden Bänke nieder. Er schien zu überlegen, was zu tun war.

Auch Bröker dachte nach: Wann konnte er das Buch nur verloren haben? Vielleicht als er die Hecke durchquert hatte. Nur wo genau war das gewesen. Er konnte doch unmöglich die gesamte Umfassung des Spielplatzes nach dem Buch absuchen, noch dazu im Dunkeln. Nun, vielleicht blieb Schlangenbader ja auch auf der Bank sitzen, bis es hell wurde. Bröker hatte keine Ahnung, wie spät es war und wie lange er hier noch ausharren musste. Ihm wurde bewusst, dass er vor nicht allzu langer Zeit mit den gleichen Gedanken vor Schlangenbaders Haus gehockt hatte. Er hatte wirklich ein Händchen dafür, sich in Schwierigkeiten zu bringen.

Vielleicht ließe sich der Professor ja ablenken. Ob er Gregor bitten konnte, doch noch einmal vorbeizukommen? Oder besser Charly? Aber in seiner jetzigen Lage konnte Bröker nicht telefonieren. Immerhin könnte er eine Nachricht schreiben!

Als Bröker vorsichtig sein Handy hervorzog, dankte er sich für den Geistesblitz, es zuvor bei Schlangenbader auf lautlos gestellt zu haben. Dann fiel ihm ein, dass er weder Charly noch Gregor mitteilen konnte, wo er eigentlich genau war. Wieder fiel sein Blick auf seinen Bewacher. Der Hund hatte sich inzwischen unter die Bank gelegt und schien zu schlafen. Zumindest etwas. Vielleicht schlief ja auch Schlangenbader. Doch das war aus der Entfernung kaum zu beurteilen. Bröker starrte noch intensiver hinüber. Dann hatte endlich ein gnädiger Gott Einsehen mit ihm. Der Spielplatz lag mit seiner rückwärtigen Seite an einer Straße. Ein Auto kam heran. Die Scheinwerfer tauchten die Szenerie für einen kurzen Moment in weißes Licht. Bröker sah zweierlei. An dem Baum unter ihm lehnte ein kleiner Metallroller. Vermutlich hatte ein Kind den hier vergessen. Viel wichtiger aber war, dass das Buch mitten im Sandkasten unter der Strickleiter lag, die das zweite mit dem dritten Blockhaus verband. Es musste Bröker bei seinen Kletterübungen heruntergefallen sein. Hoffentlich sah es der Professor nicht auch! Bröker blickte hinüber zur Bank. Aber nein, Schlangenbader hatte sich von der Bank erhoben und stand mit dem Rücken zu Bröker gewandt. Wie es aussah, hatte er gerade sein Handy hervorgeholt, um zu telefonieren.

Das war die Gelegenheit! Kurz entschlossen kletterte Bröker die erste Leiter am Baum hinab. Dabei versuchte er, zugleich schnell und leise zu sein. Beides gelang ihm nur mäßig. Als er bei dem letztem Blockhaus angekommen war, wurde ihm klar, dass der Rückweg versperrt war. Er müsste zu der zweiten Hütte klettern und

271

von dort zur ersten, aber dort war ja die Verbindungsleiter abgerissen.

Bröker schloss die Augen und sprang in die Tiefe hinab. Seine Knie schmerzten empfindlich, als er im Sand aufkam. Der Hund sprang sofort auf und bellte. Schlangenbader wandte sich um. Bröker raste durch den Sand zu dem Buch und hob es auf. Der Professor begriff, was vor sich ging. In einer Bewegung ließ er vom Telefon ab, machte den Hund von der Leine und eilte auf Bröker zu. Der steckte das Buch ein und sprintete in Richtung des Baumes. Schlangenbader folgte ihm auf dem Fuß.

„Halt, so bleiben Sie endlich stehen! Es hat doch keinen Zweck!"

Auch Paul hatte nun begriffen, wen es zu jagen galt, und knurrte bedrohlich in Brökers Richtung. Der schnappte sich den Roller, der am Baumstamm lehnte, und setzte ihn auf dem Weg neben dem Sandkasten auf. Schlangenbader hatte ihn eingeholt und bekam ihn an der Jacke zu fassen. Bröker riss sich los, schwang sich auf den Roller und gab Schwung. Der Hund sprang zur Seite, als Bröker ihn beinahe überfuhr.

Zum Glück war der Professor keine zwanzig mehr. Als Bröker die Straße erreichte, hatte er schon ein gutes Dutzend Meter zwischen sich und Schlangenbader gebracht, nach ein paar Minuten war er außer Sichtweite und für Hund und Herrchen nicht mehr zu erreichen. Deutlich entspannter rollte er zum Busbahnhof Werther.

Kapitel 28
Das Buch der Geheimnisse

Als er den Busbahnhof Werther erreichte, stand dort zu Brökers Erleichterung ein Taxi. Das erstaunte Gesicht des Fahrers, als dieser seinen Fahrgast in seiner seltsamen, zum Teil zerrissenen Aufmachung und mit einem Kinderroller in der Hand sah, ignorierte Bröker einfach. Er nannte ihm seine Adresse und warf sich mitsamt dem Roller auf die Rückbank. Immerhin ließ der Taxifahrer so Bröker seinen Gedanken nachhängen. Was für ein verrückter Abend das gewesen war! Noch drei, vier Stunden zuvor hatte sich Bröker vorgenommen, Schlangenbader in die Mangel zu nehmen und zu einem Geständnis zu zwingen, und nun saß er in einem Taxi, das Hemd klebte ihm vom Schweiß am Rücken und er musste froh sein, nicht von dem Professor erwischt worden zu sein. Gut, er war erkannt worden. Aber zu beweisen, dass wirklich er es in dem Garten gewesen war, würde Schlangenbader vermutlich schwerfallen. Oder würde Bröker ihn gleich schon vor seiner Haustür vorfinden? Ihm gruselte bei diesem Gedanken. Aber nein, der Professor wusste ja noch nicht einmal, wo er wohnte.

Dennoch ächzte Bröker, als das Taxi das Universitätsgebäude in Bielefeld passierte. An diesem Ort, der in der Dunkelheit mit den vielen erleuchteten Fenstern vorbeiflog und der ihm stets als ein Hort der Wissenschaft erschienen war, hatte alles begonnen. Wäre er in der vergangenen Woche nicht auf die absurde Idee verfallen, ausgerechnet dort und ausgerechnet an jenem Morgen schwimmen zu gehen, so hätte er den heutigen Abend bei einem Gläschen Grauburgunder oder einem *Rioja Gran Reserva* zu Hause verbringen können. Und doch schien ihm offensichtlich der Nervenkitzel, den er gerade verfluchte, die Monate zuvor gefehlt zu haben.

„Da wären wir!", riss der Taxifahrer Bröker aus seinen Überlegungen. Tatsächlich standen sie vor dem alten, aber stattlichen Haus am Sparrenberg. Bröker rundete den geforderten Betrag auf und hielt seinem Chauffeur zwei Geldscheine hin. „Stimmt so!"

Der Taxifahrer schien sichtlich erleichtert, seinen seltsamen Fahrgast abgeliefert zu haben.

Im Haus traf Bröker seine beiden Mitbewohner an. Ulf schaute gerade mit Uli eine amerikanische Sitcom.

Dagegen hatte Gregor wohl auf ihn gewartet.

„Ich möchte doch mal wissen, was du die letzten drei Stunden gemacht hast!", beäugte er seinen Hausherrn misstrauisch.

„Ich habe ein wenig ermittelt", entgegnete Bröker verlegen und stolz zugleich.

„Das scheint ein wenig in die Hose gegangen zu sein", grinste sein Freund und deutete auf die Löcher in Brökers Beinkleidern.

„Nun, ein bisschen Einsatz war eben schon nötig", erklärte der mit schelmischem Gesichtsausdruck.

Dann schilderte er seine Detektivarbeit im Garten des Professors, wobei er jedoch versuchte, die Details seiner Flucht möglichst knapp zu halten. Gregor hatte inzwischen genug solcher Anekdoten mit seinem Freund erlebt, um hellhörig zu werden.

„Ach Bröker, glaube bloß nicht, dass deine Berichte weniger skurril werden, wenn du mir die Hälfte verschweigst", sagte er ahnungsvoll. „Ich kann mir schon denken, dass du aus dem Garten nicht ganz unauffällig verschwinden konntest."

„Hm, könnte sein, dass du Recht hast", gab Bröker zu. Er schaute Gregor vergnügt an. Jetzt, wo heraus war, dass er wieder einmal nur knapp davongekommen war, konnte er auch die Einzelheiten berichten.

„Den Riss in der Hose habe ich mir vermutlich zugezogen, als ich in den Rosenstrauch vor Schlangenbaders Haus gefallen bin. Oder bei dem Sprung aus dem Baumhaus, von dem ich anders nicht mehr heruntergekommen wäre."

Gregor und Bröker schauten sich für einige Sekunden an, dann prusteten die beiden Freunde los.

„Jedenfalls", führte Bröker zu seiner Verteidigung an, „ist das Wichtigste ja wohl, dass ich dieses Buch hier gefunden habe!" Dabei zog er seinen Fund hervor und schwenkte ihn vor Gregors Nase.

„Was ist das?", fragte dieser und schnappte Bröker das Buch aus der Hand.

„Das stammt wahrscheinlich von Schlangenbaders Kindern!", sagte Bröker.

„Was? Lass mal sehen!"

„Einen Moment", wandte Bröker ein. „Bevor wir loslegen, brauche ich unbedingt noch zwei Dinge: eine Dusche und eine kleine Stärkung!"

Der Junge lachte und gab Bröker das Buch zurück. „Na gut, aber beeil dich!"

Wenig später trug Bröker wieder ein neues Exemplar seiner ununterscheidbaren Cordhosen samt eines dazu wenig passenden Pullovers und hatte eben jenen Grauburgunder geöffnet, an den er schon im Taxi gedacht hatte. Dazu hatte er sich vier Scheiben eines Bauernbrotes mit westfälischem Schinken belegt.

„Das muss für den gröbsten Hunger reichen", urteilte er und biss herzhaft zu.

Unterdessen öffnete Gregor Brökers Fundstück. Einige der Seiten waren beschrieben, andere bemalt.

„Wenn die Zeichnungen alle von Schlangenbaders Kindern stammen, hast du nun aber genug Beweismittel für deine Theorie", sagte Gregor. Dann fügte er nachdenklich hinzu: „Falls man mit Kinderbildern überhaupt etwas beweisen kann."

Langsam wurde nun auch Brökers Interesse von seinem Schinkenbrot zu dem Buch gelenkt.

„Ich hoffe eigentlich darauf, dass man ein bisschen was aus dem Geschriebenen erfahren kann", machte er sich Mut. Da seine Finger noch vom Fett des Schinkens glänzten, traute er sich nicht, seinen Fund anzufassen, und schielte immer wieder auf die Seiten, zwischen denen Gregor hin und her blätterte.

„Und – nun sag schon, was steht drin?"

Der Junge überschlug zwei Bilder und las.

„Hm", machte er dann. „Die Aufzeichnungen scheinen mir eher von Carolin zu stammen. Andernfalls hätte Florian von sich in der dritten Person geschrieben. Hier zum Beispiel: ‚Mama ist wieder so traurig. Florian sagt, bald fährt sie bestimmt wieder weg.'"

„Ja, das muss dann Carolin sein", stimmte Bröker zu. Es gab ihm einen Stich, hier die Stimme zu hören, die einmal dem Mädchen gehört hatte und die nun verschwunden schien.

„Gib mal her!"

Bröker wischte sich die Hände an einem Papiertaschentuch ab und zog das Buch zu sich heran.

„Hm", brummte nun auch er, während er darin blätterte. „Du hast Recht: Das ist auch nicht die Schrift eines Jungen", wies er auf ein paar besonders geschwungene Bögen hin, die deutlich nach links kippten.

„Stimmt", pflichtete Gregor bei und linste von der Seite mit ins Buch. „Aber konnte Carolin denn damals schon schreiben?"

„Kommt drauf an, wann das war", entgegnete Bröker.

Er blätterte weiter. „Es scheint eine Art Tagebuch des Mädchens zu sein."

Er spülte das Aroma des Schinkenbrots mit einem großen Schluck Weißwein hinunter und richtete endlich seine gesamte Konzentration auf die Untersuchung.

„Vielleicht helfen uns die Worte von Carolin ja zu verstehen, wie sich das Familienleben der Schlangenbaders damals abgespielt hat."

„Wenn wir Glück haben, finden wir sogar heraus, warum Florian seinen Vater anzeigen wollte", ergänzte Gregor hoffnungsvoll und sah zu, wie Bröker das Tagebuch nun am Anfang aufschlug.

„Jessica ist doof", las der und konnte die Enttäuschung in seiner Stimme nicht unterdrücken. „Es sieht nicht so aus, als habe sich Carolin damals sehr mit der Situation in ihrer Familie beschäftigt."

„Bröker, wenn du so schnell die Flinte ins Korn wirfst, haben wir morgen früh Schrotkugeln in den Brötchen", kommentierte Gregor. „Natürlich hat das Mädchen nicht nur geschrieben, was wir gerne lesen würden."

„Ja, du hast Recht", nickte Bröker und blätterte die nächste Seite auf, dann die übernächste. Plötzlich wurde er ganz aufgeregt. „Sieh mal! Hier schreibt sie: ‚Mama ist immer müde. Florian sagt, das kommt vom Trinken. So sagt Papa das auch immer.'" Er blätterte weiter. „Die meisten der Einträge handeln von der Mutter oder von *Tom und Jerry*", stellte er fest. „Der Mutter muss es damals schlecht gegangen sein. Zumindest schreibt es das Mädchen immer wieder. Hier und hier – und auch hier." Er wies auf verschiedene Seiten. „Aus diesen Stellen geht auch hervor, dass die Mutter anscheinend schon vor ihrem endgültigen Verschwinden immer wieder für eine Weile ohne die Kinder weggegangen ist. Und guck mal, Florian scheint seinem Vater nicht getraut zu haben", ergänzte er. „Hier schreibt Carolin zum Beispiel: ‚Mama ist wieder weggefahren. Florian sagt, Papa ist gemein zu ihr und dass sie deshalb fort ist'."

„Hm, was soll wohl ‚gemein' genau bedeuten?", überlegte Gregor.

„Dazu müssen wir vermutlich das ganze Buch lesen." Bröker schaute sein leeres Weinglas an. „Da haben wir ein bisschen was zu tun, fürchte ich!" Nachdenklich goss er sich nach. Dann schlug er wahllos Carolins Tagebuch weiter hinten auf, las einen Moment und stutzte.

„Sag mal, fällt dir eigentlich hier was auf?", fragte er seinen jungen Freund.

Gregor betrachtete neugierig die von Bröker aufgeschlagene Seite. „Hm, ziemlich unordentlich für ein Mädchen", murmelte er schließlich. „Meinst du das?"

„Ja sicher meine ich das! Vergleich das mal mit den Einträgen, die wir eben gesehen haben!"

„Das hätte ich ohne dich gar nicht bemerkt", musste Gregor zugeben. „Du solltest erst mal meine Hefte sehen."

„Ach Gregor, manchmal bist du eben ein richtiger Junge!" Bröker war zufrieden, dass einmal er es war, der sein Gegenüber mit nachsichtiger Freundlichkeit behandeln konnte. Gregor nutzte die Zeit unterdessen, um die auffälligen Passagen ebenfalls zu lesen.

„Du hast Recht, Bröker!", rief er anschließend enthusiastisch. „Es *ist* etwas passiert! Hast du das hier gelesen?"

Dabei zeigte er auf eine Passage, die einen längeren Text Carolins enthielt. „‚Mama ist weg'", las er laut. „‚Papa sagt, sie ist fortgegangen. Aber das hat sie schon öfter gemacht. Ich hoffe, sie kommt bald wieder.'"

„Da hat sie wohl vergeblich gehofft", bemerkte Bröker trocken.

„Ja, das scheint ihr Bruder auch schon geahnt zu haben", ergänzte Gregor. „Hier schreibt Carolin: ‚Heute Morgen beim Aufwachen habe ich gedacht, Mama ist wieder da. Aber Florian sagt: Sie kommt nie mehr zurück.'"

„Schau mal, Gregor!" Bröker schluckte betreten. „Carolins Stil ändert sich noch einmal. Die Schrift ist mit einem Mal wieder ganz ordentlich und das Mädchen schreibt nur noch Briefe an ihre Mutter. Immer wieder redet sie sich ein, dass die Mutter zurückkehrt: ‚Liebe Mama, komm doch zurück! Alle sagen, du kommst nicht wieder. Aber ich weiß es besser. Du bist doch immer wiedergekommen.' – Aus diesen Sätzen erkenne ich schon eher die Carolin, die ich kennengelernt habe. Und zugleich scheinen sich die Geschwister zu entfremden: ‚Florian sagt, dass Mama nicht mehr zurückkommt. Ich habe ihm gesagt, dass das Quatsch ist. Sonst würde ich dir doch wohl keine Briefe schreiben. Aber dann wird er wütend und malt diese scheußlichen Bilder von Papa.'"

„Was mag nur in Florian vorgegangen sein?", rätselte Gregor. Dann bemerkte er Brökers Blick. „Was ist?", fragte er. „Was guckst du so?"

„Mir kam nur gerade ein Gedanke."

„Oh, das ist natürlich ein guter Grund, einmal innezuhalten!"

„Spotte du nur", entgegnete Bröker. „Aber ich wette, du kommst nicht drauf, was ich gerade gedacht habe."

„Vielleicht, dass es an der Zeit ist, die zweite Flasche Grauburgunder zu entkorken?", zwinkerte Gregor und lief zum Kühlschrank, um die Weinflasche vor Bröker auf den Tisch zu stellen.

„Auch keine schlechte Idee!", fand der. „Aber wenn du mich derart zum Trinken verführst, darfst du mich nie wieder einen Säufer schimpfen!"

„Einverstanden!"

„Aber da ist noch etwas!"

„Und was?"

Bröker zog mit einem Plopp den Korken aus der Flasche. „Denk doch mal nach! Was wissen wir?"

„Nichts!", antwortete Gregor. „Aber wir wissen, dass wir nichts wissen. Du bist doch derjenige, der es immer mit den griechischen Philosophen hat."

„Stimmt, aber darüber hinaus wissen wir noch, dass die Mutter der Kinder verschwunden ist, dass Florian glaubte, sie käme nie zurück und dass er genau zu der Zeit, als die Mutter verschwand, bei der Polizei Anzeige gegen seinen Vater erstatten wollte."

Gregor sah Bröker an. Dann leuchteten seine Augen und er nickte heftig. „Mensch, Bröker, das ist echt keine schlechte Idee! Wenn sie von mir käme, würde ich sogar sagen: eine ziemlich gute!"

„Da sie aber von mir ist, schreibst du das Ganze eher dem Zufall zu, richtig?"

„So in etwa!", grinste der Junge. „Aber jetzt mal ehrlich: Es könnte doch wirklich so sein, dass Schlangenbaders Frau sich nicht einfach davongemacht hat, sondern ..."

„... der Professor an ihrem Verschwinden nicht

ganz unschuldig ist! Und Florian davon wusste oder zumindest etwas ahnte. Und *das* war dann der Grund für seine Anzeige!" Bröker pfiff leise durch die Zähne. „Gregor, wenn das wahr ist, hat Schlangenbader viel mehr Dreck am Stecken als nur den Mord an seinem Sohn!"

„Ich frage mich nur eins", grübelte Gregor. „Wieso hat Florian die Anzeige nie wirklich erstattet, wenn er doch etwas zu wissen schien?"

„Hm", brummte Bröker abermals. „Erstens hat er vielleicht nichts Konkretes gewusst, aber eine Menge geahnt. Zweitens war er damals noch ein Kind. Und drittens sind mir eben schon Passagen aufgefallen, die eine Erklärung geben könnten."

„Was für Passagen?"

„Hier zum Beispiel!" Bröker blätterte eine Seite im ersten Drittel des Tagebuches auf. „Carolin schreibt: ,Papa ist böse mit uns. Er hat uns wieder im Zimmer eingesperrt. Wir dürfen nicht fernsehen. Papa sagt, wenn wir so weitermachen, macht er das Gleiche mit uns wie Tom mit Jerry.' – Was macht denn Tom mit Jerry?"

„Uff, Bröker, du hast wirklich noch nie eine Folge gesehen?"

Gregor konnte es nicht fassen.

„Ich weiß erst seit gestern, dass es überhaupt Zeichentrickfiguren dieses Namens gibt. Wie gesagt, bei meinen Eltern waren Cartoons verboten."

„Du musst eine schwere Kindheit gehabt haben", sagte Gregor mit bedauernder Miene. „Also: Tom stellt mit Jerry so ziemlich alles an, was ein Lebewesen einem anderen antun kann. Er jagt ihn mit Messern und allen möglichen Werkzeugen, röstet ihn im Toaster, lässt Bomben neben ihm detonieren. Und weil Zeichentrickfiguren nicht sterben, kann sich dieses Spiel unendlich oft wiederholen."

„Aber ist der Satz von Carolin über Schlangenbader wirklich ernst zu nehmen? Er wird doch nicht seine eigenen Kinder gequält haben!", rief Bröker.

„Und wenn doch? Bröker, du verdächtigst ihn des Mordes an seinem Sohn und vielleicht auch an seiner Frau. Heute noch hast du ihm an den Kopf geworfen, dass er seine Kinder missbraucht hat! Warum sollte also nicht auch möglich sein, dass er sie gequält hat? Nur weil es nicht wahr sein soll?"

„Wenn doch, wüssten wir zumindest, warum Florian nie eine Aussage gegen seinen Vater gemacht hat." Noch einmal pfiff Bröker durch die Zähne. „Das könnte sogar eine Erklärung dafür sein, warum er auch später nie etwas gegen seinen Vater unternommen hat. Schlangenbader hatte ja vermutlich nicht nur seinen Sohn, sondern auch seine Tochter in Geiselhaft. Sie wird schon nicht grundlos in der Psychiatrie sein. Wer weiß, womit er Florian gedroht hat."

„Ja, und als der seinem Vater letzte Woche Vorhaltungen gemacht hat, hat Schlangenbader ihn umgebracht und damit seinen letzten Mitwisser aus dem Weg geräumt", spann Gregor den Faden weiter.

„Vielleicht hat Florian ja auch tatsächlich noch einmal versucht, die Polizei zu informieren oder damit gedroht." Bröker war nun überzeugter denn je, das passende Mordmotiv für Schlangenbader gefunden zu haben. „Hier schreibt Carolin wortwörtlich: ‚Florian hat eine Nachricht an die Polizei geschrieben.'"

„Ja, dieser Brief scheint den beiden sehr wichtig gewesen zu sein", pflichtete ihm Gregor bei und las weiter. „‚Wenn nur Papa das nicht rausfindet!' Carolin muss sich vor der Reaktion des Vaters sehr gefürchtet haben."

„Ja." Bröker blickte nachdenklich in sein leeres Weinglas. „Wenn all das wahr ist, was wir uns hier überlegen, wüsste ich gerne, was Florian tatsächlich gewusst hat. Oder zumindest, was er geahnt hat. Mit seinem Wissen könnte man den Professor vielleicht doch noch hinter Schloss und Riegel bringen."

„Bestimmt!", pflichtete ihm Gregor bei. „Leider ist Florian aber nun mal das Mordopfer in diesem Fall."

Beide schwiegen.

„Apropos Mutmaßungen", begann Gregor das Gespräch aufs Neue. „Wie passen diese neuen Ideen eigentlich mit dem Verdacht zusammen, Schlangenbader könnte seine Kinder missbraucht haben?"

„Hm", machte Bröker betreten. „Ich fürchte, da habe ich mich wohl in etwas verrannt. Hätte ich mich heute bloß nicht zu all den Vorwürfen hinreißen lassen!"

Wieder schaute er in sein Glas. Dann goss er sich beherzt nach und leerte es in einem Zug. „Hast du heute Abend noch etwas vor?", fragte er Gregor tatendurstig.

„Es ist weit nach Mitternacht, Bröker. Was soll ich denn noch vorhaben?"

„Lass uns zu Florians Wohnung fahren!", eröffnete Bröker seinen Plan.

Gregor rollte mit den Augen. „Oh nein, Bröker! Ich breche nicht irgendwo mit dir ein."

„Ach Gregor, sei doch nicht so ein Hasenfuß!"

„Nichts da. Du hast mit deinen 41 Jahren eh nicht mehr lange zu leben. Aber ich bin erst 17. Wenn sie mich erwischen, ist meine ganze Zukunft verpfuscht!"

„Na, schönen Dank auch!", gab sich Bröker eingeschnappt. „Dann gehe ich eben alleine."

„Wie denn?", spottete Gregor. „Ohne mich findest du ja noch nicht einmal heraus, wo Florian gewohnt hat. Geschweige denn, dass du wüsstest, wie du dort einsteigen sollst."

Bröker musste ihm Recht geben, war aber gerade nicht in der Stimmung einzulenken und brummte daher: „Hast du eine Ahnung! Du wirst schon sehen, morgen früh habe ich den Beweis, der Schlangenbader endgültig hinter Gitter bringt!"

„Ich vermute, du bist morgen früh derjenige, der im Gefängnis sitzt. Und ich warne dich, ich bringe dir keine selbstaufgetauten Klopse mit!", entgegnete Gregor. Als er Brökers störrische Miene sah, fuhr er fort: „Ich mache dir einen Vorschlag: Du verzichtest heute Nacht darauf, Florian Schlangenbaders Wohnung aufzubrechen, und ich helfe dir morgen, sie zu finden und auf eine etwas elegantere Weise hineinzukommen als einfach die Tür aufzubrechen."

Bröker murrte.

„Deal?"

„Was heißt ‚Deal'?"

„Ah, für einen Moment hatte ich vergessen, dass du ein alter Mann bist. Deal heißt: Hältst du das für ein faires Angebot?"

Bröker schaute empört. Dann aber nickte er. „Ja, das ist ein faires Angebot."

Er leerte die Weinflasche, ohne dass ihr Inhalt den Umweg über ein Glas machte.

Kapitel 29
Die Zweibrecher

Am nächsten Morgen stand Bröker schon um kurz vor neun auf und fühlte sich trotz der für seine Verhältnisse noch frühen Stunde ausgeschlafen. Unten in der Küche fand er Gregor vor und zwar auf demselben Platz, an dem dieser auch am Abend zuvor gesessen hatte. Nur hatte er inzwischen sein Weinglas gegen eine Kaffeetasse getauscht.

„Guten Morgen", begrüßte ihn Bröker gut gelaunt. „Du hast aber schon geschlafen, oder?"

„Na klar", entgegnete der Junge, der im Gegensatz zu Bröker noch ein wenig müde schien. „Wir sind doch gemeinsam hochgegangen!"

„Stimmt", erinnerte sich nun auch Bröker. „Musst du heute erst später zur Schule?"

„Ich muss heute gar nicht zur Schule", grinste Gregor.

„Was heißt ‚gar nicht'? Ihr könnt doch unmöglich schon wieder Elternsprechtag haben!"

„Haben wir auch nicht", erklärte er mit einem Zwinkern, „aber ich habe heute Brökersprechtag!"

„Was heißt das?"

„Das heißt, dass du heute meine Hilfe brauchst. Erinnere dich, was wir gestern Abend beschlossen haben."

„Ja, wir wollen Florians Wohnung einen Besuch abstatten, das weiß ich. Aber das ginge ja auch noch heute Nachmittag, wenn dein Unterricht zu Ende ist."

„Bröker, du weißt doch. Man muss Prioritäten setzen. Und genau das mache ich gerade."

„Wenn nur deine Eltern nichts davon mitbekommen", unkte Bröker. „Dann machen sie bestimmt doch noch einen Rückzieher. So viel Fleisch und Wasser kann ich gar nicht auffahren!"

„Das passt schon", versprach Gregor. „Ich werde einfach die Unterschrift von meinem Vater fälschen. Jetzt, wo wir uns bald Entschuldigungen selbst schreiben dürfen, kümmert sich da keiner mehr drum. Und da ich dafür bekannt bin, einen Computer zu brauchen, um Unsinn anzustellen, vermutet sowieso keiner, dass ich auf so analoge Methoden verfalle."

„Dein Wort in Gottes Gehörgang", schnaufte Bröker und setzte frischen Kaffee auf. Insgeheim musste er jedoch zugeben, dass er Gregors Dienste gerade gut gebrauchen konnte.

Als Bröker sein Frühstück beendet hatte, forderte ihn Gregor auf, mit in sein Zimmer zu kommen.

„Zuerst müssen wir herausfinden, wo Florian Schlangenbader überhaupt gewohnt hat, und dazu nehmen wir am besten einen Computer", erläuterte er.

Gemeinsam setzten sie sich an Gregors Standrechner, der sich zu dem Computer, den Bröker von seiner Mutter geerbt hatte, verhielt wie ein Maserati zu einem Einspänner. Nachdem der Rechner hochgefahren war, öffnete der Junge einen Internetbrowser und tippte etwas in die Adresszeile. Die Login-Daten samt Passwort, die daraufhin abgefragt wurden, kannte er anscheinend. Die Seite lud erneut und es erschien eine Benutzeroberfläche.

„Das ist das Einwohnermelderegister", erklärte Gregor. „Das brauchen wir, weil Florian nicht im Telefonbuch steht, da habe ich schon nachgesehen."

Er tippte den Namen „Florian Schlangenbader" in das entsprechende Feld der Suchmaske. Wieder dauerte es nicht lange und eine Adresse erschien.

„Da haben wir ihn. Es gibt beziehungsweise es gab nur einen einzigen Florian Schlangenbader in Bielefeld. Und wenn mich nicht alles täuscht, ist diese Adresse in Schildesche."

„Warte, ich schaue auf dem Stadtplan nach", versuchte sich Bröker nützlich zu machen, und zog Stift und Block aus seiner Hosentasche.

„Ach Bröker!"

Diesmal fiel Gregors Lächeln nun aber doch eine Spur zu mitleidig aus, fand Bröker.

„Was?", fragte er.

„Eine Adresse schreibt man heutzutage so auf." Der Junge drückte auf ein Symbol und gleich darauf begann der Drucker zu surren. „Und man schlägt sie so auf dem Stadtplan nach." Mit zwei weiteren Tastenkombinationen hatte er eine Karte von Bielefeld geöffnet und ließ sich die Adresse darin anzeigen. Dann schaltete er auf eine dreidimensionale Ansicht mit Fotos um. „Erkennst du das?"

Bröker rückte näher an den Bildschirm.

„Ja, ich glaube, da bin ich schon mal gewesen", erinnerte er sich. „Ist das nicht in der Nähe der Apfelstraße?"

„Genau!", bestätigte Gregor. „So. Wo Florian Schlangenbader gewohnt hat, wissen wir jetzt. Nun müssen wir nur noch eine Idee haben, wie wir in die Wohnung hineinkommen."

„Na, uns wird nicht viel mehr übrig bleiben als einzubrechen."

Zum zweiten Mal innerhalb weniger Minuten streifte Bröker ein mitleidiger Blick des Jungen.

„Das ist doch uncool. Außerdem, hast du dir mal angeguckt, was das für Häuser sind? Die haben mindestens sechs Stockwerke, wahrscheinlich mehr. Wenn Florian nicht gerade im Erdgeschoss gewohnt hat, kannst du nur noch die Tür eintreten. Abgesehen davon, dass ich dir das nicht zutraue, werden das auf jeden Fall die Nachbarn mitbekommen. Wir sind hier ja schließlich nicht in Berlin."

„Hm", brummte Bröker und musste zugeben, dass er sich ungern schon wieder auf der Flucht sehen würde. „Hast du denn eine bessere Idee?"

„Könnte sein", lächelte Gregor geheimnisvoll. Es brauchte nur ein paar weitere Eingaben in seinen Rechner, schon konnte er Bröker in seinen Plan einweihen.

Eine Stunde später gingen Bröker und Gregor auf die Hochhausgruppe zu, in der Florian Schlangenbader gewohnt hatte. Gregor hatte den Weg nach Schildesche mit seiner Vespa zurücklegen wollen, aber Bröker hatte ihn davon überzeugt, dass es für die Rolle, die sie zu spielen gedachten, besser war, wenn sie sich mit der Stadtbahn und schließlich zu Fuß näherten.

Als sie vor der Haustür des fraglichen Gebäudes standen, ging Bröker mit dem Finger die Liste der Namen auf den Klingelschildern ab.

„Nichts, was nach Hausverwaltung oder ähnlichem klingt", vermeldete er enttäuscht.

„Dann beginnen wir einfach im Erdgeschoss!", entschied Gregor und drückte entschlossen den untersten Klingelknopf. Eine kleine Kamera, die den Eingang überwachte, veränderte ihre Position und richtete ihr Auge auf die beiden Freunde.

„Wer ist da?", schnarrte eine Frauenstimme aus der Gegensprechanlage.

„Guten Tag, Brieker, Rundfunkgebührenbeauftragter des WDR!", antwortete Bröker. „Bitte lassen Sie uns herein!" Ein Summer ertönte, Gregor schob die Tür auf und stand mit Bröker in einem düsteren Treppenhaus. Eine Halbetage über ihnen guckte eine weißhaarige Frau aus ihrer Wohnungstür.

„Brieker von der Gebühreneinzugszentrale", wiederholte Bröker seine Vorstellung.

„Ich habe meinen Fernseher angemeldet!"

Die Stimme der alten Frau klang ängstlich. Bröker zog einen kleinen Ordner hervor, den er extra mitgenommen hatte, und blätterte darin. „Das wissen wir natürlich", sagte er nach einer kurzen Pause und versuchte, seiner Stimme einen tiefen und vertrauenerweckenden Klang zu geben. „Es geht auch gar nicht um Sie, sondern um einen Ihrer Nachbarn. Leider ist er nicht zu Hause. Wissen Sie vielleicht, wo wir den Hausmeister für dieses Gebäude finden?"

„Oh, das ist einfach!" Die Stimme der Frau klang sofort erleichtert. „Am Schwarzen Brett, direkt dort, wo Sie stehen, hängt eine Mobilfunknummer unseres Hausmeisters."

Dass es so leicht sein würde, hatte Bröker gar nicht zu hoffen gewagt.

„Haben Sie herzlichen Dank und einen schönen Tag noch", verabschiedete er sich für seine Verhältnisse überschwänglich, bevor das Gesicht der Frau wieder hinter der Wohnungstür verschwand.

Unterdessen hatte Gregor schon sein Handy gezückt und die Nummer des Hausmeisters eingegeben.

„Ja, guten Tag, wir sind von der Gebühreneinzugszentrale, könnten Sie bitte zum Haus Nummer 161c kommen!", log der Junge erstaunlich routiniert. „Er ist gleich da", informierte er seinen Freund, als er das Telefonat beendet hatte. Zusammen mit Bröker wartete er vor der Eingangstür.

Tatsächlich näherte sich wenig später ein kleines Männchen auf einem orangefarbenen Mofa.

„Wenn das der Hausmeister ist, hätten wir auch mit meinem Roller kommen können", flüsterte Gregor, als der Fahrer abstieg. Tatsächlich kam er auf die beiden Freunde zu.

„Guten Tag. Mein Name ist Brieker. Wir kommen von der Gebühreneinzugszentrale", ergriff Bröker wieder die Initiative. „Ich nehme an, Sie sind der Hausmeister hier?" Er reichte dem Mann die Hand. Für einen kurzen Moment fürchtete Bröker, dass dieser sich als Sonderermittler der Bielefelder Kripo herausstellen würde, der in Fällen von Amtsanmaßung ermittelte. Der Mofafahrer aber schüttelte bereitwillig die ihm dargebotene Hand.

„Ja, ich heiße Löper!", nickte er.

Herr Löper war eine kaum einen Meter und sechzig messende Erscheinung, die ihren Haarkranz schon eben so lange zu tragen schien wie ihre Hornbrille, die Mitte der Achtziger Jahre aufgehört hatte, modern zu sein.

„Was wollen Sie denn? Können Sie sich überhaupt ausweisen?" An dieser charmanten Gesprächseröffnung erkannte Bröker, dass es sich bei Löper um einen geborenen Hausmeister handelte. Vermutlich waren das ganz alte Gene und schon sein Vater und Großvater waren Hausmeister gewesen. Dennoch war seine Frage natürlich berechtigt. Glücklicherweise waren Gregor und Bröker vorbereitet. Beinahe gleichzeitig zogen sie je ein Plastikkärtchen aus der Tasche. Die Ausweise hatte Gregor in Heimarbeit erstellt, ausgedruckt und in dem

Laminiergerät, für das Brökers Mutter im hohen Alter eine Leidenschaft entwickelt hatte, eingeschweißt.

„Na, dann ist ja alles in Ordnung", befand Löper nach einem kurzen Blick. „Und wie kann ich Ihnen nun helfen?"

Es schien Bröker, als klänge der Hausmeister jetzt, nachdem er die Ausweise gesehen hatte, schon etwas freundlicher.

„Es geht um Florian Schlangenbader, der ist doch Mieter hier!", erläuterte er und wies auf das Haus Nummer 161c, dessen Klingelschild tatsächlich noch diesen Namen trug.

„Der junge Mann ist in der letzten Woche gestorben!" Der Hausmeister machte ein betroffenes Gesicht.

Bröker blätterte abermals in seinem Block: „Ja, ja, das wissen wir. Eben deshalb sind wir ja hier. Er hat nie auf unsere Schreiben reagiert und wir haben den berechtigten Verdacht, dass er illegal ein Radiogerät oder einen Fernseher betrieben hat. Das müssen wir kontrollieren, ob wir wollen oder nicht."

„Und wenn er einen Fernseher hatte?" Die Frage des Hausmeisters schien eher echtem Interesse als Skepsis zu entspringen.

„Dann müssen wir dies seinem Rechtsnachfolger in Rechnung stellen", erklärte Bröker.

„Nun, das wird dann wohl der Vater sein. Der hat ja auch die Miete gezahlt", gab sich Löper mit der Erklärung zufrieden. „Und wie kann ich Ihnen dabei helfen?"

„Sie könnten uns die Wohnung aufschließen."

„Aber ich habe nur wenig Zeit!", wandte der Hausmeister ein.

„Es wird nicht lange dauern!", beruhigte ihn Gregor.

„Na, dann kommen Sie mal mit!"

Mit einem Aufzug fuhren sie zu dritt in den vierten Stock. Dort öffnete sich das Treppenhaus zu zwei Wohnungstüren. Der Hausmeister ging auf die linke zu und schloss auf.

„Aber wie gesagt, nur kurz, bitte! Ich habe drüben die Handwerker!"

Gregor und Bröker betraten die Wohnung. Viel zu sehen gab es in dem Zwei-Zimmer-Appartement jedoch nicht. Spärlich möbliert wäre eine stark untertriebene Beschreibung der Einrichtung von Florian Schlangenbaders Wohnung gewesen. Von einem kleinen Flur zweigten vier Türen ab, die von rechts nach links in Bad, Küche, Schlaf- und Arbeits- beziehungsweise Wohnzimmer führten. Im Bad befand sich außer einem kleinen Spiegelschränkchen und einer Waschmaschine überhaupt kein Möbelstück und die Küche enthielt neben Spüle, Kühlschrank und Herd nur einen einzigen großen Unterschrank, der zugleich als Arbeitsfläche diente. Dieser Einrichtungsstil setzte sich in den anderen Räumen fort. Im kleinen, noch dazu fensterlosen Schlafzimmer stand nur ein Bett. Eine Kleiderstange, die zwischen zwei der Wände gespannt war, hielt auf einem knappen Dutzend Bügeln Hosen, Pullover, T-Shirts und einen langärmeligen Neoprenanzug. Darunter standen zwei Umzugskartons mit Wäsche und Strümpfen. Das einzig Interessante in diesem Raum war ein in düsteren Farben gehaltenes Bild, das über dem Bett hing und aussah, als hätten sich Warhol und Dalí auf einer Leinwand duelliert. Es glich einem surrealistischen Cartoon. Das Motiv bildete eine Hand, die durch ein Fenster hindurch nach einem Fluss griff, der sich in unerreichbarer Ferne schlängelte. Bröker tippte sofort darauf, dass Florian der Maler war. Anscheinend hatte er das Zeichnen nie aufgegeben.

Das Wohnzimmer war mit einem Schreibtisch, auf dem ein Computer stand, und zwei Bücherregalen, in denen sich neben einigen Taschenbüchern und Cartoons auch etliche CDs türmten, eingerichtet. Bilder gab es hier ebenso wenig wie Dekorationsgegenstände.

Bröker musste zugeben, dass ihm ein solcher Einrichtungsstil nicht unsympathisch war. Das Problem war nur, dass man damit auf den ersten Blick sah, dass es in der Wohnung weder Radio noch Fernsehgerät gab. Das stellte nun auch Löper durch seine dicken Brillengläser fest.

„Anscheinend hat Herr Schlangenbader nicht schwarzgesehen, auch wenn er mir ja sonst nicht ganz geheuer war!", kommentierte er den Anblick der Wohnung.

„Warum war er Ihnen nicht ganz geheuer?", fragte Bröker möglichst beiläufig.

„Ach, das war so ein ganz dürrer Typ mit furchtbaren Augenringen, der nichts über die Lippen gekriegt hat, wenn er einem über den Weg lief."

„Das klingt eigentlich ganz nach unserem Klientel", versuchte Bröker sich weiter als Mann der Gebühreneinzugszentrale zu präsentieren und musste an Ulf denken.

Löper zuckte mit den Schultern. „Gefunden haben Sie ja aber nun nichts." Dann fügte er hinzu: „War's das denn jetzt?"

Bröker wollte schon ergeben nicken, doch Gregor hielt ihn davon ab.

„Heutzutage kann man auch mit dem Computer fernsehen, wenn er eine entsprechende TV-Karte hat", bemerkte er. „Das müssen wir auch untersuchen." Routiniert schaltete er dabei den PC an.

„Das auch noch", stöhnte der Hausmeister. „So lange kann ich jetzt aber nicht warten. Wenn ich die Handwerker drüben in Anlage a noch länger alleine lasse, stellen Sie mir das ganze Haus auf den Kopf. Ich bin in zehn Minuten zurück."

„Ja, wir kommen hier schon klar", rief ihm Bröker nach, als Löper die Wohnung verließ und den Aufzug holte.

„Den bist du aber elegant losgeworden", lobte er anschließend Gregor.

„Nun, ich habe gehofft, dass er sich nicht allzu gut mit Computern auskennt", lachte der zurück.

Inzwischen war der Rechner hochgefahren und der Junge bearbeitete schon die Tastatur. Um nicht vollkommen nutzlos daneben zu stehen, ging Bröker noch einmal ins Schlafzimmer und schaute unter das Bett. Erwartungsgemäß befand sich dort gar nichts außer ein paar Wolken Staub. Auch im Bücherregal im Wohnzimmer konnte er wenig Erhellendes entdecken. Auf den wenigen Brettern hatte der Sohn des Professors eine bunte Mischung an Literatur versammelt. Lewis Carroll befand sich dort ebenso wie Paul Auster und Autoren, die Bröker nicht kannte, daneben einige Bände einer Bestseller-Reihe, die von einer Zeitung herausgegeben worden waren, einige davon waren noch eingeschweißt. Die CDs schienen eher populäre Musik zu sein, jedenfalls sagte Bröker keiner der Interpreten etwas. Hinter der geöffneten Wohnzimmertür fand Bröker eine weiß-schwarz-gelbe Sauerstoffflasche. Als er die Tür schloss, bemerkte er eine Karte, die an das Holz geheftet war. Es handelte sich um einen Plan von Ostwestfalen und er schien das Einzige in diesem Raum zu sein, auf dem Florian Schlangenbader seine Spuren hinterlassen hatte. Verschiedene Stellen auf der Karte waren mit einem roten X gekennzeichnet.

„Guck mal, hier!", rief Bröker Gregor zu. Der nickte nur.

„Er hat hier auf der Weser verschiedene Punkte markiert!", schob Bröker nach.

„Wundert mich nicht, er war ja schließlich Taucher!", nuschelte der Junge.

Bröker entfernte die Heftzwecken, mit denen die Karte an der Tür befestigt war, und ließ den Plan in seiner Hosentasche verschwinden. Schließlich war Florian beim Tauchen ermordet worden. Vielleicht konnte die Karte noch nützlich sein. Dann wühlte er weiter im Bücherregal, blätterte verschiedene Bände auf, aber ein Tagebuch, auf das er nach seinem Fund in Schlangenbaders Haus hoffte, fand sich hier nicht.

„Ich bin mit meinem Latein am Ende", seufzte er in Gregors Richtung. „Wenn du nichts findest, haben wir den Weg hierher vergeblich gemacht."

Gregor schien in den Rechner vertieft und brummte nur ein paar unverständliche Worte.

„Wie meinen?" Auch wenn Bröker sich oft selbst nicht anders verhielt, konnte er es nicht leiden, wenn ihm ein Gesprächspartner nicht zuhörte.

„Ich sagte nur: Ich finde auch nichts", antwortete der Junge. Brökers gereizter Ton war ihm anscheinend nicht weiter aufgefallen.

„Mist! – Dann lass uns gehen, bevor dieser Hausmeisterdarsteller noch Verdacht schöpft!"

„Nein, nein, das ist ja gerade interessant!"

„Was kann interessant daran sein, nichts zu finden?"

„Der Rechner hier wirkt clean", erklärte Gregor. „Für meinen Geschmack viel zu clean. Es gibt nicht nur keine Dateien mit interessanten Inhalten, es gibt beinahe überhaupt keine Dateien, die er bearbeitet hat. Und auch die Internetbrowser: Die gesamte History ist leer."

„Die History?"

Bröker erinnerte sich, dass er das Wort schon einmal gehört hatte, vermutlich, als er vor mehr als fünfzehn Jahren ein paar Informatikkurse belegt hatte.

„Ein Speicher, in dem die zuletzt durchgeführten Aktionen abgelegt sind. Daran ließe sich unter anderem ablesen, auf welchen Seiten Florian Schlangenbader im Internet unterwegs war."

„Vielleicht war er eher wie ich und hat den Rechner kaum benutzt", mutmaßte Bröker.

„Das dachte ich zuerst auch", entgegnete Gregor. „Aber man kann sehen, dass der Computer bis einen Tag vor Florians Tod beinahe täglich im Einsatz war."

„Das ist in der Tat seltsam", musste auch Bröker zugeben. „Er wird ihn ja nicht nur gebraucht haben, damit es in seiner Wohnung schön warm ist."

„Nein, er hat vermutlich die Dateien irgendwo im Netz abgelegt oder auf dem Rechner gelöscht. Vielleicht hatte er eine Drop-Box, aber nicht mal ein E-Mail-Account ist eingerichtet. Es sieht ganz danach aus, als habe er seine Spuren verwischt."

„Mist!", knurrte Bröker abermals.

„Abwarten!"

„Was gibt es da abzuwarten? Die Dateien werden ja nicht wiederkommen."

„Von alleine nicht", grinste Gregor. „Aber so einfach ist es auch wieder nicht, Inhalte von seinem Rechner zu entfernen."

„Ich dachte, man drückt einfach auf ‚löschen'?"

Bröker schaute fragend.

„‚Löschen' ist aber nicht das Gleiche, als wenn du zu Hause etwas in den Müll wirfst und der abgeholt wird. Es bedeutet nur, dass der Rechner vergisst, dass etwas an einer bestimmten Stelle gespeichert war."

„Und du weißt, wie man ihn daran erinnert?"

„Japp", nickte Gregor und tippte ein paar Befehle ein.

Eine Zeit lang geschah nichts, dann erschien eine schnell länger werdende Liste auf dem Bildschirm.

„Aha!", kommentierte Gregor nur.

„Was heißt ‚aha'?

„Es heißt: Ich habe rekonstruieren können, was er sich im Netz angesehen hat."

„Toll! – Und welche Seiten hat er nun besucht?"

„Sind Sie fertig?"

Die Stimme des Hausmeisters, dessen Rückkehr weder Bröker noch der Junge bemerkt hatte, schreckte die beiden Freunde auf. Ungeduldig stand er im Rahmen der Wohnzimmertür und betrachtete Gregors Treiben.

„Ja, gleich!", antwortete der Junge, der sich schnell wieder gefasst hatte.

Er zog einen Speicherstick aus der Tasche und schob ihn in den USB-Anschluss des Rechners. Schnell gab er ein paar Befehle ein, wartete einen Moment, zog den Stick wieder aus dem Computer und ließ ihn in seiner Hosentasche verschwinden.

„Haben Sie denn etwas gefunden?" Der Hausmeister schien ganz begierig, Florian Schlangenbader posthum noch eines Deliktes zu überführen.

„Leider nicht!", entgegnete Bröker enttäuscht, indem er versuchte, sich in die Psyche eines Mitarbeiters der

GEZ hineinzuversetzen. „Anscheinend hat Herr Schlangenbader tatsächlich weder ferngesehen noch Radio gehört."

„Das wundert mich aber!", kommentierte Löper.

„Ja, uns auch!", nickte Bröker und zu dritt verließen sie Florian Schlangenbaders Appartement.

Kapitel 30
Schwere Kost

„Nun bin ich mal gespannt, auf welchen Seiten Florian im Netz unterwegs war!", sagte Gregor, sobald sie außer Hörweite Löpers waren. „Willst du uns nicht ein Taxi nach Hause spendieren?"

„Mache ich gerne", antwortete Bröker, der ebenso neugierig war wie sein junger Freund, „aber vielleicht habe ich noch eine bessere Idee."

„Welche denn?"

„Hast du dein Netbook dabei?"

Grregor nickte.

„Ich schlage vor, dass wir etwas essen gehen. Es ist schon Mittag und ich kenne hier in Schildesche ein schönes Lokal."

„Dann müssen wir uns aber sputen, da hinten ziehen dunkle Wolken auf!", sagte Gregor und deutete Richtung Westen.

Doch das Restaurant lag ganz nah. Schon kurze Zeit später hatten die beiden Freunde direkt an der Stiftskirche vor dem drohenden Regen Unterschlupf gefunden. Zufrieden schaute Bröker in die Speisekarte. Dann wanderte sein Blick nach draußen, wo sich das Unwetter direkt über ihnen zusammenbraute.

„So lässt es sich doch leben, oder?", fragte er. „Der Blick auf die Kirche, eine Buchhandlung in unmittelbarer Nähe und dann diese Speisekarte!"

Auch Gregor hatte das Menü inzwischen studiert. „Gebratener Langustenschwanz", zitierte er. „Bröker, Bröker, das ist ja ein piekfeiner Schuppen hier."

„Ja, aber auch pieklecker!", konterte Bröker und bestellte vergnügt eine Entenkeule und einen Bordeaux.

„Mann, du trinkst jetzt schon Alkohol?", wunderte sich Gregor. „Denk dran, dass wir hier eigentlich arbeiten wollen!"

Er selbst orderte nur einen Salat und ein Wasser. Während sie auf die Getränke warteten, zog er das Netbook aus seiner Umhängetasche und klappte es auf.

„Wir haben Netz", verkündete er mit einem kurzen Blick auf die Anzeige, „wir können also loslegen."

Mit diesen Worten schob er den Speicherstick in den USB-Anschluss des Netbooks. Bröker rückte neben Gregor und schaute ihm neugierig über die Schulter, als dieser den Verlauf der letzten Internetbesuche Florians öffnete. Die einzelnen Seiten erschienen und verschwanden so schnell auf dem Bildschirm des kleinen Computers, dass Bröker beinahe schwindelig wurde. Gregor schien die Inhalte der Seiten wesentlich schneller aufnehmen zu können.

„Hm", machte er regelmäßig und: „Aha!"

Zwischendurch brachte ein Kellner die Getränke. Bröker kostete den Bordeaux und befand ihn für ordentlich. Dann wandte er sich wieder seinem Freund am Minicomputer zu: „Kannst du das ‚aha' und ‚hm' mal etwas näher erläutern?"

„Es ist nicht so leicht, das Unwesentliche vom Wesentlichen zu unterscheiden. Aber es scheint, als habe es verschiedene Schwerpunkte bei Florians Internetaktivität gegeben", erklärte der.

Nun war es Bröker, der „Aha!" machte.

„Zum Beispiel war er in Tauchforen unterwegs."

„Ist ein Forum noch etwas anderes als ein altrömischer Markt?", erkundigte sich Bröker.

„Heutzutage ist es weniger ein Markt als eine Community, in der sich Nutzer über ein bestimmtes Thema unterhalten ... Filme, Haustiere, Babys ..."

Auch unter einer Community konnte sich Bröker nicht wirklich etwas vorstellen und ihm war nicht klar, wie man sich mithilfe des Computers anständig über etwas unterhalten können sollte. Ihm war ja schon das Telefonieren suspekt. Trotzdem versuchte er tapfer eine Vorstellung davon zu gewinnen, was Florian getan hatte. „Und in so einem Forum hat sich Florian also über das Tauchen unterhalten?"

„Genau", bestätigte Gregor. „Aber das ist ja an sich nicht ungewöhnlich. Dass er Sporttaucher war, wissen wir ja schon und heutzutage unterhalten sich viele Menschen in solchen Foren."

„Und warum hat er diese Einträge gelöscht?"

„Vielleicht waren es ja nicht gerade diese Beiträge, die er löschen wollte. Es gibt noch eine ganze Reihe von Seiten, auf denen er aktiv war."

„Und welche? Nun lass dir doch nicht alles aus der Nase ziehen!" Bröker wurde langsam ungeduldig. So bedächtig er manchmal selbst vorging, so wenig konnte er es leiden, auf Informationen warten zu müssen.

„Moment, ich muss mich noch ein wenig durcharbeiten ...", hielt Gregor Bröker hin.

Dieser sah nach draußen. Die ersten dicken Tropfen fielen zu Boden.

„Sie werden sich doch hoffentlich nicht alle ums Tauchen drehen?"

„Nein, wie es aussieht, geht es da noch um ganz andere Dinge ..."

„Entschuldigen Sie bitte!"

Der Kellner stand wieder vor dem Tisch und balancierte zwei Teller, einen mit Brökers Ente und einen mit Gregors Salat. Bröker machte bereitwillig Platz. Erwartungsvoll nahm er Gabel und Messer in die Hand. Gregor hingegen schob sein Netbook nur widerwillig ans Ende des Tisches.

„Das ist doch eine willkommene Unterbrechung der Arbeit!" Bröker sah bei diesen Worten so vergnügt aus, dass Gregor nicht zu widersprechen wagte. Daher brummte er nur: „Stimmt, du hast ja geschuftet wie ein Minenarbeiter", und beeilte sich, seinen Salat zügig zu essen, so dass sich auch Bröker gedrängt fühlte, nicht jeden Bissen seines Entenschenkels mit einem genießerischen Kommentar zu versehen.

„Ich wäre so weit!", verkündete Gregor nach einer knappen Viertelstunde. Ungeduldig schob er sein Wasserglas auf dem Tisch hin und her. Kurz darauf stellte auch Bröker seinen Teller beiseite. Beide traf der empörte Blick des Kellners, der besagte, dass man kulinarische Köstlichkeiten wie die eben aufgetischten nicht einfach hinunterschlang.

„Wo waren wir stehen geblieben?", versuchte sich Bröker zu sammeln, während Gregor das Netbook wieder aufklappte. Draußen goss es unterdessen in Strömen, der Himmel hatte sämtliche Schleusen geöffnet.

„Ich war dabei, dir zu sagen, dass Florian noch in anderen Foren unterwegs war", erinnerte er ihn.

„Richtig, und in welchen?"

„Hm, hier haben wir zum Beispiel ein Forum für Segelsport."

„Die Urlaubsplanung dieses Professorensohnes interessiert mich jetzt eigentlich weniger", entgegnete Bröker etwas ungeduldig.

„Um sowas ging es seltsamerweise gar nicht. Vielmehr scheint er sich für bestimmte Knoten interessiert zu haben."

„Knoten? Und da gibt es kein extra Knotenforum?", warf Bröker sarkastisch ein.

„Bestimmt gibt es das, es gibt einfach alles im Netz. Außerdem können Knoten interessanter sein als du denkst!"

„Oh, davon bin ich überzeugt, seitdem ich während meines Mathematikstudiums einmal ein Seminar zur Knotentheorie belegt habe."

„Du hast was?" Nun war es an Gregor, erstaunt den Kopf zu schütteln. „Dann hättest du Florian auch seine Fragen beantworten können."

„Was wollte er denn wissen?"

„Er schien vor allem an Knoten interessiert, die, einmal vorbereitet, schnell zuzuziehen, aber nur schwer wieder aufzubekommen sind."

„Da hätte ich ihm auch nicht weiterhelfen können. Mit so etwas beschäftigen sich Mathematiker nicht", gab Bröker zu. „Aber im Ernst: Wozu braucht man so etwas?"

„Das fragen sich andere Menschen bei Mathematik auch", lachte Gregor. „Vielleicht wollte er als eine Art Houdini auftreten."

„Da benötigt man wohl eher Knoten, die sorgfältig aussehen, aber einfach wieder aufgehen."

„Stimmt. Mit Florians Knoten könnte man dafür

schnell jemanden fesseln!", spann Gregor seinen Gedanken weiter.

Der Kellner, der an den Tisch trat, um das Geschirr abzuräumen, bekam den letzten Satz Gregors mit. Er betrachtete ihn mit einer Mischung aus Sorge und Neugier, ließ sich diese Empfindungen jedoch nicht anmerken, als er fragte: „Haben die Herren noch einen Wunsch?"

Selbst Bröker, der Menschen, die ihm Speisen anboten, stets zugetan war, fand den Mann allmählich etwas lästig. Trotzdem bestellte er noch einen doppelten Espresso.

„Aber jetzt mal im Ernst, wieso hätte Florian jemanden fesseln wollen? Es wird sich doch wohl eher um irgendetwas von seinen Tauchgeschichten gehandelt haben. Vielleicht brauchte er es für seine Kurse", sagte er, als der Kellner wieder in der Küche verschwunden war. „Schließlich war er es, den man in einem Sack eingeschnürt hat und nicht umgekehrt!" Nach einer Pause des Nachdenkens fügte er hinzu: „Gibt es denn noch andere Seiten, die Florian besucht hat und die uns weiterbringen können?"

Gregors Gesicht schaute inzwischen angespannt auf den Bildschirm des Minicomputers.

„Und ob es die gibt. Halt dich fest, Bröker. Ich habe hier gerade etwas Unglaubliches entdeckt! Guck mal, hier!" Aufgeregt drehte er den Bildschirm zu Bröker.

„*Danach* hat er gesucht?"

Brökers Ausruf des Erstaunens war lauter als beabsichtigt. Einige Gäste wandten ihren Blick zum Tisch der beiden Freunde.

Leiser wiederholte Bröker: „Florian hat sich über die Wirkung von Elektroschockern erkundigt?"

„Ja", bestätigte der Junge. „Und zwar schon mehrere Wochen vor seinem Tod."

„Und was genau hat er recherchiert?"

„Wenn man die Suchprotokolle zurückverfolgt, scheint er zuerst nicht sehr wählerisch gewesen zu sein. Zunächst hat er sich auf den Seiten eines Security-Discounters die Beschreibungen zu einigen Elektroschockern durchgelesen. Dann scheint er sich auf ein bestimmtes Modell eingeschossen zu haben. Ein paar Klicks weiter ist er schon bei der Bedienungsanleitung und schließlich scheint er sich informiert zu haben, ab welcher Stärke ein Angreifer neutralisiert werden kann und was dabei geschieht."

Gregor blickte Bröker an. Der schwieg betroffen.

„Das kann doch nicht sein!", sagte nun der Junge so laut, dass die Frau am Nebentisch ein spitzes „Also wirklich!" ertönen ließ.

„Du weißt, was ich denke?", fragte Bröker.

„Natürlich. Ich denke dasselbe", erwiderte der.

„Der zugeknotete Sack, der Ehering, der Elektroschocker – das war alles Florian!", sagte Bröker. „Schlangenbader hat seinen Sohn nicht umgebracht. Florian hat Selbstmord begangen und wollte es so aussehen lassen, als sei sein Vater der Mörder!"

„Ja …", bestätigte Gregor leise. „Kann das wirklich sein? Das haut mich einfach um."

„Mich auch", gab Bröker zu. „Und jetzt sind wir in einem echten Dilemma. Einerseits denken wir, dass Schlangenbader Florian nicht umgebracht hat, für die Polizei ist er aber hier vermutlich noch verdächtig. Auf der anderen Seite vermuten wir, dass er vor Jahren seine Frau ermordet hat, doch das können wir nicht beweisen."

Gregor nickte betroffen. „Was sollen wir tun?"

„Zahlen", sagte Bröker. „Ich brauche frische Luft!"

Kapitel 31
Überraschungen

„Ich fasse das einfach nicht!" Bröker schüttelte noch immer den Kopf, als die beiden zehn Minuten später durchnässt in die Stadtbahn einstiegen. Er war einfach in den Regen hinausgestürmt und Gregor war nichts anderes übrig geblieben, als hinter ihm herzueilen. „Ich war mir so sicher, dass Schlangenbader schuldig ist."

„Das ist er ja vermutlich auch!", sagte Gregor, dem das Wasser aus seinen schwarzen Haaren tropfte, und nahm einen der Vierersitze in Beschlag. „Nur eben an etwas anderem, als es zunächst den Anschein hatte."

„Ja, nur können wir das nicht beweisen!" Bröker ließ sich neben seinen Freund plumpsen.

„Auch das Problem ist nicht ganz neu", gab Gregor zu bedenken. „Darum ging es ja die ganze Zeit. Dass du versuchst hast, etwas zu finden, um ihn überführen zu können."

„Du hast ja Recht", lenkte Bröker ein. „Trotzdem war ich fest davon überzeugt, dass der Professor seinen Sohn ermordet hat. Und wenn mich die Polizei jetzt fragen würde, müsste ich sagen: Lasst den Kerl laufen. Er ist es nicht gewesen! Dabei finde ich ihn abscheulich!"

Brökers weitere Überlegungen wurden von einem Handyklingeln ganz in der Nähe unterbrochen. Er schaute sich um, konnte aber niemanden mit einem Mobiltelefon erblicken. Er wusste nicht, was die größere Plage war. Dass inzwischen jeder ein tragbares Telefon besaß oder niemand mehr ein Gespräch annahm, weil man ja ebenso gut fünf Minuten später zurückrufen konnte. Schon wollte er eine Bemerkung machen, da kam Gregor ihm zuvor.

„Sag mal, ist das nicht dein Handy?"

„Meins?" Bröker wühlte in seiner Jackentasche, doch da hörte das Klingeln schon auf. „Keine Ahnung", erklärte er unsicher. Gerade konnte er sich beim besten Willen nicht an seinen Klingelton erinnern.

„Wie könnte man denn Schlangenbader den Mord an seiner Frau nachweisen, wenn er ihn wirklich begangen hat?", griff er das vorhergehende Thema wieder auf.

Doch im selben Moment war das Klingeln erneut zu hören. Bröker zog sein Handy hervor. Das Leuchten, Vibrieren und nicht zuletzt das Geräusch verrieten, dass ihn tatsächlich jemand erreichen wollte.

„Hallo Bröker!", begrüßte ihn freudig eine männliche Stimme, als er das Gespräch angenommen hatte.

„Hallo", antwortete Bröker und versuchte den Anrufer einzuordnen. Um Zeit zu gewinnen, schob er nach: „Na, wie geht's?"

„Gut – und dir?"

„Ja, ja, alles prima."

Bröker hoffte, sein Gesprächspartner würde sich endlich zu erkennen geben. Und er hatte Glück, er tat ihm den Gefallen mit der nächsten Frage, die er stellte: „Und kommst du Sonntag ins Stadion?"

„Ach Mütze, du bist es!" rief Bröker erleichtert aus.

„Ja sicher bin ich es, wer sollte ich denn sonst sein?"

„Och, irgendjemand, keine Ahnung. Sicher bin ich Sonntag wieder im Stadion! Wie bei jedem Heimspiel. Rufst du wirklich deshalb an?"

„Nein, eigentlich melde ich mich beruflich bei dir", gab der Polizist zu.

Mist! Konnte Mütze schon davon gehört haben, dass er in Florian Schlangenbaders Wohnung eingedrungen war? Dann musste es der Hausmeister gemeldet haben. Aber wie konnte der herausgefunden haben, dass seine Besucher vor einer guten Stunde gar nicht von der Gebühreneinzugszentrale gewesen waren? Und was hatte sein Misstrauen geweckt? Bröker hatte keine Ahnung. Auf jeden Fall würde es peinlich werden, Mütze zu erklären, wieso er sich zu dieser Aktion hatte hinreißen lassen.

„Hör zu, es tut mir leid!", begann er.

„Was tut dir leid?"

Mütze klang konsterniert.

„Na ja, ich wollte euch natürlich nicht ins Handwerk pfuschen!"

„Bröker, wovon redest du eigentlich?"

Sein Polizistenfreund hatte anscheinend keine Ahnung, was Bröker meinen könnte. Also hatte sich Löper doch nicht bei der Polizei gemeldet. Nur, was wollte Mütze dann von ihm?

„Och, also, ich meine … weil ich dich eben nicht gleich erkannt habe", entgegnete Bröker ausweichend.

Er merkte, wie ihm das Blut in den Kopf schoss und sich die Blicke der anderen Fahrgäste auf ihn richteten. Auch Gregor schaute ihn fragend an. Bröker wusste schon, weshalb er es hasste, in der Öffentlichkeit zu telefonieren.

„Sag mal, hast du schon etwas getrunken?", meldete sich Mütze wieder.

„Nur ein Gläschen Wein, sei nicht so streng!", antwortete Bröker wahrheitsgemäß.

„Wie dem auch sei, eigentlich rufe ich an, um dir mitzuteilen, dass wir ihn haben!" In Mützes Stimme schwang unverkennbar Stolz.

„Dass ihr wen habt? Und wer ist überhaupt ,wir'?"

„Sag mal, Bröker, was ist denn los mit dir? Du bist doch sonst nicht so vernagelt. Wir, die Polizei, haben Schlangenbader. Er ist überführt."

„Was?"

Brökers Kopf fühlte sich merkwürdig wattig an.

„Ja, es ist wahr. Du hattest also wieder einmal Recht. Er ist wirklich schuldig!"

„Und wieso seid ihr davon jetzt überzeugt?"

„Wir haben schon am Mordtag routinemäßig alle Mülleimer rund um die Uni untersuchen lassen. Das hat einige Zeit gedauert, aber inzwischen ist das Ergebnis gekommen. Und nun halt dich fest: Wir haben wirklich den Elektroschocker gefunden, mit dem Florian Schlangenbader betäubt wurde."

„Ja und?"

Bröker war gedanklich noch immer bei seiner eigenen Entdeckung eine Viertelstunde zuvor.

„Auf diesem Elektroschocker befinden sich Schlangenbaders Fingerabdrücke!"

„Und da seid ihr euch sicher …", erwiderte Bröker schlapp und sichtlich erschlagen von der erneuten Wendung, die der Fall genommen hatte.

„Also Bröker, echt. Wenn etwas eindeutig ist, dann ja wohl ein Fingerabdruck!" Mütze musste über seinen Freund lachen.

„Es sieht so aus, als habe der Professor seinen Sohn mit seinem Elektroschocker betäubt, vielleicht im Affekt, und ihn dann ertränkt. Nach der Tat hat er das Gerät einfach in einen der Mülleimer geworfen."

„Unglaublich …", beschrieb Bröker nun laut, was in seinem Kopf vorging.

„Landgericht. Ausstieg links", verkündete eine elektronische Frauenstimme, die die Stationen der Linie ankündigte, im selben Moment.

„Du, Mütze, ich bin gerade in der Stadtbahn und muss aussteigen. Ich melde mich bald bei dir, ja?", beendete er das Gespräch ein wenig abrupt.

„Äh, o.k., mach's gut!", wollte sich der Polizist verabschieden, aber Bröker hatte schon aufgelegt. Doch statt auszusteigen, blieb er sitzen. Die Türen der Stadtbahn öffneten sich, Leute stiegen aus und ein, dann schlossen sich die Türen wieder.

„Was ist?", fragte Gregor. „Was hat Mütze gesagt?"

„Verdammte Scheiße!", fluchte Bröker.

Eine Mutter, die mit ihrer vielleicht fünfjährigen Tochter seitlich von Bröker saß, schüttelte den Kopf: „Solche Worte vor dem Kind!"

Ihre Tochter hingegen schien gänzlich unbeeindruckt.

„Oh, entschuldigen Sie bitte, ich meine natürlich: ‚Verteufelte Exkremente!'", korrigierte sich Bröker.

„Mama, was sind Exkremente?", wollte nun das Mädchen wissen. Doch die Mutter zog ihre Tochter wortlos zu einem Platz weiter vorn mit. Derweil sagte die elektronische Frauenstimme die nächste Haltestelle an: „Adenauerplatz, Ausstieg links."

Endlich erhob sich Bröker und begab sich zu den Türen. Niedergeschlagen hielt er sich an einer der roten Stangen fest. Gregor stellte sich zu ihm.

„Und was hat Mütze nun gesagt?"

„Die haben Schlangenbader wieder festgenommen", stöhnte Bröker. „Sein Elektroschocker wurde in einem Mülleimer nahe der Uni gefunden."

Die Stadtbahn hielt an und die beiden Freunde stiegen aus. Der Regen hatte sich inzwischen zum Glück beruhigt, es fiel nur noch ein feiner Niesel auf die beiden herab.

„Oh Mann!", klagte auch Gregor. „Und wir sind die Einzigen, die glauben, dass er unschuldig ist?"

„Unschuldig trifft es nicht ganz", entgegnete Bröker gereizt. „Nur hat er seinen Sohn nicht ermordet."

Dann überquerten die beiden den Adenauerplatz und erklommen den Sparrenberg. Als sie zu Brökers Haus kamen, sahen sie, dass davor ein Polizeiwagen parkte. Ulf stand in der Tür und redete mit einem Uniformierten.

„Oh, oh, Ulf kann man auch nicht mal für drei Stunden alleine lassen", seufzte Gregor demonstrativ. Er hatte seine Abneigung gegen den neuen Mitbewohner offenbar noch immer nicht abgelegt. Als Bröker genauer hinsah, schluckte er.

„Der kommt nicht wegen Ulf, der ist meinetwegen hier", murmelte er so leise, dass sein junger Freund ihn beinahe nicht verstand.

„Was hast du denn nun schon wieder mit dem zu schaffen?", fragte Gregor ärgerlich. „Du kennst echt die Bullerei von ganz Bielefeld."

Mit diesen Worten machte er auf dem Absatz kehrt und ging den Sparrenberg wieder hinab. Bröker stapfte tapfer weiter.

„Ach, da kommt er ja auch schon!", hörte er Ulf sichtlich erleichtert sagen, als er das Tor zu seinem Vorgarten öffnete. „Ich habe es Ihnen doch gesagt: Weit kann er nicht sein."

„Hallo, Herr Wärter!", begrüßte nun auch Bröker den Polizisten. „Was führt denn Sie hierher?" Er fürchtete allerdings, die Antwort auf diese Frage schon zu kennen.

„Herr Bröker!", begrüßte ihn Wärter und Bröker schien es, als blitzte es in seinen Augen. Seine Tarnung als Doktor Höcker war jedenfalls aufgeflogen. Brökers Herz begann zu klopfen.

„Es tut mir leid, aber ich habe eine Anzeige gegen Sie erhalten!"

„Gegen mich?"

Bröker beschloss, den Unwissenden zu spielen.

„Ja, gegen Sie. Herr Peter Schlangenbader hat Sie wegen Hausfriedensbruchs angezeigt. Sie sollen gestern Abend in seinem Garten herumgeschlichen sein."

„Ich?", gab sich Bröker empört. „Ich war gestern Abend mit einer befreundeten Journalistin und ihrem Fotografen bei Schlangenbader. Ansonsten habe ich mich nicht weiter um ihn gekümmert."

„Und anschließend sind Sie nicht durch seinen Garten geschlichen?"

„Wie käme ich denn dazu? Und was soll ich dort überhaupt gewollt haben?"

Das war ein Vabanque-Spiel. Wenn Bröker richtig lag, konnte Schlangenbader eigentlich nichts von dem Tagebuch seiner Tochter wissen. Tatsächlich entgegnete der Polizist auch: „Das konnte Professor Schlangenbader auch nicht so genau sagen. Er gab nur an, sich von Ihnen belästigt zu fuhlen."

„Ich vermute, Herr Schlangenbader kann nicht beweisen, dass ich in seinem Garten gewesen bin?"

Trotz seines flauen Gefühls spürte Bröker, wie er langsam Oberwasser bekam. Auch schien es ihm, als wolle Wärter ihm nicht wirklich etwas Böses. Selbst, dass er ihm eine falsche Identität vorgespielt hatte, schien diesen nicht sonderlich zu beschäftigen.

„Er behauptet, Sie gesehen zu haben", gab der Polizist Auskunft. „Doch er konnte keine Zeugen benennen."

„Wann soll das denn gewesen sein?", erkundigte sich Bröker in einem ungläubigen Tonfall.

„So gegen neun sagt Professor Schlangenbader."

Von hinten ertönte eine Stimme: „Dann ist es auch nicht möglich, Zeugen zu benennen!"

Bröker und der Polizist wendeten sich erstaunt um. Es war Gregor. Die Miene seines Freundes hellte sich merklich auf.

„Und wieso nicht?", fragte Wärter.

„Weil Herr Bröker gestern um diese Zeit hier war. Wir haben nach dem Interview zusammen Wein getrunken. Ich bin sein Mitbewohner!"

Bröker musste sich zwingen, Gregor nicht um den Hals zu fallen. Im selben Moment begann er sich Sorgen zu machen, ob der Junge sich damit nicht in Schwierigkeiten brachte. Schließlich hatte Schlangenbader Gregor ja auch gesehen. Ulf hingegen stand mit kritischer Miene in der offenen Haustür. Hoffentlich verriet der nichts!

Wärter nickte. „Um ehrlich zu sein, habe ich so etwas vermutet", sagte der Polizist und Bröker war es fast, als zwinkerte er ihm zu. „Ich habe doch über Ihren letzten Fall gelesen, Herr Bröker. Der war ja damals groß in der Presse. So jemand dringt doch nicht in anderer Leute Gärten ein. Das habe ich auch Herrn Professor Schlangenbader gesagt. Aber er hat auf der Anzeige bestanden. Und ich dann eben darauf, selbst hierhin zu fahren."

Bröker war nun endgültig davon überzeugt, dass Wärter es gut mit ihm meinte. Vielleicht hatte er ihn sogar schon bei seinem damaligen Besuch auf dem Polizeirevier erkannt.

„Aber dann können Sie Ihre Ermittlungen jetzt einstellen, oder?", hakte Gregor nach.

„Wenn Sie mir Ihre Aussage schriftlich geben, kann ich Professor Schlangenbader mitteilen, dass er sich täuschen muss, weil Herr Bröker für die fragliche Zeit ein Alibi hat."

„Sie können meine Aussage gern schriftlich haben!", sagte Gregor, ohne auch nur mit der Wimper zu zucken.

„Dann fertige ich ein kurzes Protokoll unseres Gesprächs an und lasse es Ihnen in den nächsten Tagen zukommen", bot der Polizist an. „Sie müssten es nur unterschrieben an mich zurücksenden."

„Einverstanden!", sagte Gregor.

„Darf ich Ihnen denn noch einen Kaffee anbieten?" Nun, da die Gefahr vorüber schien, besann sich Bröker wieder seiner Gastgeberpflichten.

„Ich würde sehr gerne einen Kaffee mit Ihnen trinken", erwiderte Wärter. „Aber leider habe ich gleich noch einen Termin in Werther."

„Na, dann vielleicht ein andermal", sagte Bröker leichthin, als der Polizist sich zum Gehen wandte. Insgeheim hoffte er allerdings, den Beamten nicht wieder auf seinem Grund erblicken zu müssen, auch wenn dieser sich ihm gegenüber mehr als wohlwollend verhalten hatte. Wärter verabschiedete sich und Bröker verschwand mit seinen beiden Mitbewohnern ins Haus.

„Gregor, du bist ein Schatz!", sagte er, als die Tür ins Schloss gefallen war. „Ich könnte dich knutschen."

„Als ob ich nicht schon genug für dich getan hätte!", entgegnete Gregor mit einem gespielt angewiderten Gesichtsausdruck.

Bröker grinste. Ulf versuchte das Treiben seiner Mitbewohner zu ignorieren und setzte sich mit vorwurfsvoller Miene vor den Fernseher, der noch eingeschaltet war. Vielleicht würde er ja heute Nacht *Domian* in dessen Livetalk anrufen und diesem sein Herz ausschütten.

Kapitel 32
Der Preis

Nachdem die Angst, von Wärter entlarvt zu werden, verflogen war, hatte Bröker zu grübeln begonnen und in der Folge den gesamten Abend in Gedanken verbracht. Ulf hatte sein vorwurfsvolles Gehabe eingestellt und versucht, seinen Hausherrn mit einem TV-Krimi aus Münster abzulenken, war dann allerdings derart von der Handlung ergriffen worden, dass er nicht mehr auf Bröker achtete, als dieser mit abwesendem Gesicht murmelte: „Münster gibt es doch gar nicht!"

Gregor hatte angeboten, mit Bröker ein Glas Wein zu trinken und dabei alles noch einmal zu besprechen. Doch auch dieser Versuch hatte Bröker nicht aus seinem Gedankenasyl hervorlocken können. Er hatte sich in sein Zimmer zurückgezogen, dort eines der vielen angefangenen Bücher in die Hand genommen und sich in den Sessel sinken lassen. Gelesen hatte er keine Zeile – dennoch war er erst wieder hervorgekommen, als er seine beiden Mitbewohner im Bett wähnte.

Und auch am nächsten Morgen saß Bröker versunken vor seinem Frühstückskaffee. Immer wieder führte er sich seine Situation vor Augen, wog ab, was zu tun war. Neue Ideen kamen ihm jedoch wie so oft, wenn er sich mit einer Entscheidung quälte, nicht. Wie er es auch drehte und wendete, es blieben nur zwei Möglichkeiten: Entweder ging er mit dem, was er wusste, zu

Schewe. Dann würde er Schlangenbader für eine Tat entlasten, die dieser nicht begangen hatte, ohne ihm jedoch den Mord an seiner Frau nachweisen zu können. Das fühlte sich falsch an. Oder er sagte nichts. Dann würde Schlangenbader für den Mord an seinem Sohn angeklagt und könnte – zumindest wie es derzeit aussah – hierfür verurteilt werden. Und das fühlte sich ebenso falsch an. So sehr Bröker auch überlegte, es tat sich keine dritte Möglichkeit auf. Wahrscheinlich hätte er am Abend zuvor Gregors Gesprächsangebot lieber nicht ausschlagen sollen. Doch nun war der Junge in der Schule. Bröker seufzte. Wie aufs Stichwort steckte Ulf seinen Kopf durch die Küchentür.

„Na, was machst du?", fragte er, als er Bröker in seinem Kaffee rühren sah.

„Ich rühre in meinem Kaffee", antwortete der.

„Und denkst nach?"

Bröker nickte. Ulf ließ sich zu seinem Hausherrn auf die Eckbank fallen. „Geht es immer noch um den Fall?"

„Ja, aber ich will nicht drüber reden", erwiderte Bröker borstig.

Sein Mitbewohner stützte den Kopf auf seine dürren Arme und starrte auf den Küchenboden. Mit einem Mal schien ihm eine Idee zu kommen.

„Holmes!", rief er.

Bröker schaute irritiert auf. „Wie?"

„Holmes", wiederholte Ulf und schaute, als sei dies die Lösung für alle Probleme.

„Geht's etwas genauer?" Nicht zum ersten Mal fragte sich Bröker, was eigentlich in Ulfs Kopf vorging.

„Na, Sherlock Holmes", ergänzte Ulf und meinte wohl, nun endgültig genug verraten zu haben.

„Aha", erwiderte Bröker.

Ulf nickte überzeugt. Schließlich riss Bröker der Geduldsfaden: „Was möchtest du mir damit sagen, Ulf?" Beinahe wäre er laut geworden.

„Nun, ich habe in letzter Zeit ein paar Folgen Sherlock Holmes im Fernsehen gesehen."

„Ja und?"

„Du hast doch neulich selbst zu mir gesagt, dass dir beim Fernsehen gute Ideen kommen! Und wenn du nun wie eine Fernsehfigur handeln würdest …" Ulfs Augen blitzten vor Begeisterung. „… Jedenfalls, immer wenn Holmes ein schwieriges Problem hat, zündet er sich eine Pfeife an."

Bröker sah Ulf entgeistert an. „Also, erstens ist Holmes keine Fernsehfigur und dann: Du rätst mir ernsthaft, ich soll anfangen, Pfeife zu rauchen?"

„Schaden könnte es nicht", befand Ulf.

„Außer vielleicht der Gesundheit", entgegnete Bröker bissig, kam sich dabei aber selbst ein wenig vor wie eine Warnbanderole auf einer Zigarettenschachtel. „Ach Ulf, das ist wirklich lieb gemeint", fügte er daher beschwichtigend hinzu, „aber ich fürchte, was mir fehlt, ist weniger Tabak als vielmehr eine Entscheidung." Dann nahm er einen großen Schluck Kaffee und versank wieder in Gedanken. Ulf zuckte mit den Schultern und schlich zurück ins Wohnzimmer.

Eigentlich, so musste Bröker sich eingestehen, war die Entscheidung nicht schwer. Natürlich wollte er, dass Schlangenbader hinter Gitter kam. Er sollte seine Tat bereuen. Aber damit er sie bereuen konnte, musste man ihn auch für den Mord zur Rechenschaft ziehen, den er begangen hatte. Wenn man ihm den Mord an seinem Sohn anlastete, würde er vielleicht eine Haftstrafe verbüßen, doch würde er sich als Opfer und nicht als Täter fühlen. Bröker seufzte. Schon während seines Philosophiestudiums waren ihm Seminare zum Thema Ethik suspekt gewesen. Wieso hatte sich das Leben nun bloß eine derart diffizile Übung in dieser Disziplin für ihn ausgedacht?

Ein letztes Mal durchdachte er die Situation. Scheinbar gab es keinen anderen Weg. Er musste zu Schewe gehen und ihm mitteilen, was er wusste. Besser er machte dies sofort, bevor Gregor aus der Schule zurückkam und ihn womöglich von seiner Entscheidung abbrachte. Das war ihm zuzutrauen und Bröker wusste nicht, ob er ihm dafür Bewunderung oder Unverständnis entgegenbringen sollte. Mit einem Ächzen erhob er sich. In diesem Moment wäre er sogar lieber zum Zahnarzt gegangen als zu Schewe und beim Zahnarzt war er mit Sicherheit die letzten fünfzehn Jahre nicht gewesen.

Die Pförtnerin im Polizeipräsidium war dieselbe wie in der letzten Woche, als ihn van Ravenstijn mit zu Schlangenbaders Verhör geschleppt hatte. Offenbar erkannte sie Bröker sogar, denn sie nickte ihm freundlich zu.

„Ich müsste zu Herrn Schewe", erklärte er. Dann fiel Bröker ein, dass dies vermutlich nicht die korrekte Amtsbezeichnung war. „Hauptkommissar Schewe", fügte er daher hinzu.

Wieder nickte die Frau. „Sie kennen den Weg?", erkundigte sie sich. Bröker musste zugeben, dass dies nicht der Fall war. Er lächelte entschuldigend und schüttelte den Kopf.

„Zimmer 114: links, dann geradeaus, rechts und dann zweimal links", gab ihm die Frau freundlich Auskunft.

Bröker bedankte sich und versuchte die Reihenfolge der Abzweigungen nicht zu verwechseln.

Tatsächlich stand er kurze Zeit später vor einer Tür, neben der ein Namensschild „T. Schewe, Kriminalhauptkommissar" hing. Noch einmal rekapitulierte er, was ihn hierher geführt hatte. Es war die letzte Chance umzukehren. Aber nein, es war ja notwendig. Er hob die Hand und ließ sie wieder sinken. Dann straffte er seinen Körper, so gut dieser es zuließ, und klopfte.

„Herein!", hörte er Schewes Stimme aus dem Inneren des Büros.

Bröker drückte die Klinke hinunter und öffnete die Tür. Ihn erwartete ein Polizeibüro, wie er es auch von Mütze her kannte, es war nur ein Stück größer. Hinter dem Schreibtisch schaute Schewe hervor und sah aus, als wäre er bei einer Tätigkeit unterbrochen worden, die er für wichtig hielt. Als Bröker seinen Blick zu dem kleinen Besprechungstisch wandern ließ, wusste er auch, wobei. Dort saß – Schlangenbader.

„Bröker! Sie hier? Aber eigentlich sollte mich das nicht mehr wundern. Kommen Sie doch herein!"

Offensichtlich befand sich Schewe in aufgeräumter Stimmung. „Haben Sie schon gewusst, dass wir Herrn Schlangenbader überführen konnten? Wir sind gerade auf dem Weg zu den Verhörräumen. Wenn denn der Anwalt von Herrn Schlangenbader endlich einträfe." Der Hauptkommissar lachte überschwänglich.

„Ja, ich habe davon gehört", gab Bröker zu, trat in Schewes Büro ein und zog die Tür hinter sich zu. „Das ist sozusagen der Grund meines Kommens."

Schlangenbader stöhnte vernehmbar auf.

„Hat man denn eigentlich nirgends vor Ihnen Ruhe?", klagte er. Dann wandte er sich dem Hauptkommissar zu.

„Sagen Sie, Herr Schewe, muss ich diesen Kerl eigentlich in meiner Nähe dulden? Erst taucht er als Student in meinem Büro auf, dann schleicht er in meinem Garten herum und nun platzt er in das Verhör hier. Ich habe doch schon Anzeige gegen ihn erstattet!“

Natürlich musste Schlangenbader Brökers Anwesenheit nicht zulassen, das wusste auch Schewe. Trotzdem schien dem Kommissar Brökers Beisein gerade nicht unlieb zu sein und so forderte er Schlangenbaders Geduld heraus.

„Haben Sie vielleicht neue Erkenntnisse, die dazu beitragen können, Herrn Schlangenbader des Mordes an seinem Sohn zu überführen?“, fragte er daher Bröker dreist.

„Nicht direkt“, musste Bröker zugeben. „Eigentlich ganz im Gegenteil.“

„Im Gegenteil?“ Schewe starrte ihn an. „Was meinen Sie damit?“

„Möglicherweise sollten wir das lieber unter vier Augen besprechen.“ Es kam Bröker seltsam vor, diese Bitte auszusprechen, aber vielleicht ließe sich dadurch zumindest vermeiden, dass Schlangenbader offen mitbekäme, dass er sich für dessen Freilassung einsetzte. Doch Schewe schien inzwischen für keinerlei Vorschläge mehr offen.

„Wenn es um seine Angelegenheiten geht, kann Herr Schlangenbader auch mitbekommen, was Sie zu sagen haben“, entschied er rigoros.

„Wie Sie wollen.“ Bröker atmete hörbar aus und schloss die Augen. „Ich denke nicht mehr, dass Herr Schlangenbader seinen Sohn ermordet hat.“

„Waas?“ Schewes Ausruf schien sich förmlich zu materialisieren. „Wir haben ihn doch gerade erst wieder festgenommen, weil schwer belastendes Beweismaterial gefunden wurde. Und nun behaupten Sie, er sei unschuldig?"

„Unschuldig habe ich nicht gesagt", nuschelte Bröker, dem diese Behauptung derart gegen den Strich ging, dass er sie nicht stehen lassen wollte. „Aber seinen Sohn hat er nicht umgebracht."

„Aus Ihnen soll mal einer schlau werden, Bröker! Liegen Sie mir nicht seit einer Woche in den Ohren, Schlangenbader habe seinen Sohn ermordet und wir müssten endlich Beweise finden. Und nun, da wir die Beweise haben, kommen Sie und behaupten, er sei es gar nicht gewesen!" Schewe begann sich in Rage zu reden. „Wer hat denn Ihrer Ansicht nach Florian Schlangenbader umgebracht?", fragte er aufgebracht, ohne wirklich eine Antwort von Bröker zu erwarten.

Bröker fiel auf, dass dafür aber der Professor umso gespannter lauschte, ja, Schlangenbader starrte ihn geradezu an. Wahrscheinlich war Bröker der Letzte, von dem er Rückendeckung erwartet hatte.

„Florian Schlangenbader hat sich selbst umgebracht", sagte Bröker und war eindeutig der Gefassteste im Büro des Hauptkommissars. Erst als er sah, wie Schewes Gesicht abwechselnd Erstaunen und Heiterkeit widerspiegelte, wurde ihm klar, wie unglaubwürdig das, was für ihn in den letzten Stunden zur Gewissheit geworden war, für den Nichteingeweihten sein musste.

„Er hat sich selbst umgebracht?", echote der Hauptkommissar.

„Ja", nickte Bröker und blickte zu Schlangenbader. Auch dieser schien ihm nicht glauben zu wollen, obschon ihn der Selbstmord seines Sohnes entlastete.

„Wie um Himmels willen kann man es ohne Fremdeinwirkung anstellen, dass man tot in einem Sack auf dem Grund eines Schwimmbeckens gefunden wird? Und damit nicht genug – wieso sollte man dies tun?" Schewe sah Bröker noch immer an, als sei der nicht ganz bei Trost.

„Das sind gute Fragen!", sagte Bröker, zuckte aber im selben Moment zusammen, weil ihm bewusst wurde, dass er als Amateur gerade dabei war, einen Hauptkommissar zu loben. „Die Antworten finden sich auf Florian Schlangenbaders Computer."

Der Hauptkommissar runzelte die Stirn. „Wie kommen Sie an seinen Computer?"

„Oh, das ist mein Betriebsgeheimnis!" Diese Antwort hatte er sich schon auf dem Weg ins Polizeipräsidium zurechtgelegt. Die Frage war ja abzusehen gewesen – nur nicht, ob Schewe die Antwort schlucken würde. Der schluckte. Einmal, zweimal.

„Wie auch immer, lassen wir das mal beiseite", ließ er es schließlich mit einem seiner vorwurfsvollen Blicke gut sein. „Und auf dem Computer befindet sich ein Geständnis Florian Schlangenbaders, dass er sich umgebracht hat?"

„Nein, das nun nicht, das wäre ja auch sinnlos gewesen", verneinte Bröker, merkte aber, dass er strukturierter vorgehen musste, wenn Schewe sich auf seine Sicht der Dinge einlassen sollte. „Sie müssen sich vorstellen, dass Florian Schlangenbader seinen Vater gehasst hat und das viel tiefer, als uns der Professor glauben machen will, wenn er von den Meinungsverschiedenheiten mit seinem Sohn berichtet. Florian war regelrecht krank vor Hass."

„Ja, das stimmt!" Nun, da es ihm nützlich sein konnte, war auch Schlangenbader bereit, mehr über das Verhältnis zu seinem Sohn preiszugeben. Schewe warf ihm einen kurzen Blick zu.

„Und wieso hat er ihn derart verabscheut?", wandte er sich wieder an Bröker.

„Das fragen Sie vielleicht besser Herrn Schlangenbader", schlug Bröker vor. Er hatte sich vorgenommen, nichts über seine Vermutungen, der Professor habe seine Frau umgebracht, verlauten zu lassen. Wenn er wollte, dass Schewe ihm die zusammengereimte Geschichte um Florians Freitod glaubte, war es unbedingt notwendig, sie nicht mit Mutmaßungen zu garnieren, für die er noch nicht einmal Beweise besaß.

„Wenn Sie mich fragen", sprang Schlangenbader sofort ein, als eine kurze Pause entstand, „ich glaube, er hat mich dafür verantwortlich gemacht, dass uns meine Frau vor mehr als fünfzehn Jahren verlassen hat."

Bröker schüttelte den Kopf. Es war nicht zu fassen, wie nah sich die Antwort des Professors an der von ihm vermuteten Wahrheit bewegte und doch nichts verriet. Wäre das Ganze nicht so perfide, hätte er Schlangenbader für diese Formulierung bewundert.

Schewe aber wollte hören, was Bröker zu berichten hatte. „Gut, ich stelle mir also vor, dass Florian Schlangenbader seinen Vater gehasst hat – und weiter?"

„Er hat so viel Abscheu für seinen Vater verspürt, dass er ihn hinter Gittern sehen wollte. Lange, am liebsten lebenslänglich. Und um jeden Preis. Dafür musste er ihm einen Mord anhängen. Florian war psychisch labil. Nicht auf die Weise wie seine Schwester, aber sein Lebenswandel und seine Wohnung zeugen von einer ernsthaften Depression. Vermutlich wollte er irgendwann einfach nicht mehr weiterleben. Und wenn man diesen Wunsch mit dem anderen zusammenzählt, seinen Vater ins Gefängnis zu bringen, ist es nicht mehr weit bis zu dem Entschluss, seinen Vater zum Hauptverdächtigen für den Mord an sich selbst zu machen."

Schewe hatte die Stirn in tiefe Falten gelegt.

„Auch unsere Befragungen im näheren Umfeld von Florian haben ergeben, dass es ihm nicht besonders gut gegangen sein kann. Ganz überzeugt bin ich trotzdem noch nicht. Aber nehmen wir mal an, das alles ist so gewesen. Das würde die Frage nach dem ‚Warum' klären. Bliebe noch das ‚Wie'. Sie müssen zugeben, dass das im vorliegenden Fall eine sehr berechtigte Frage ist."

Bröker nickte. „Ich habe es mir folgendermaßen zusammengereimt: Florian hat den Elektroschocker von Herrn Schlangenbader an sich genommen, wahrscheinlich schon vor Wochen. Herr Schlangenbader hat in einem früheren Verhör ja bereits angegeben, ihn schon seit Längerem zu vermissen."

Der Professor und der Hauptkommissar sahen Bröker erstaunt an. Sie schienen zu rätseln, woher Bröker diese Information haben konnte und was sie von seinem Treiben wieder einmal nicht mitbekommen hatten. Bröker ignorierte die verkniffenen Mienen und fuhr fort: „Damit hat er sich selbst am Tag seines Todes einen Elektrostoß verpasst. Wahrscheinlich hat er das gar nicht im Schwimmbad gemacht, sondern schon ein paar Stunden vorher zu Hause. Dann hat er den Schocker in einem Papierkorb in der Nähe der Sporthalle entsorgt, von dem er annehmen konnte, dass die Polizei ihn kontrollieren würde. Anschließend ist er in den Sack gestiegen, in dem man ihn gefunden hat. Er hat diesen Sack so verschlossen, dass man ihn von innen nur sehr schwer und langwierig aufbekommt. Dann hat er sich vom Beckenrand ins Wasser gestürzt."

Schewe und Schlangenbader waren Brökers Ausführungen mit großer Anspannung gefolgt.

„So eine Niedertracht!", kommentierte der Professor als Erster.

Schewe hingegen schien immer noch nicht ganz überzeugt.

„Und Sie halten es für möglich, dass man einen Sack von innen derart verschnüren kann, dass man ihn nicht wieder aufbekommt?"

„Das habe ich mich auch gefragt", gab Bröker zu. „Und Florian anscheinend auch. Deshalb hat er an verschiedenen Stellen im Internet Knotentechniken recherchiert und Segler befragt und irgendwann hat er eine befriedigende Antwort bekommen. Wenn ich es richtig rekonstruiert habe, war ihm bei seinen Nachforschungen besonders wichtig, einen Knoten zu finden, der, einmal zugezogen, nicht nur schwer zu öffnen ist, sondern es auch so aussehen lässt, als sei der Sack von außen verschlossen worden. Dafür eignete sich der Utensiliensack aus der Schwimmhalle besonders gut, denn er ließ sich einfach zuziehen. Und von innen konnten einfach die Hände hindurch gesteckt werden, um den Knoten zu binden. Diese Konstruktion ließ sich nicht leicht öffnen. Jedenfalls nicht so schnell, dass einem ohne Sauerstoff genügend Zeit bliebe. Außerdem trug er ja eine Tauchmontur, das macht das Ganze nicht eben einfacher. Und bedenken Sie: Sie haben den Sack diesbezüglich nie genau untersuchen können. Ich habe ja gesehen, wie er vom Hausmeister aufgerissen worden ist."

Auch dass Bröker bei dem Entdecken der Leiche seines Sohnes anwesend war, war neu für Schlangenbader. Doch inzwischen schien diesen nichts mehr zu überraschen. Ohne eine Miene zu verziehen, folgte er Brökers Ausführungen.

„Ja, das stimmt", bestätigte Schewe. „Aber haben Sie irgendwelche Beweise für Ihre Theorie? Sie klingt schon sehr abenteuerlich!"

Schlangenbader schien vor Brökers Antwort ein wenig bange zu sein. „Nein, nein, das ist überhaupt nicht abenteuerlich!", warf er ein. „Genau so kann es gewesen sein! Mein Sohn hatte so einen widersinnigen Charakter!"

In anderen Situationen hätte sich Bröker abgewandt. Dass Schlangenbader bereit war, seinen toten Sohn in ein so schlechtes Licht zu stellen, ekelte ihn an. Nun aber hatte er Schewe seine Theorie zu Florians Tod dargelegt und musste sie auch beweisen. Er griff in seine Hosentasche und zog den Speicherstick hervor, auf den Gregor den Verlauf von Florians Internetsitzungen gezogen hatte.

„Florian hatte alle wichtigen Informationen auf seinem Rechner gelöscht", erklärte er Schewe. „Aber mithilfe eines Freundes habe ich das meiste wieder herstellen können."

Trotz der Spannung, die Bröker ebenso spürte wie der Hauptkommissar, musste dieser lachen.

„Ich ahne, von welchem Freund Sie sprechen", antwortete er und zwinkerte Bröker zu.

Dieser wiederum fand diese Geste des Hauptkommissars dann doch ein wenig zu jovial. Schließlich war Schewe immer noch Polizist – und außer Mütze waren die eher von der dunklen Seite.

„Sie finden darauf für alles, was ich gesagt habe, Einträge von Seiten, die Florian besucht hat", erläuterte er daher trocken.

„Wir werden das prüfen", fiel auch Schewe wieder in seinen Polizistenton zurück. Bröker nickte.

„Dann kann ich ja jetzt wohl gehen!", unterbrach Schlangenbader die beiden erfreut und erhob sich.

„Nicht so hastig!" Auch Schewe war aufgestanden. „Wir werden uns das Material, auf das uns Herr Bröker gerade hingewiesen hat, genau anschauen. Also, auf dem Computer Ihres Sohnes, versteht sich. Dann werden wir den Sack, in dem er gefunden wurde, noch einmal untersuchen. Und wenn sich dann Herrn Brökers These erhärtet – und nur dann – können Sie gehen!"

Schlangenbader sog hörbar Luft ein.

„Das wird mein Anwalt gleich bestimmt anders sehen. Ich bin mir sicher, der hat mich in zwei, drei Stunden hier rausgeholt."

Schewe kniff die Augen zusammen, widersprach jedoch nicht. „Da ist noch etwas", wandte sich der Professor an Bröker, der ebenfalls aufgestanden war, um nicht als Einziger sitzen zu bleiben.

„Ja?"

„Ich muss noch etwas klarstellen."

„Jetzt bitte keine Heiratsanträge, Schlangenbader", entfuhr es Bröker.

Die Augenbrauen des Professors zuckten, doch dann schien dieser sich einen Ruck zu geben.

„Ich habe Sie angezeigt, weil Sie gestern Nacht … weil ich gestern Nacht dachte, Sie in meinem Garten gesehen zu haben."

„Ja, ich habe davon gehört!", entgegnete Bröker betont gelassen.

„Gut. Dann sollen Sie nur wissen, dass ich die Anzeige natürlich zurückziehen werde, auch wenn ich es nicht schätze, wenn man mich in meinem Garten belästigt."

Schlangenbader lächelte zugleich dünn und gönnerhaft. Bröker war dieses Lächeln zuwider.

Auch Schewes Stimme ließ einen kleinen Triumph erkennen, als er sagte: „Das können Sie nicht, Herr Schlangenbader. Ist eine Anzeige erst einmal gestellt, müssen wir ermitteln."

„Es ist auch gar nicht nötig, die Anzeige zurückzuziehen", konterte Bröker. „Ich habe Zeugen dafür, dass ich zur fraglichen Zeit zu Hause war!"

Bröker hielt es nicht mehr länger im Büro des Hauptkommissars aus und verabschiedete sich kurz. Noch bevor er die Tür hinter sich zugezogen hatte, fragte er sich, ob es nicht doch besser gewesen wäre, Schewe nicht von Florians Selbstmord zu berichten. Doch dieses Gefühl war wohl der Preis für seine Entscheidung.

Kapitel 33
Annäherungen

Brökers Miene verhieß nichts Gutes, als er wieder zu Hause ankam. Er blickte derart finster drein, dass dies selbst Ulf nicht entgehen konnte.

„Was ist dir denn über die Leber gelaufen?", fragte er erstaunt. Er hatte den ganzen Mittag im Wohnzimmer gesessen und ferngesehen. Da für ihn alles war wie immer, blieb ihm unerklärlich, wieso sich in den letzten vierundzwanzig Stunden die Laune seines Gastgebers unaufhörlich verschlechtert hatte.

Bröker stöhnte. „Ein ganzer Hochschullehrer würde ich sagen."

„Schlangenbader?"

„Eben der."

„Was hat er gemacht?"

„Frag lieber, was ich gemacht habe."

„Also gut, was hast du gemacht?"

„Frag lieber nicht."

„Na, sag schon!"

„Ich habe ihn aus der Untersuchungshaft befreit."

„Was?" Ulf schaute Bröker an, als hätte der gerade bekannt gegeben, zum Abendessen gern auch mal ein Stückchen Katzenfleisch zu verspeisen. „Wie bist du denn dazu gekommen?"

„Er war es einfach nicht. Das habe ich zusammen mit Gregor herausgefunden. Und selbst wenn ich ihn für einen der unangenehmsten Zeitgenossen halte, die ich kenne, so kann ich doch nicht zusehen, wie er für ein Verbrechen in den Bau geht, das er nicht begangen hat."

„Das ist edel von dir", erwiderte Ulf. „Aber dann solltest du auch nicht so schlechte Laune haben."

„Recht hast du", antwortete Bröker zerknirscht.

„Das Problem ist nur, dass ich trotzdem denke, dass Schlangenbader ins Gefängnis gehört. Und das nicht nur, weil ich den Kerl nicht leiden kann."

„Sondern?"

Bröker zögerte einen Moment. Sollte er Ulf in seinen Verdacht einweihen? Eigentlich sprach wenig dagegen, außer vielleicht, dass die Ermittlungsergebnisse mindestens zur Hälfte Gregor gehörten und dieser Ulf ganz offensichtlich nicht leiden konnte. Er gab sich einen Ruck.

„Wie es aussieht, dachte Florian, dass Schlangenbader seine Mutter ermordet hat. Und ich bin geneigt, ihm in diesem Punkt Recht zu geben."

Ulf starrte Bröker an.

„Das wäre ja … wie im Film!", ereiferte er sich. „Aber warte mal, musst du das nicht auch der Polizei sagen?"

„Schon. Aber Florian konnte seinem Vater nichts nachweisen. Sonst wäre er ja selbst zur Polizei gegangen. Und ich fürchte, ich kann es ebenso wenig." Bröker war anzumerken, dass ihn diese Tatsache zur Verzweiflung brachte.

„Und da kann man gar nichts machen?"

Bröker wollte schon aufstöhnen, weil Ulf erwartungsgemäß keine große Hilfe war. Doch zum einen wusste er dessen moralische Unterstützung gerade zu schätzen und zum zweiten musste er ehrlicherweise zugeben, dass es seinem fernsehbegeisterten Mitbewohner unmöglich war, aus den paar Fragmenten, die ihm gerade zugeworfen worden waren, eine Idee zu basteln, die Bröker seinem Ziel näher brachte.

„Doch, man kann sich überlegen, wie man Schlangenbader den Mord nachweisen kann", antwortete Bröker daher nur und versuchte, seine Replik nicht scharf klingen zu lassen. Gutmütig setzte Ulf sich zu Bröker, der inzwischen auf der Eckbank in der Küche Platz genommen hatte.

„Dann lass uns nachdenken!", gab er sich kämpferisch.

Doch die Ausbeute der beiden war auch noch eine halbe Stunde später recht mager. Abgesehen von dem Zucker, den Ulf über seine zweite Portion Cornflakes mit Milch an diesem Tag gestreut hatte, hatten sie nichts gelöst. Ein Schellen riss die beiden aus ihrer Lethargie.

„Erwartest du jemanden?", fragte Ulf.

„Unsinn", brummte Bröker. „Wen soll ich erwarten? Vielleicht hat Gregor seinen Schlüssel vergessen. Hoffentlich ist es nicht wieder die Polizei."

Aber es war weder Gregor noch die Polizei. Vor Brökers Tür stand Charly. Begleitet wurde sie von einer
Frau, deren platinblonde Haare sich zu einer imposan-
ten Frisur auftürmten. Bröker fragte sich, wo er diese
Haartracht schon einmal gesehen hatte, es wollte ihm
jedoch nicht einfallen.

„Hallo Charly, hast du dir eine neue Fotografin gesucht", begrüßte er seine schreibende Freundin.

„Nein", lachte Charly, „obwohl das wohl dringend
nötig wäre! Das ist Frau Kleinmeier-Begemann, eine
Kollegin von mir", stellte die Journalistin ihre Begleitung vor. „Sie arbeitet als Moderatorin für den WDR
hier in Bielefeld."

Frau Kleinmeier-Begemann gab Bröker die Hand.
Ihr Doppelname machte sie ihm ein wenig unsympathisch. Er konnte sich Namen generell schlecht merken
und ein Doppelname erhöhte diese Schwierigkeit noch
einmal. Dazu gab sich die Mitarbeiterin des Rund-
funks ein wenig ätherisch. Auf Charlys Vorstellung hin
hauchte sie nur ein „Guten Tag". Dazu zwinkerte sie
unaufhörlich mit den Augen.

Am meisten erstaunte Bröker jedoch ihre Wirkung
auf Ulf. Der war inzwischen ebenfalls zur Tür gekommen, um zu gucken, mit wem sich sein Hausherr so
angeregt unterhielt. Charly, neben der sonst sämtliche
Begleitungen verblassten, nahm er kaum wahr. Ein Nicken war alles, womit er sie bedachte. Sein Blick war
starr auf ihre platinblonde Begleitung gerichtet.

„Jeannie!", rief er entzückt.

Bröker schaute Ulf verdutzt an. Charly schien ih-
rem Blick nach zu urteilen ähnlich überrascht. Nur die
Fernsehfrau lächelte noch immer, jetzt allerdings in Ulfs
Richtung.

„Ja, kennt ihr denn nicht die *Bezaubernde Jeannie?*"

Bröker schüttelte den Kopf. Charly hingegen schien nun zu wissen, worum es ging, und musste sich offensichtlich zusammenreißen, nicht zu lachen. Hastig hielt sie sich die Hand vor den Mund.

„Nicht zu fassen", schüttelte Ulf den Kopf. „Das ist eine alte Fernsehserie aus den Sechzigern. Jeannie ist ein weiblicher Flaschengeist, der von einem Astronauten auf einer verlassenen Pazifikinsel gefunden wird. Sag nicht, deine Eltern haben dir auch verboten, amerikanische Serien zu gucken, Bröker?"

Ulf schien inzwischen überzeugt, dass die frühen Jahre seines Gönners kaum lebenswert gewesen sein konnten.

„Oh, ich glaube, ich erinnere mich", antwortete Bröker, dem inzwischen vage dämmerte, wovon Ulf sprach.

„Genau, und Frau …", Ulf schaute die Fernsehmitarbeiterin hilfesuchend an.

„Kleinmeier-Begemann", hauchte diese.

„… Frau Kleinmeier-Begemann sieht der Bezaubernden Jeannie so ähnlich, als wäre sie ihre Zwillingsschwester."

Bröker hätte sich vermutlich für solch ein Kompliment entsprechend bedankt. Für ihn klang Ulfs Bemerkung in etwa so schmeichelhaft, als hätte ihn jemand mit Captain Kirk verglichen. Immerhin aber ahnte er nun, wieso ihm Charlys Begleiterin bekannt vorgekommen war. Der wiederum schien Ulfs Bemerkung gut zu gefallen.

„Das haben mir schon viele gesagt", säuselte sie und griff sich an den Haarturm.

„Können Sie denn auch zaubern?", versuchte Ulf Charme zu versprühen.

Bröker lief bei diesem Satz ein Schauer über den Rücken.

„Wer weiß", gab sich Frau Kleinmeier-Begemann kryptisch und zwinkerte erneut einige Male.

„Lasst uns doch erst einmal reingehen", sagte Bröker, der sich die Flirtversuche seines Mitbewohners nicht mehr länger ansehen konnte.

Das Quartett begab sich in die Küche, wo Bröker einen Kaffee aufsetzte.

„Wer mag?", fragte er in die Runde.

„Für mich bitte nur ein stilles Wasser", bat die Fernsehfrau, Ulf blieb stumm, Charly nickte Bröker aufmunternd zu. Der versuchte diesmal nicht, den Anschein zu erwecken, er habe eine besonders erquickende Wassermarke im Haus. Ohne sich darum zu kümmern, was seine Gäste denken mochten, füllte er ein Glas mit Leitungswasser und stellte es vor Frau Kleinmeier-Begemann hin. Wenig später hatten auch Charly und Bröker ihren Kaffee in der Hand. Ulf hatte sich einen Orangensaft eingegossen und lächelte Frau Kleinmeier-Begemann verliebt an, was dieser weder besonders zu gefallen noch zu missfallen schien. Charly feixte zu Bröker hinüber. Der beschloss das Geturtel zu ignorieren und den Grund für den Besuch der beiden Journalistinnen zu erfahren.

„Was führt euch denn zu mir?", fragte er.

„Wir haben mitbekommen, dass Schlangenbader wieder freigelassen wurde", erklärte Charly.

Bröker nickte. „Das ist richtig."

„Und wir haben mitbekommen, dass du daran nicht ganz unschuldig sein sollst!"

Wieder nickte Bröker.

„Ja, das stimmt leider auch. Zusammen mit Gregor

bin ich darauf gestoßen, dass Florian vermutlich Selbstmord begangen hat."

„Ja. Und genau dazu würden wir gerne etwas bringen", erklärte Charly. „Ich morgen in der *Neuen Westfälischen* und Jeanette", sie deutete auf die Fernsehjournalistin, „in der *Lokalzeit.*"

„Sie heißen Jeanette? Wie zauberhaft!" Ulf war in der Tat wie verwandelt von seinem neuen Schwarm.

„Ja", bestätigte Frau Kleinmeier-Begemann. „Ein schöner Zufall, oder?"

„Also, mir wäre es eigentlich lieb, wenn ihr meinen Namen da raushalten könntet", kam Bröker auf das eigentliche Thema des Gesprächs zurück.

„Wieso das denn?" Charly schien eine andere Reaktion erwartet zu haben. „Beim letzten Mal haben wir dich doch auch groß rausgebracht."

Bevor Bröker zu einer Erklärung ausholen kannte, war Ulf schon eingesprungen. Offensichtlich wollte er vor seiner neuen Flamme ein wenig angeben.

„Weil Bröker denkt, dass Schlangenbader …"

„Ulf!", fuhr Bröker dazwischen. Er ahnte, was sein Mitbewohner gerade preisgeben wollte. „Wenn ich vor dir laut denke, ist das kein Grund, es gleich brühwarm an die Presse weiterzugeben."

Dann wandte er sich an Charly. „Entschuldige, das ist wirklich noch nicht spruchreif. Und wenn Schlangenbader in der Zeitung von Mutmaßungen erfährt, die ich nicht beweisen kann, komme ich in Teufels Küche. Der Kerl wird sich die Gelegenheit, mich wegen Verleumdung anzuzeigen, sicher nicht entgehen lassen."

„Aber neugierig bin ich schon", gab Charly zurück und auch die Fernsehjournalistin ließ Ulfs Annäherungsversuche nun von sich abtropfen und verfolgte die Unterhaltung mit professionellem Interesse.

„Ich kann dir zum jetzigen Zeitpunkt wirklich nicht mehr sagen", entgegnete Bröker. „Aber wenn ich Beweise habe, bist du …"

„… die Erste, die etwas erfährt, ich weiß", erklärte sich Charly einverstanden. Ihre Kollegin hingegen schaute leicht angesäuert, vermutlich fühlte sie sich übergangen. „Dann kommen wir im Moment wohl nicht zusammen", resümierte sie mit vorwurfsvoller Stimme.

Die beiden Frauen standen auf.

„Verdammt, dann habe ich ja gar keine Ausrede mehr, um die heutige Redaktionssitzung zu schwänzen", versuchte Charly die angespannte Situation aufzulockern. Sie nickte Frau Kleinmeier-Begemann zu, welche ihr ergeben zur Haustür folgte.

Ulf fiel der Abschied offensichtlich schwer.

„Ach, wie schade, dass Sie schon aufbrechen müssen!", klagte er.

„Ich kann Ihnen ja meine Telefonnummer hierlassen. Für den Fall, dass Ihnen noch etwas einfällt!", sagte Jeanette und hielt Bröker eine Visitenkarte hin, die sich sein Mitbewohner sogleich dankbar schnappte.

„Was für eine Frau!", schwärmte Ulf, als Bröker wenige Augenblicke später die Tür hinter den beiden Journalistinnen schloss.

Was für ein Mitbewohner!, dachte Bröker nur und stöhnte innerlich.

Kapitel 34
Stille Wasser

„Dass du auch deine Klappe nicht halten kannst!",
schimpfte Bröker, als er mit Ulf zusammen ins Wohnzimmer ging. Der aber schien ihn kaum zu hören.

„Hast du das gesehen?", rief er begeistert. „Sie sieht
wirklich haargenau aus wie Jeannie. Eins zu eins. Und
dann heißt sie auch noch Jeanette! Ich muss gleich mal
gucken, wann sie immer im Fernsehen zu sehen ist.
Unglaublich, dass ich sie bisher verpasst habe!"

Aufgeregt nahm Ulf die Fernbedienung in die Hand
und klickte sich noch im Stehen durch den Videotext
des WDR.

„Und da musstest du natürlich gleich versuchen, ihr
zu erzählen, was ich so alles vermute, ohne es beweisen
zu können! – Ulf, hast du eigentlich irgendeine Ahnung, in welche Lage, du mich bringen kannst, wenn
irgendetwas davon an die Öffentlichkeit gerät? Scheiße,
dann geht es mir schlecht!", redete sich Bröker in Rage.
„Und dir auch!"

Ulf ließ die Fernbedienung sinken und sah seinen
Gastgeber betroffen an.

„Aber Jeanette weiß doch überhaupt nichts!"

„Ja, weil ich dich rechtzeitig gestoppt habe", gab
Bröker wütend zurück. „Apropos ‚wissen': Weißt du,
von wem sie nichts wissen will? Von dir! Das war ja
geradezu peinlich, wie du sie angehimmelt hast. Meinst
du wirklich, sie hat auf so einen Traummann wie dich
gewartet?"

Ulf schluckte. Dann ballte er die Hände zu Fäusten
zusammen. „Das sagst du doch nur, weil du selber nie
eine Frau ansprechen könntest. Ich versuche es wenigs-

tens! Wir werden ja sehen, wer zuerst nicht mehr alleine ist!" Schmollend ließ er sich in seinen angestammten Cordsessel fallen und widmete sich wieder dem Videotext.

Bröker drehte sich wütend um und stampfte Richtung Küche, nahm dort den Rest Kaffee aus der Kanne und zog sich damit ins Bücherzimmer zurück.

Ulf würde nie verstehen, um was es ihm eigentlich ging. Schlangenbader musste überführt werden! Nur wie? Vermutlich hatte ja auch Florian Jahre damit verbracht, ihm den Mord nachweisen zu wollen. Wenn es selbst dem Sohn nicht gelungen war, wie sollte er, der den Professor so gut wie gar nicht kannte, es jemals schaffen? Es war wohl aussichtslos. Bröker nahm einen Schluck Kaffee.

„Bah, der ist ja schon fast kalt!", schimpfte er und wandte sich wieder dem Fall zu. Man müsste noch einmal mit Florian reden können. Ein wenig von dem wissen, was er wusste. Aber ebenso gut hätte er sich auch wünschen können, eine gute Fee möge ihm verraten, wie er Schlangenbader überführen konnte. Vielleicht könnte Ulf ja doch nützlich sein: Wenn sich diese Frau Kleinmeier-Begemann tatsächlich als Flaschengeist entpuppte, konnte er vielleicht seine neu geknüpften Kontakte spielen lassen. Bröker erheiterte dieser Gedanke und seine Wut auf Ulf verflog ein wenig. War er vorhin zu schroff gewesen? Es war selten, dass er derart aus der Haut fuhr. Trotzdem war Ulfs Verhalten natürlich unmöglich gewesen. Bröker schüttelte noch einmal den Kopf.

Dann kam ihm wieder Schlangenbaders Lächeln in den Sinn, als dieser davon sprach, die Anzeige zurückziehen zu wollen. Diese gönnerhafte Geste brachte auch jetzt noch, etliche Stunden später, sein Blut in Wallung. Er musste den Professor einfach überführen!

Nur war dieser Vorsatz weit davon entfernt, in die Tat umgesetzt zu werden. Erneut rekapitulierte Bröker, was er über den Fall wusste. Das umfangreichste Beweismaterial befand sich zweifellos auf dem Speicherstick, auf den Gregor Florians History kopiert hatte. Doch den hatte er ja Schewe gegeben, natürlich ohne von den Daten eine Sicherungskopie anzufertigen. Das war nicht besonders klug gewesen. Vielleicht hatte Gregor an eine Kopie gedacht, der war in solchen Angelegenheiten um so vieles gewiefter als er. Leider war der Junge nicht nur gewieft, sondern auch weg. Bröker hatte keine Idee, wo er sich gerade wieder herumtrieb. Vielleicht war das aber jetzt gar nicht so wichtig. Denn es fanden sich zwar jede Menge Indizien auf dem Stick, doch die drehten sich alle um Florians Selbstmord. Was bedauerlich war, denn abgesehen davon waren die Materialien, die Bröker zu dem Fall gesammelt hatte, eher spärlich. Es blieb der Brief des jungen Florian, den ihm Wärter gegeben hatte, und auf dem Bröker die Zeichnung schraffiert hatte. Er schob Tastatur und Maus seines alten Computers zur Seite und legte den Brief auf den Tisch. Und dann war da noch die Karte, die er aus Florians Wohnung mitgenommen hatte und auf der dieser verschiedene Stellen auf der Weser markiert hatte. Bröker holte auch sie herbei und legte sie neben den Brief. Schließlich blieb noch Carolins Tagebuch, das zumindest vom Umfang her einiges zu bieten hatte. Allerdings blieb hier fragwürdig, welche Beweiskraft die jahrzehntealten Aufzeichnungen eines kleinen Mädchens hatten – selbst wenn sich in ihnen ein Beleg dafür fände, dass Schlangenbader seine Frau umgebracht hatte.

Trotzdem legte er auch das Tagebuch auf den Tisch zu den anderen Sachen. Das war schon alles, was er hatte, wie er sich eingestehen musste. Er schlug noch einmal Carolins Notizen auf. Einige Stellen glaubte er schon beinahe auswendig zu kennen. Sollte er wirklich einen Hinweis überlesen haben? Aber nein, gerade in diesem Buch konnte sich eigentlich wenig Erhellendes befinden. Das Mädchen schrieb ja alle paar Seiten, dass es auf die Rückkehr seiner Mutter hoffte. Wenn sie überhaupt etwas mitbekommen hatte, schien sie es eher verdrängt zu haben. Florian hingegen war mit dem, was er wusste, anders umgegangen. Er war es gewesen, der seiner Schwester gesagt hatte, dass er nicht an eine Rückkehr glaubte. Auch das fand sich in den Eintragungen des Tagebuchs. Aber mehr eben auch nicht. Vermutlich war es nur eine Kleinigkeit gewesen, die Florian mitbekommen hatte, ein unachtsames Wort Schlangenbaders oder eine winzige Beobachtung, die ihn daran zweifeln ließ, dass seine Mutter noch lebte. Aber was war das gewesen? Und hatte er damit auch Recht? Langsam zweifelte Bröker, ob er nicht dem gleichen Trugbild wie Florian aufsaß. Schon einmal hatte er den Professor zu Unrecht verdächtigt. Die Situation war aber auch zu vertrackt. Schlangenbaders Frau war weg – vermutlich tot. Auch Florian gab es nicht mehr. Carolin war zwar noch am Leben, sprach jedoch nur selten und wenn sie es tat, so waren ihre Bemerkungen kryptisch. Blieb nur, den Professor selbst zum Reden zu bringen, schloss Bröker, doch das schien ihm illusorisch.

Bröker klappte das Tagebuch wieder zu und schaute die beiden Zettel an, die ebenfalls auf dem Tisch vor ihm lagen. Der Brief eines Zehnjährigen und eine Karte mit insgesamt etwa zwei Dutzend Kreuzen. Bröker musste beinahe lachen. Die Beweislage war wirklich mehr als dürftig. Ein wenig verzweifelt nahm er bald die Karte, bald den Brief des jungen Florian in die Hand. Gab es auf einem der beiden Papiere wirklich noch Hinweise, die er übersehen hatte?

Vermutlich markierten die Kreuze auf der Karte Tauchgänge, die Florian als passionierter Sporttaucher unternommen hatte. Daraus ließ sich vermutlich wenig ablesen – ausgenommen vielleicht Florians Vorliebe für Wassersport. Und den Brief hatte Bröker nun schon ein Dutzend Mal in den Händen gehalten, ihn so lange befragt, bis er die Zeichnung preisgegeben hatte. Und was hatte er nicht alles in diese hineininterpretiert! Bröker schämte sich ein wenig dafür, wie sicher er gewesen war, Anzeichen für einen Missbrauch der Kinder gefunden zu haben. Er betrachtete die Zeichnung noch einmal genauer und befand: Nein, böse konnte er sich ob dieser Schlussfolgerung eigentlich nicht sein. Die Figuren wiesen definitiv die in der Literatur genannten Charakteristika auf. Möglicherweise waren die Interpretationen der Psychologen einfach nicht stichhaltig. Vielleicht aber gab es auch eine gewisse Schnittmenge zwischen sexuellem Übergriff und anderer Gewalt, der Kinder ausgeliefert sein konnten. Bröker zuckte die Schultern. Er konnte es nicht sagen.

Was war noch mal auf dem Bild von Florian dargestellt? Richtig, Kater Schlangenbader stürzte sich auf eine Maus im Kleidchen. Doch worin standen die Figuren da eigentlich? Das hatte sich Bröker nie so genau angesehen. Sie schienen mit den Füßen im Boden zu versinken, vielleicht aber hatte Florian im Eifer des Gefechts den Boden auch nur zu stark schraffiert und die Füße übermalt. Brökers Blick fiel wieder auf die Karte, auf der Florian verschiedene Stellen auf der Weser markiert hatte. Vielleicht sollte dieser Fleck auf der Kinderzeichnung auch Wasser darstellen. Von der Form her zumindest könnte es passen. Wenn jemand so sehr am Tauchen hing, wie es Florian anscheinend getan hatte, konnte sich diese Begeisterung vermutlich schon früh entwickelt haben. Oder nicht?

Bröker seufzte einen seiner vielen Seufzer der letzten Tage. Das Einzige, was er mit Bestimmtheit sagen konnte, war, dass er viel zu wenig über Schlangenbaders Sohn wusste. Er schloss die Augen. Immer wieder kam dieses Wassermotiv vor. Florian hatte im Schwimmbad Selbstmord begangen. Er tauchte. Das merkwürdige Bild in seiner Wohnung mit der Hand, die nach dem Fluss griff. Wie passte das alles zusammen? Bröker kratzte sich am Kopf.

Dann hatte er mit einem Mal eine Eingebung. Es gab diese Momente, in denen sich plötzlich alles zusammenfügte. Vielleicht waren sie eine Art Lohn für sein ständiges Zweifeln. Was, wenn Florians Mutter *ertrunken* wäre, ertränkt, vermutlich von ihrem eigenen Mann? Was, wenn sie vielleicht auf dem Grund eines Gewässers lag und Florian irgendeine Erinnerung hatte, die ihn genau das ahnen ließ? Das würde auch erklären, warum er sich derart intensiv der Weser gewidmet hatte. Was, wenn er versucht hatte, sie nach dem Leichnam seiner Mutter abzusuchen, wenn genau dies die Motivation seiner Leidenschaft fürs Tauchen war?

Die Kreuze markierten in diesem Fall die Stellen, an denen Florian schon gesucht hatte. Auf diese Weise ergäben auch alle anderen Fundstücke einen Sinn. Und auch Florians Selbstmord, diese seltsam grausame Tat eines Tauchers, sich selbst zu ertränken, konnte so als der letzte Versuch gedeutet werden, auf den Mord an der Mutter aufmerksam zu machen und gleichzeitig den Vater für einen Mord, den er nicht begangen hatte, hinter Gitter zu bringen. Um ihn büßen zu lassen.

Ja, so konnte es gewesen sein! Bröker erhob sich. Aufgeregt ging er im Zimmer auf und ab. Wie auf Zuruf öffnete sich die Tür und Gregor kam herein.

„Ach, hierhin bist du geflohen!", sagte er zur Begrüßung. „Ulf hat mir schon berichtet, dass du sauer auf ihn bist. Dabei hat er allerdings eine Menge wirres Zeug geredet. Du hättest Schlangenbader befreit und er die zauberhafte Jeannie getroffen. Hast du ihn an deinem Kaffee nippen lassen?"

„Nein, nein, alles ist wahr!" Bröker gab eine Kurzfassung seines Gastspiels auf dem Polizeipräsidium und des Besuches der beiden Journalistinnen. „Seitdem ist Ulf wie weggetreten", schloss er seinen Bericht. „Den scheint es schwer erwischt zu haben."

„Ja, das war auch mein Gefühl", bestätigte Gregor. „Wobei ich nicht weiß, was den größeren Eindruck hinterlassen hat, diese Jeannie oder dass du ihn angeblafft hast. Jedenfalls hat er eben, als ich zu dir hochging, den Fernseher ausgeschaltet und sich das Telefon geschnappt."

„Aha", sagte Bröker desinteressiert und setzte die Wanderung durch sein Bücherzimmer fort.

„Und wieso läufst du hier herum wie eine Rennmaus auf Speed?", erkundigte er sich. „Kannst du es immer noch nicht akzeptieren, derjenige gewesen zu sein, der die entscheidenden Argumente für Schlangenbaders Freilassung geliefert hat?"

„Nein, das ist es nicht … nicht mehr", verneinte

Bröker. „Gregor, ich glaube, ich weiß nun endlich, was geschehen ist!"

„Das hast du aber schon einmal gewusst", erinnerte ihn Gregor.

„Ja, doch jetzt scheint wirklich alles zu passen."

„Da bin ich mal gespannt."

„Ich glaube, Schlangenbader hat seine Frau tatsächlich umgebracht."

„Nun ja, das ist nicht wirklich neu."

„Warte es ab! Er hat sie ertränkt und Florian hat das irgendwie gewusst oder geahnt, hat vielleicht irgendetwas gesehen oder gehört, das nicht für ihn bestimmt war. Deshalb hat er nach der Leiche seiner Mutter gesucht. Die Kreuze auf der Karte, die wir bei ihm gefunden haben, stehen für die Stellen in der Weser, an denen er getaucht ist. Guck mal, selbst auf der Zeichnung spielt Wasser eine Rolle."

Er schob Gregor den Brief hin, den Schlangenbaders Sohn vor mehr als fünfzehn Jahren an die Polizei geschrieben hatte, und tippte auf das pfützenähnliche Gebilde, in dem die Figuren standen. Dabei war er sich jedoch nicht mehr so sicher wie nur wenige Minuten zuvor. Das Ganze sah doch nach ziemlichem Gekritzel aus. Vielleicht hatte Florian an dieser Stelle auch nur die Wut auf seinen Vater übermannt. Doch Gregors Reaktion zerstreute Brökers aufkeimende Zweifel.

„Du meinst, Florian hat sich ertränkt, um darauf hinzuweisen, wie seine Mutter starb?", fragte er ohne den befürchteten Spott in seiner Stimme.

„Das wäre natürlich das eine", räumte Bröker ein. „Stell dir allein mal vor, was in Schlangenbader vorgegangen sein muss, als er vom Tod seines Sohnes erfahren hat und die Parallelen sah. Er wird es sich nicht erklärt haben können, doch es muss einen unheimlichen Eindruck auf ihn gemacht haben. Stärker wiegt für mich aber noch, dass Florian überzeugt gewesen sein muss, sein Selbstmord stelle die letzte Möglichkeit dar, seinen Vater zur Rechenschaft zu ziehen – wenn auch für einen Mord, den dieser gar nicht begangen hatte."

Gregor nickte. „Ich muss zugeben, dass das zumindest erklärt, wie Florian solch einen Plan, der ja den eigenen Tod bedeutet, wirklich hat durchziehen können", gab er Bröker Rückenwind.

„Meinst du?", fragte Bröker halb freudig, halb zweifelnd.

„Ja, doch!", bestätigte Gregor. „Es gibt nur ein winziges Problem."

„Und das wäre?"

„Du kannst nach wie vor nichts beweisen."

„Das stimmt", klagte Bröker. „Was das angeht, sind wir so schlau wie zuvor."

„Und ich fürchte, wenn Schlangenbader nicht gesteht, wird das auch so bleiben."

„Es sei denn …", überlegte Bröker.

„Es sei denn, was?"

„Es sei denn, wir finden die Leiche."

„Du willst die Leiche finden? Na dann, viel Spaß."

Bröker sah ihn enttauscht an. Doch Gregor blieb skeptisch.

„Schau mal", sagte er und tippte auf die Karte. „Es gibt fast keinen Weserabschnitt zwischen Bad Oeynhausen und Minden, an dem Florian es nicht versucht hat."

Bröker nickte.

„Ja, er hat die ganzen letzten Jahre Zeit gehabt für seine Suche und anscheinend trotzdem nichts gefunden."

„Genau. Was also willst du anders machen?"

„Gute Frage. Aussicht auf Erfolg hätten wir wohl nur, wenn sich der Bereich wenigstens ein wenig eingrenzen ließe", begann Bröker aufs Neue.

„Und wie willst du das schaffen?"

„Stell dir vor, du willst eine Leiche irgendwo versenken."

„Ulf, zum Beispiel", schlug Gregor grinsend vor.

Bröker hob lachend die Augenbrauen. „Ja, oder ersatzweise Schlangenbaders Frau. Dann brauchst du idealerweise eine Stelle, die tief genug ist, damit man sie nicht gleich sieht."

„Oh, das ist eine große Hilfe. Es gibt in Deutschland nur sehr wenige Flüsse oder Seen mit mehr als einem Meter Wassertiefe!", spottete Gregor.

„Ich könnte mir auch vorstellen, dass es noch eine Brücke geben muss. Wenn du eine Leiche versenken willst, machst du das am besten dort, wo so ein Fluss oder See am tiefsten ist – und das ist meistens in der Mitte", fuhr Bröker fort. „Und wenn du nicht gerade mit einem Boot hinausfahren kannst, zum Beispiel weil du keines hast, ist eine Brücke sehr hilfreich."

„Das mag schon sein, aber auch Gewässer mit einer Brücke darüber gibt es eine ganze Menge!", wandte Gregor ein. „Selbst wenn es wirklich irgendeine Stelle in der Weser gewesen sein sollte, bleiben da noch so viele Möglichkeiten."

„Ja, du hast Recht", musste Bröker zugeben. „Und wir wissen nicht, weshalb Florian seine Kreuze dort gesetzt hat, wo er sie gesetzt hat."

„Richtig, darauf haben wir einfach gar keine Hinweise." Gregor machte eine Pause und auch Bröker versank in Gedanken. Dann fragte er: „Wissen wir eigentlich, was Schlangenbader damals zum Verschwinden seiner Frau gesagt hat?"

Bröker überlegte einen Moment. „Wir nicht, aber vielleicht weiß ich jemanden, der uns mehr dazu sagen kann."

„Und wer?"

„Du wirst die Idee vielleicht nicht mögen, aber Schlangenbader muss ja der Polizei gemeldet haben, dass seine Frau nicht mehr aufzufinden war. Also muss es dazu noch Unterlagen geben."

„Du willst Schewe fragen? Bröker, der wird dich für komplett wahnsinnig halten, dass du Schlangenbader des Mordes an seiner Frau bezichtigst, keinen halben Tag nachdem du dich für seine Freilassung eingesetzt hast!"

„Genau darum werde ich ihn auch nicht anrufen", gab Bröker vergnügt zurück. „Außerdem ist für den Fall wohl doch eher die Polizei in Werther zuständig – also ist Wärter unser Mann."

Gerade wollte er zufrieden sein Telefon holen, als es an der Zimmertür klopfte.

Kapitel 35
Dein Freund und Helfer

„Herein, wenn's kein Ulf ist!", rief Gregor fröhlich.

Die Zimmertür öffnete sich einen Spalt, es war tatsächlich Ulf.

„Bröker, ich müsste dich mal kurz sprechen."

Der hatte Schwierigkeiten, aus Ulfs Gesichtsausdruck klug zu werden.

„Natürlich", antwortete er, „worum geht es denn?"

„Können wir das nicht unter vier Augen besprechen?"

„Eigentlich darf Gregor alles wissen", entgegnete Bröker, doch dieser war schon aufgestanden.

„Schon gut, ich *will* gar nicht alles wissen. Ich muss wirklich nicht dabei sein, wenn Ulf dir sein Herz ausschüttet", sagte er und zog die Tür zu Brökers Zimmer hinter sich zu. Doch schon wenige Augenblicke später flog sie wieder auf. Zuerst sah Gregor Ulf, der den Raum rückwärts verließ. So schnell er konnte, wich er vor Bröker zurück, der auf ihn losging wie ein Grizzly.

„Sag, dass das nicht wahr ist!", brüllte er mit hochrotem Kopf.

„Aber Schlangenbader gesteht den Mord an seiner Frau vielleicht eher, wenn das Fernsehen darüber berichtet!", verteidigte sich Ulf.

„Unsinn!", übertönte ihn Bröker. „Du hast gedacht, du kannst bei deiner Jeannie landen, wenn du ihr von meinen Vermutungen erzählst!"

„Sie kommt ja erst morgen Nachmittag zum Drehen hierhin. Vielleicht hast du den Fall bis dahin gelöst", antwortete Ulf zaghaft. Doch das hörte Bröker schon nicht mehr. Er stürmte die Treppe hinab.

„Und das alles wegen deiner verdammten Fernsehmanie! Aber damit ist jetzt Schluss!"

Er rannte ins Wohnzimmer, wo es sich Uli gemütlich gemacht hatte und alleine eine Folge *Tiere suchen ein Zuhause* schaute, darin nun aber jäh unterbrochen wurde. Bröker riss Stecker und Antennenkabel aus der Wand und schnappte sich den großen Bildschirm.

„Die Kiste kommt mir nicht mehr ins Haus!", ächzte er, während er ihn nach draußen trug. „Die stelle ich auf dem Gehweg ab. Mag sie sich nehmen, wer will."

Als er seine kleine Stadtvilla wenig später wieder betrat, fühlte er sich schon wohler. Bis er Ulf sah. Der hatte anscheinend seine Sachen in Windeseile zusammengerafft und stand nun mit gepackten Koffern auf der untersten Treppenstufe.

„Ich weiß, wenn ich irgendwo nicht erwünscht bin", sagte er nur und seine Unterlippe zitterte sichtbar. Er schob sich an Bröker vorbei.

„Weißt du eben nicht, sonst wärst du gar nicht erst eingezogen", rief ihm Gregor noch hinterher, der die ganze Szene aus dem ersten Stock verfolgt hatte. Die Haustür fiel ins Schloss. Ulf war ausgezogen.

Bröker wusste nicht, ob er bedrückt oder erleichtert sein sollte. Auf jeden Fall aber hatte er ein schlechtes Gewissen.

„Jetzt sind wir endlich wieder alleine hier!", munterte ihn Gregor auf.

„Trotzdem, gerade war ich wohl doch etwas zu rabiat. Aber der Kerl kann einen auch in den Wahnsinn treiben!"

Gregor nickte.

„Sollte ich ihn nicht zurückholen?", fragte sein älterer Freund unsicher.

„Nichts da!", entgegnete Gregor entschieden und versuchte Bröker möglichst schnell auf andere Gedanken zu bringen: „Komm, wir zeigen jetzt Schewe, wie eine Männer-WG einen Fall löst!"

„Stimmt, ich wollte ja Wärter anrufen", erinnerte sich nun auch Bröker.

„Warte, ich suche dir die Nummer der Polizei in Werther raus", bot ihm Gregor an und zog sein Netbook hervor.

Keine zwei Minuten später schellte das Telefon auf Wärters Schreibtisch, zu dem sich Bröker hatte durchstellen lassen.

„Ja, hallo hier ist Bröker!", meldete sich Bröker auf die Begrüßung des Polizisten hin. „Wie gut, dass ich Sie noch erwische!"

„Bröker!" Wärter schien einigermaßen überrascht. „Ich hoffe, Sie melden sich nicht, weil Ihr Alibi geplatzt ist und Sie doch der Einbrecher bei Schlangenbader waren."

„Wie?" Bröker war schon so sehr mit seiner Frage beschäftigt, dass er für einen Moment den Anlass der letzten Begegnung mit Wärter vergessen hatte.

„Na, Sie wissen schon, Ihr Mitbewohner hat Ihnen doch für die fragliche Zeit ein Alibi gegeben", half ihm der Polizist auf die Sprünge.

„Ach so, nein, deshalb rufe ich nicht an. Aber Schlangenbader lässt mich trotzdem nicht los."

„Ja, ich habe das Ganze natürlich auch verfolgt und mitbekommen, dass er nun anscheinend endgültig auf freien Fuß gesetzt wurde", fasste Wärter seinen Kenntnisstand zusammen.

„An der letzten Freilassung war ich nicht ganz unbeteiligt", gestand Bröker ein. „Vielleicht können Sie mir trotzdem noch eine Frage zu dem Professor beantworten?"

„Gern, wenn ich kann. Welche denn?"

„Erinnern Sie sich noch an die Zeit, als seine Frau verschwand?"

„Ja, wenn ich auch nicht mehr alles genau weiß."

„Hat denn der Professor damals eine Anzeige aufgegeben?"

„Ja, natürlich gab es eine Vermisstenanzeige, aber die hat zu nichts geführt."

„Dann müssen Sie doch Schlangenbader auch zu den Hintergründen befragt haben", hakte Bröker nach.

„Ja, das haben wir auch. Wir haben damals in alle Richtungen ermittelt."

„Er hatte doch sicherlich Vermutungen, wohin denn seine Frau verschwunden sein könnte."

„Die hat er bestimmt geäußert, aber welche das genau waren, weiß ich im Moment nicht mehr. Wenn Sie mir zehn Minuten geben, suche ich die Akte raus und rufe Sie wieder zurück", bot Wärter an.

Tatsächlich war der Polizist kurze Zeit später wieder am Telefon. „Ich habe die Unterlagen gefunden. Manchmal ist es doch auch gut, wenn man noch ein Archiv hat", berichtete er. „Was genau wollen Sie wissen?"

„Wo vermutete Schlangenbader seine Frau, als sie verschwand", wiederholte Bröker seine Frage.

Er hörte Wärter in der Akte blättern.

„Er hat berichtet, dass er sich während der gemeinsamen Ehe häufiger mit seiner Frau gestritten hätte. Wegen ihres Alkoholkonsums, ihrer Antriebslosigkeit. Laut Schlangenbader hat sie sich nicht angemessen um die Kinder gekümmert. Darüber gab es wohl den meisten Streit. Bei besonders heftigen Auseinandersetzungen ist seine Frau zu ihren Eltern geflüchtet und für ein paar Tage dort geblieben. So muss es auch an jenem Abend gewesen sein, als er seine Frau zum letzten Mal gesehen hat. Schlangenbader hat angegeben, er habe sich mit seiner Frau darüber entzweit, dass diese die Kinder völlig unkontrolliert dem Fernsehprogramm überließe. Beide seien laut geworden und schließlich habe sie sich in ihr Auto gesetzt, vermutlich, um zu ihren Eltern zu fahren. Dort ist sie aber laut deren Aussage nie angekommen. Ihren Wagen hat man jedoch einen Tag später unweit der elterlichen Wohnung gefunden. Von der Frau aber fehlte und fehlt bis heute jede Spur."

Bröker zog die Augenbrauen zusammen und versuchte diese neue Information in das Bild, das er bislang gewonnen hatte, einzupassen.

„Auch die Kinder wurden damals befragt", fuhr Wärter unterdessen fort. „Aus ihnen war allerdings nichts von Bedeutung herauszubekommen. Von dem Streit wussten beide, schienen allerdings wenig beeindruckt davon. Wahrscheinlich waren sie einfach daran gewöhnt, dass es zwischen den Eltern laut wurde. Das Mädchen hat mehrfach darauf bestanden, dass die Mutter bald wiederkommen werde, und damit indirekt die Aussage des Vaters bestätigt, dass diese häufiger für ein paar Tage verschwunden sei. Zudem ist Schlangenbaders Frau, das dürfte Sie vielleicht auch interessieren, schon zwei Jahre zuvor einmal stark alkoholisiert am Straßenrand aufgegriffen worden. Da muss wohl einiges im Argen gelegen haben."

„Ist auch etwas von Florian im Protokoll zu finden?", fragte Bröker weiter.

„Warten Sie", sagte der Polizist und Bröker konnte hören, wie er fleißig in der Akte blätterte. „So richtig finde ich hier nichts. Der Junge scheint wenig gesagt zu haben. Ah, hier unten steht, dass er auf die meisten Fragen keine Antwort gegeben hat und die ganze Zeit beschützend neben seiner Schwester stand."

„Hm. Und wo wohnen die Eltern?"

Wieder blätterte der Polizist in seinen Unterlagen. „Hier steht es: Die Eltern wohnten zumindest zu der damaligen Zeit in Minden, in der Pestalozzistraße."

„Also leben sie auch hier in Ostwestfalen."

„Ganz genau. So weit ist Frau Schlangenbader anscheinend nicht rumgekommen. Allerdings sind die Eltern, wie mir der Computer gerade ausspuckt, inzwischen verstorben", kommentierte Wärter. „Kann ich Ihnen sonst noch irgendwie weiterhelfen?"

Doch Bröker fiel keine weitere Frage ein.

„Na, dann bin ich mal gespannt, was ich die nächsten Tage über den Fall in der Zeitung lese", verabschiedete sich Wärter gut gelaunt und es war Bröker, als könne er ihn am anderen Ende der Leitung zwinkern sehen.

Er bedankte sich bei dem Polizisten, wünschte diesem ein schönes Wochenende und legte auf.

„Schlangenbader hat damals behauptet, seine Frau sei zu ihren Eltern nach Minden gefahren", gab er anschließend seine neu gewonnenen Informationen an Gregor weiter.

„Und hilft uns das?", fragte dieser unentschlossen.

„Na, du wolltest doch wissen, was er angegeben hat!", Bröker musste lachen. „Aber ich glaube, ja, es hilft uns wirklich."

„Und inwiefern?"

Bröker räusperte sich. Er war im Begriff, seiner verwegenen Idee die Krone aufzusetzen. „Nehmen wir einmal an, dass das, was wir uns bisher überlegt haben …"

„Was *du* dir überlegt hast", korrigierte Gregor.

„Also gut: Nehmen wir also an, an dem, was ich mir überlegt habe, ist etwas Wahres dran. Schlangenbader ertränkt seine Frau in einem See oder einem Fluss oder, was wahrscheinlicher ist, er bringt sie um und lässt sie anschließend in einem Gewässer verschwinden."

„Ja, das haben wir ja nun schon angenommen, aber was weiter?"

„Selbst wenn er die Leiche seiner Frau irgendwo versenkt hat, bestand immer noch die Gefahr, dass diese entdeckt würde. Und für den Fall wäre es gut gewesen, wenn möglichst wenig dafür gesprochen hätte, dass Schlangenbader der Täter sein könnte."

„Gut, das verstehe ich", versuchte Gregor Brökers Gedanken zu folgen.

„Na, überleg doch mal. Der Professor hat in die Welt gesetzt, seine Frau wolle zu ihren Eltern, weil sie auch zuvor schon ein paar Mal nach einem Streit dorthin geflohen war. Das ließ sich vermutlich damals nachprüfen. In diesem Falle wäre es am besten gewesen, dass man ihre Leiche, wenn überhaupt, auf dem Weg zu ihrem Elternhaus oder zumindest in dessen Nähe gefunden hätte."

„Oh, jetzt ahne ich, was du sagen willst!" Gregors Augen weiteten sich.

„Genau, denk einmal an den Wohnort der Eltern!"

Wieder öffnete Gregor sein Netbook. „Wo war das noch einmal genau?"

„In der Pestalozzistraße in Minden", gab Bröker Auskunft. Gregor rief eine Seite auf.

„Lass uns doch mal sehen, welchen Weg man nimmt, wenn man von Werther nach Minden fährt." Wieder bearbeitete er den kleinen Computer und schob ihn zu Bröker rüber.

„Guck mal, fällt dir was auf?", fragte er mit zufriedenem Lächeln.

„Ja! Florians Kreuzchen fallen auch fast alle in den Weserabschnitt bei Minden."

„Ja, aber ich meine die Brücke hier. Dort überquert man die Weser!", bemerkte Gregor.

Bröker schaute noch einmal genauer auf die Karte. „Aber das ist eine Autobahnbrücke", sagte er dann enttäuscht. „Und die Strecke nach Berlin war auch vor fünfzehn Jahren schon so stark befahren, dass man vermutlich keine zehn Sekunden alleine auf der Brücke hatte. Da kann Schlangenbader die Leiche seiner Frau nicht entsorgt haben!"

Gregor studierte noch einmal die Route auf seinem Netbook.

„Und hier?", rief er dann. „Hier fährt man noch einmal über die Weser, die macht dort so einen Knick."

Er deutete auf eine zweite Weserbrücke. Auch diese musste laut Routenplaner auf dem Weg von Werther zum Elternhaus von Schlangenbaders Frau überquert werden.

„Auch Florian scheint die Stelle aufgefallen zu sein, wie die Kreuzchen hier zeigen", sagte Bröker. Dann schaute er den Jungen nachdenklich an. „Es könnte sein, dass wir tatsächlich das Grab von Frau Schlangenbader gefunden haben."

In Brökers Augen leuchtete ein kleiner Triumph auf. Gregor hingegen blickte skeptisch drein. „Selbst wenn das richtig ist, wirst du bei deiner Suche eine Menge Spaß haben."

„Was meinst du?"

„Ich meine, dass du vermutlich nicht in der Weser tauchen willst! Zumindest ich will nicht, dass du das tust, sonst schwimmen dort nämlich bald zwei Wasserleichen!"

„Hm, das stimmt. Aber der Polizei steht doch bestimmt eine Taucherstaffel zur Verfügung." Bevor Gregor Bedenken äußern konnte, hatte Bröker aber seine eigene Idee schon selbst entkräftet: „Du meinst, dass wir es schwer haben werden, Schewe davon zu überzeugen, dass Schlangenbader erstens seine Frau umgebracht und zweitens die Leiche genau dort versenkt hat, wo wir vermuten?"

„Ja. Noch dazu hat der Professor die Leiche schon vor einer halben Ewigkeit von der Brücke geworfen", streute Gregor weitere Zweifel am Erfolg ihres Unternehmens. „Hast du eine Idee, wie weit so eine Leiche in der Zeit treiben kann, selbst wenn sie mit Gewichten beschwert sein sollte? So ein Fluss hat doch auch am Grund eine Strömung."

Gregor zuckte ratlos mit den Schultern und auch Bröker musste den Überlegungen des Jungen wohl oder übel zustimmen.

„Selbst wenn sie nicht fortgetrieben ist, ist sie aller Wahrscheinlichkeit nach schon derart zersetzt und im Schlamm versunken, dass man sie kaum finden kann. Mit Sicherheit geben die Taucher viel zu früh auf", ergänzte er matt.

„Eben das meine ich." Gregor nagte an seinem Daumennagel. „Gibt es denn gar keine Lösung?"

Wieder schauten sich Bröker und Gregor an.

„Doch, eine gibt es", sagte Bröker und griff noch einmal zum Telefon.

Kapitel 36
Gründe und Abgründe

Mützes Apparat läutete sieben Mal. Gerade als Bröker wieder auflegen wollte, meldete sich der Kommissar. Bröker hörte, dass er ihn gestört hatte.

„Hallo, hier ist Bröker", sagte er daher bewusst höflich.

„Bröker!" Auch Mütze klang nun deutlich freundlicher. „Gerade habe ich an dich gedacht!"

„Aber, aber", schmunzelte Bröker. „Du sollst an deinem Feierabend an Fußball, Essen oder schöne Frauen denken, aber doch nicht an Männer über vierzig."

„Ersteres hatte ich auch im Sinn", entgegnete Brökers Polizistenfreund. „Ich habe mir heute eine DVD mit den besten Fußballtoren aller Zeiten ausgeliehen. Und als sie das Tor von Kamper gegen Leverkusen gezeigt haben, fiel mir ein, dass dir das wohl auch gefallen würde."

„Würde es auch", bestätigte Bröker.

„Vielleicht solltest du dich auch ein wenig mehr dem Fußball hingeben. Es ist immerhin Freitag und schon sieben Uhr abends und du rufst bestimmt nicht nur an, weil du in Plauderlaune bist, habe ich Recht?"

„Das stimmt!", musste Bröker zugeben und erst jetzt bemerkte er, dass es draußen schon dunkel geworden war.

Nun gut, mit der Umsetzung seines Plans musste er sowieso bis morgen warten – wenn Mütze denn überhaupt helfen würde.

„Und was kann ich für dich tun?"

Mütze war höflich wie immer. Dennoch meinte Bröker eine gewisse Ungeduld zu hören, die sicherlich daher rührte, dass sein Freund zu seiner Fußball-DVD zurückkehren wollte. „Ich hoffe, du willst mir jetzt nicht sagen, ich soll den Professor wieder verhaften lassen."

Bröker schluckte. Tatsächlich lief sein Ansinnen ja auf etwas Ähnliches hinaus. „Das nicht", beeilte er sich Mützes Bedenken so weit es ging zu zerstreuen. „Aber ich hätte eine Bitte. Eigentlich sogar zwei. Und sie haben tatsächlich mit Schlangenbader zu tun." Bröker räusperte sich. Telefonieren lag noch immer nicht in seiner Natur und andere um einen Gefallen zu bitten ebenso wenig. Nun kam beides zusammen. Aber es ging nicht anders.

„Ja?" Mützes Stimme klang jetzt ein wenig nervös.

„Könntest du morgen gegen Mittag zwei oder drei Einsatzwagen an eine bestimmte Stelle beordern?"

„Ich soll was? Bröker, solche Aktionen können mich meinen Job kosten."

„Bitte, Mütze! Die Wagen sollen dort auch nur parken, ohne Personal." Bröker kam sich vor wie ein Kind, das seine Mutter um ein Eis bat. „Tu es mir zuliebe. Vielleicht kann ich mit deiner Hilfe endlich beweisen, dass Schlangenbader Dreck am Stecken hat."

„Dir zuliebe gehe ich regelmäßig zur Arminia!"

Bröker wurde leichter zumute, als er Mütze scherzen hörte.

„Also, hilfst du mir?"

„Mal sehen. Morgen ist ja Samstag, da kann ich vielleicht leichter über zwei Wagen verfügen. Wo soll es denn hingehen?"

Bröker nannte ihm die Adresse.

„Uff. Das ist ja eine ganz schöne Strecke. Eigentlich müsste ich da um Amtshilfe ersuchen", gab sein Polizistenfreund zu bedenken. „Aber irgendwie wird es schon gehen. Ich frage jetzt aber besser nicht, wofür genau ich das mache, richtig?"

„Richtig", flötete Bröker am anderen Ende der Leitung und war Mütze für seine unbürokratische Art dankbar.

„Ich hoffe, deine zweite Bitte ist nicht von gleichem Kaliber", bemerkte der amüsiert.

„Ach so, ja. Also ich meine: Nein, ist sie nicht! Könntest du mir die Telefonnummer von Ravenstijn geben?"

„Von van Ravenstijn? Hab ich was verpasst? Willst du ihn zu einem kleinen Schäferstündchen einladen?" Mütze lachte.

„Ha, ha", knurrte Bröker, musste aber auch lachen. „Es geht nicht anders. Bei dem, was ich plane, muss ich mit allem auffahren, was ich habe. Du siehst also: Auch ich bringe Opfer."

„So leicht kommst du mir nicht aus der Nummer raus! Bröker, das kostet dich was, zumindest ein großes Bier", zog der Polizist seinen Freund weiter auf. Dann gab er ihm van Ravenstijns private Nummer. „Und nun werde ich mich mal meinem Feierabend widmen."

„Ja, mach das", erwiderte Bröker und beneidete Mütze ein wenig, als er auflegte.

Sein nächster Anruf galt dem niederländischen Polizeipsychologen. Ihn um Hilfe zu bitten, fiel Bröker wesentlich schwerer, aber er sah keine andere Möglichkeit, um seine Idee in die Tat umzusetzen. Erstaunlicherweise gestaltete sich dieses Gespräch jedoch noch einfacher als seine Unterhaltung mit Mütze. So verrückt van Ravenstijn sein mochte, so umgänglich wurde er, wenn er das Gefühl hatte, sein Gegenüber bringe ihm die gebührende Achtung entgegen.

Als Bröker das Gespräch tatsächlich mit: „Guten Abend, Ravenstijn, ich könnte Ihre Hilfe gebrauchen!", eröffnete, ließ sich der Holländer nicht zweimal bitten.

„Ich verstehe. Dazu benötigt man in der Tat einiges psychologisches Fingerspitzengefühl. Morgen Mittag sagen Sie?", fragte er, als ihm Bröker seinen Plan schilderte. Wenig später war auch Brökers zweites Telefonat an diesem Abend beendet. Bröker ächzte, denn noch war es nicht geschafft. Weitaus schlimmer, das schwierigste Gespräch wartete noch auf ihn.

Murrend begab er sich zunächst in die Küche und schenkte sich ein Glas seines besten Single Malt ein, bevor er umständlich das alte, gelbe Telefonbuch hervorkramte und eine Nummer in Werther suchte. Er nippte an seinem Whisky und wählte.

„Schlangenbader", meldete sich eine Männerstimme am anderen Ende der Leitung schon nach dem zweiten Klingeln.

„Guten Abend, Herr Professor Schlangenbader, hier spricht Bröker", eröffnete Bröker das Gespräch mit ausgesuchter Höflichkeit, sogar den Titel führte er an. „Ich wollte mich nur kurz erkundigen, ob man Sie wirklich aus der Untersuchungshaft entlassen hat."

„Ach Herr Bröker, Sie schon wieder!" Der Professor hatte nichts von seiner abweisenden Art verloren. „Ja. Die Gerechtigkeit hat schließlich doch gesiegt."

„Nun, das ist ja auch immer mein Interesse gewesen", entgegnete Bröker. Das entsprach sogar der Wahrheit. „Auch wenn es Ihnen anders erscheinen musste: Gegen Sie persönlich habe ich nichts."

Der letzte Satz ging ihm dagegen deutlich schwerer über die Lippen.

„Daran habe ich zwischendurch doch gezweifelt", gab Schlangenbader zu.

„Ja, das kann ich mir vorstellen. Unser Verhältnis stand einfach unter keinem guten Stern. Daran bin ich sicher nicht ganz unschuldig. Aber vielleicht lässt sich das ja wieder einrenken. Und damit wären wir auch schon bei dem Grund meines Anrufs. Was halten Sie davon, wenn ich Sie zum Essen einlade? Als Friedensangebot sozusagen!", platzte Bröker mit seinem Plan heraus.

„Essen? Das geht nicht, Herr Bröker. Ich habe meine Freilassung schon mit einem Fläschchen Wein begossen und bin nicht mehr fahrtüchtig."

„Ich dachte auch nicht an jetzt. Aber wie wäre es, wenn ich Sie morgen abhole? Ich kenne da ein kleines

Restaurant auf dem Lande? Danach lasse ich Sie auch garantiert in Ruhe."

Schlangenbader zögerte einen Moment.

„Eigentlich gebe ich mich privat nicht mit Studenten ab. Aber wieso eigentlich nicht", sagte er dann und Bröker staunte, wie glatt alles zu gehen schien. „Wann würden Sie denn vorbeikommen?"

„Sagen wir morgen früh um elf?", schlug er vor.

Schlangenbader musste hörbar über die Formulierung „morgen früh um elf" lachen, stimmte dem Vorschlag aber zu.

„Dann bis morgen Mittag!", verabschiedete er sich korrigierend.

„Ihnen noch einen erholsamen Abend!", säuselte Bröker und hängte ein, der Professor sollte keinen Verdacht schöpfen.

Für Bröker wurde der Abend allerdings weniger erholsam. Immer wieder kamen ihm Zweifel an seinem Plan. War an seinen Mutmaßungen etwas dran oder würde er sich bis auf die Knochen blamieren? Und selbst wenn alles stimmte, war der Plan gut genug, um Schlangenbader zu überführen?

„Im schlimmsten Fall bleibt der Kerl eben auf freiem Fuß!", versuchte Gregor seinen älteren Freund zu beruhigen.

Bröker schüttelte den Kopf. „So darf es einfach nicht kommen! Mütze kann ich dann auch nie wieder um etwas bitten. Ganz abgesehen davon, dass auch Schewe von all dem Wind bekommen wird!" Die Tatsache, dass Schlangenbader in solch einem Fall nicht für seine Taten büßen würde, erschien vor diesem Hintergrund beinahe zweitrangig.

Am nächsten Vormittag ertönte pünktlich um zwanzig vor elf Brökers Türklingel. Bröker fühlte sich zerschlagen und hatte vor Aufregung nur eines statt der üblichen zwei Lachsbrötchen zum Frühstück gegessen. Sogar auf sein Rührei hatte er verzichtet. Dafür war die doppelte Menge Kaffee in ihn hineingeflossen.

„Dein Taxi ist da!", rief ihm Gregor mit beinahe aufdringlicher Fröhlichkeit zu.

„Ja, ja, ich komme ja schon", raunte Bröker zurück. „Du weißt, was du zu tun hast?"

Der Junge nickte zuversichtlich. „Und jetzt ab mit dir!"

Zwanzig Minuten später hielt das Taxi vor Schlangenbaders Haus in Werther.

„Guten Morgen, Herr Bröker!", begrüßte der ihn besser gelaunt, als ihn Bröker je zuvor gesehen hatte. „Wohin soll unser Ausflug denn gehen? Gestern klang es ja nach einer Überraschung!"

„Ja, es soll auch eine werden", gab Bröker zurück und wies den Taxifahrer an, das vorher vereinbarte Ziel anzusteuern. Der fuhr los.

Ob es die Aussicht auf eine gute Mahlzeit war oder die anhaltende Freude über die Freilassung, vermochte Bröker nicht zu sagen. Jedenfalls war der Professor in Plauderstimmung und redete die ersten Minuten munter drauf los. Bröker hörte kaum zu. Dass Schlangenbaders Laune jedoch umso mehr litt, je näher sie ihrem Ziel kamen, bemerkte er schon.

„Sie machen es aber spannend. Nun sagen Sie schon, wohin soll es gehen?", drängelte er, als das Taxi durch die ostwestfälische Provinz fuhr und nach einiger Zeit Bad Oeynhausen passierte.

„Wie gesagt, es ist ein Geheimnis", wich Bröker aus.

Schlangenbader sollte nicht früher Verdacht schöpfen als notwendig. „Aber keine Sorge, es ist nicht mehr weit."

„Das wird auch langsam Zeit. Schließlich sind wir schon eine Dreiviertelstunde unterwegs. Mit Ihnen zu essen, ist ja schließlich nicht das Einzige, was ich für heute geplant habe!"

Die Stimme des Professors klang inzwischen ziemlich ungehalten, doch er bemühte sich merklich, einen ruhigen Eindruck zu machen. „Übrigens kenne ich diese Gegend ganz gut, meine Frau kam von hier", streute er wie beiläufig ein. Vermutlich begann er den Braten zu riechen.

„So?", gab Bröker daher scheinbar erstaunt zurück. Unterdessen wurde der Taxifahrer langsamer und hielt den Wagen schließlich vor einer Brücke an.

„Hier?", fragte er in den hinteren Teil des Wagens.

„Ja", bestätigte Bröker und erkannte die Stelle anhand eines Fotos, das Gregor ihm im Internet gezeigt hatte.

Drei Polizeiwagen parkten neben der Brücke. Mütze hatte Wort gehalten.

„Macht genau fünfundsiebzig Euro!", verkündete der Taxifahrer.

„Stimmt so!"

Bröker reichte ihm achtzig Euro nach vorne und stieg aus. Der Professor folgte ihm zögerlich.

„Und was wollen wir hier in der Pampa?"

Während Schlangenbaders Worte durchaus in der Lage dazu gewesen wären, Brökers Selbstvertrauen zu erschüttern, bestärkte ihn dessen bebende Stimme darin, dass er mit seinen Vermutungen nicht völlig auf dem Holzweg war.

„Wollen Sie mir sagen, das wissen Sie nicht?", gab er sich daher selbstsicher.

Schlangenbader setzte zu einer Antwort an, doch im selben Moment hörten die beiden hinter sich einen Wagen mit überhöhter Geschwindigkeit heranbrausen. Bremsen quietschten, das Auto kam zum Stehen. Als Bröker sich umwandte, erkannte er van Ravenstijns BMW. Fröhlich winkte der Holländer vom Fahrersitz aus. Neben ihm saß Carolin mit abwesendem Gesichtsausdruck. Schlangenbader erblickte seine Tochter sofort.

„Was machen Sie mit Carolin? Wieso haben Sie sie hierher gebracht? Haben Sie überhaupt das Recht dazu?", stürzte er sich sofort auf van Ravenstijn, als dieser gut gelaunt seinem Sportwagen entstieg.

„Keine Sorge, Sie wissen doch, dass ich Polizeipsychologe bin. Bei mir ist Ihre Tochter in den besten Händen!", entgegnete er vergnügt und half Carolin aus dem Auto. Unsicher blieb diese so dicht am Wagen stehen, dass sie wie festgeklebt wirkte.

„Ich warne Sie, wenn meine Tochter durch das hier einen Rückfall erleidet, mache ich Sie haftbar!", erzürnte sich der Professor, wobei Bröker den starken Verdacht hatte, dass es ihm eher um sich, als um seine Tochter ging.

Auch der Professor bemerkte seine auffällig heftige Reaktion und fügte mit einer vagen Geste ein „Was auch immer Sie vorhaben …" hinzu.

„Wir dachten, die Nachforschungen, die wir hier anstellen, könnten Sie auch interessieren", erwiderte Bröker ruhig.

Der Professor rückte mit einer fahrigen Geste seine Brille zurecht und straffte sich. „Na, dann zeigen Sie mal, was Sie zu bieten haben!" Noch immer hatten seine Worte einen überheblichen Ton.

In diesem Moment tauchte ein Froschmann in einem Schlauchboot auf der Weser auf, stellte auf Höhe von Bröker und van Ravenstijn den Motor ab, ankerte und winkte zu den beiden herüber. Bröker winkte zurück. Dann hielt sich der Taucher etwas an sein Ohr. Bröker winkte noch immer. Doch das schien dem Wassersportler nicht recht zu gefallen. Nachdrücklich deutete er auf ein Gerät, das einem überdimensionalen Handy ähnelte. Bröker verstand, griff in seine Jackentasche, zog ein Walkie-Talkie hervor und schaltete es ein.

„Hallo Bröker. Wir sind inzwischen beim dritten Tauchgang, die Jungs sind 30 Meter hinter der Brücke flussabwärts gerade wieder runter und setzen die Leine neu, um das Suchfeld abzustecken", schnarrte das Gerät, nachdem Bröker es eingeschaltet hatte.

„In Ordnung", bestätigte Bröker und kam sich dabei ziemlich professionell vor.

Van Ravenstijn musste grinsen, als er Brökers dienstbeflissenen Ton hörte. Die Wirkung auf Schlangenbader hingegen war genau entgegensetzt.

„Was machen die da? Soll das ein Witz sein?", fragte er und starrte den Froschmann entgeistert an.

„Finden Sie es denn witzig?", konterte Bröker. Schlangenbader gab keine Antwort. Dafür schien Carolin dem Ganzen mit wachsendem Interesse zu folgen. Sie hob den Kopf, entfernte sich ein paar Schritte vom Auto und deutete auf den Taucher. Kurz darauf begann sie am ganzen Körper zu zittern. Carolins auffälliges Verhalten veranlasste den Professor, mit seinen Vorhaltungen fortzufahren.

„Sehen Sie, was Sie ihr antun!" sagte er mit vorwurfsvoller Stimme.

„Ich glaube vielmehr, sie will uns etwas mitteilen!", entgegnete Bröker. „Meinen Sie nicht auch, Ravenstijn?"

„Und ob sie das will!", bestätigte der Niederländer. „Carolin, was ist? Erinnern Sie sich an etwas?", wandte er sich Schlangenbaders Tochter zu.

Ruckartig riss sich diese daraufhin die Hände vors Gesicht und hielt sich die Augen zu.

„Carolin, erinnert Sie das hier an etwas? Vielleicht an Ihre Mutter? Wie sie verschwand?", drängte der Psychologe sie weiter. Doch die junge Frau schüttelte nur heftig den Kopf und schluchzte leise.

Auch Schlangenbader begann nun, auf seine Tochter einzureden.

„Carolin, du musst das hier nicht mitmachen. Setz dich einfach wieder in den Wagen. Ich rufe meinen Anwalt an und gleich ist alles vorbei."

Mit diesen Worten zog der Professor sein Handy hervor. Doch sein Plan ging nach hinten los.

„Ich habe nichts gesehen, Papa! Bestimmt nicht!"

„Schon gut, Carolin, steig einfach ins Auto, dann wird alles gut."

„Bitte sei nicht böse. Ich hab ganz bestimmt nichts gesehen, die Zimmertür war doch abgeschlossen und ich habe mir die Augen zugehalten! Ich will nicht wieder …"

„Setz dich wieder ins Auto!", unterbrach der Professor seine Tochter nun im schärferen Ton. Diese zuckte zusammen und strauchelte ein paar Schritte rückwärts in Richtung Wagen.

„Hören Sie sofort damit auf!", wandte sich Schlangenbader wieder an van Ravenstijn und tippte dabei hektisch auf seinem Handy herum. „Das wird Konsequenzen haben, das schwöre ich Ihnen. Sie Scharlatan!"

Doch van Ravenstijn war keine ängstliche Natur. Im Gegenteil, die Worte des Professors spornten ihn nur noch mehr an.

„Carolin, wo befinden Sie sich gerade, wenn Sie sich die Augen zuhalten? Im Kinderzimmer? Was dürfen Sie nicht sehen?", versuchte er Schlangenbaders Tochter noch einmal aus der Reserve zu locken.

Die Angesprochene blickte zu van Ravenstijn und öffnete den Mund, um etwas zu sagen. Schlangenbader machte einige Schritte auf seine Tochter zu und hob seinen rechten Arm. Carolin wich erschrocken ein weiteres Stück zurück und stieß mit dem Rücken gegen das Auto.

„Steig jetzt in den verdammten Wagen!", schrie der Professor beinahe und näherte sich weiterhin mit drohenden Gebärden seiner Tochter.

Van Ravenstijn war mit den neuesten Ereignissen sichtlich zufrieden, schien jedoch davon auszugehen, dass Bröker nun übernehmen würde. Zumindest schielte er erwartungsvoll zu diesem hinüber. Bröker überlegte, wie er Schlangenbader Einhalt gebieten konnte, ohne ihn aus seinem Zustand zu reißen, in dem er vielleicht mehr sagte, als er wollte. Doch noch bevor er einen Gedanken hatte fassen können, ertönte erneut das Walkie-Talkie.

„Wir haben etwas gefunden!", schnarrte die elektronische Stimme.

Alle sahen augenblicklich hinüber zu dem Froschmann im Schlauchboot. Alle bis auf Bröker. Der schaute wie Schlangenbader reagierte. Die Ankündigung hatte eine erstaunliche Wirkung auf den Professor. Er wurde aschfahl und begann schwer zu atmen. Einen noch größeren Effekt aber hatte die Nachricht auf seine Tochter.

„Mama!", schrie sie auf. „Mama kommt zurück! Ich wusste es! Florian, sie haben Mama gefunden!" Mit diesen Worten stürmte sie die Uferböschung hinab und auf den Froschmann im Wasser zu.

„Die Bergung ist eingeleitet", verkündete der. „Bald wissen wir mehr. Wir kommen dann bei euch raus, ja?"

Dem Professor trat der Schweiß auf die Stirn. Der Froschmann machte ein Zeichen und das Rauschen im Walkie-Talkie erstarb. Bröker nickte. Der Taucher machte Anstalten, den Anker zu lichten. Inzwischen hatte Carolin das Ufer erreicht.

„Mama! Mama, wo bist du? Ich komme!", schrie sie und stürzte sich in das kalte Wasser.

Endlich schien Schlangenbader die Kontrolle zu verlieren. „Carolin!", keuchte er und lief hinter ihr her. „Du kommst jetzt sofort da raus!"

Doch Carolin war nicht aufzuhalten. Sie stolperte vorwärts, schon reichte ihr das Wasser bis zur Hüfte. „Mama! Maaama!"

„Deine Mutter kommt nicht zurück. Deine Mutter ist tot!", überschlug sich Schlangenbaders Stimme.

Zwanzig Meter von ihm entfernt blieb seine Tochter stehen, als habe eine unsichtbare Hand sie berührt. Bröker konnte förmlich sehen, wie die Energie aus ihr wich. Schlangenbader wandte sich zu van Ravenstijn und Bröker um. Er fasste sich mit beiden Händen an den Kopf. Sein Gesicht sah auf eine unheimliche Weise zerstört aus. „So hören Sie doch endlich auf!"

„Womit sollen wir aufhören?", fragte Bröker mit Unschuldsmiene.

„Das wissen Sie genau!", antwortete der Professor. „Sagen Sie dem Mann, er soll Carolin da rausholen und dann stoppen Sie die Aktion! Ich will nicht, dass die Leiche vor unseren Augen aus dem Wasser gezogen wird!"

„Einverstanden." Bröker schaltete sein Walkie-Talkie an und gab dem Froschmann Anweisung, Carolin an Land zu bringen.

„In Ordnung!", klang es blechern aus dem Lautsprecher zurück und das Boot setzte sich Richtung Ufer in Bewegung, wo Carolin immer noch zitternd im hüfthohen Wasser stand und weinte. Van Ravenstijn und Bröker waren inzwischen an den Professor herangetreten. Der sah unverwandt auf das Wasser, in dem der Froschmann gerade Carolin erreicht hatte und sie ins Boot zog.

„Wie haben Sie das herausgefunden? Und wer sind Sie überhaupt? Ich hätte wissen müssen, dass Sie nur so dusselig getan haben. Wahrscheinlich haben *Sie* die Ermittlungen die ganze Zeit geleitet", flüsterte er, ohne seinen Blick vom Wasser zu wenden, und fuhr sich mit einer Hand durchs Haar. Die andere bedeckte zur Hälfte den Mund, als wolle er sich selbst am Sprechen hindern.

„Das alles verrate ich Ihnen vielleicht später, aber ich denke, nun sollten Sie zunächst einmal etwas erklären", begab sich Bröker in die ihm zugeschobene überlegene Rolle.

„In der Tat, reden Sie! Das wird Ihr Gewissen erleichtern!", fiel auch van Ravenstijn ein. Nun, wo die Situation nicht mehr zu eskalieren drohte, wollte er nicht hintanstehen. Schließlich, so sagte er sich vermutlich, war er vor Ort entgegen Schlangenbaders Einschätzung der einzige Mann vom Fach.

„Ja", seufzte Schlangenbader. „Dies ist der Ort, an dem ich meine Frau versenkt habe. Hier von der Brücke habe ich sie geworfen. Und ich könnte den Anblick ihrer Leiche hier nicht ertragen. Nicht nach all der Zeit, die ich damit verbracht habe, das alles erfolgreich zu vergessen! Aber damit ist es nun vorbei."

Die letzten Worte sprach der Professor so leise, dass Bröker sie kaum verstand.

„Aber hier ist es nicht passiert?"

„Nein", schüttelte Schlangenbader den Kopf und begann sich wieder zu fassen. „Zu Hause. Es gab ständig Streit um die Erziehung der Kinder. Der wurde immer heftiger, je älter die beiden wurden."

Die Sätze des Professors waren kurz, als stünde er schon vor Gericht. Bröker konnte sich vorstellen, dass „Streit" ein Euphemismus war, wenn dieser schließlich in einem Mord geendet hatte.

„Das ist ja ein ganz typisches Verhalten, der Konkurrenzkampf der Eltern", murmelte van Ravenstijn unterdessen, aber niemand hörte ihm zu.

„Meine Frau sagte immer, ich sei zu streng, zu hart gegen die Kinder", fuhr Schlangenbader fort. „Sie wollte den Kindern Freiräume geben. Ich hatte den Eindruck, sie verweichlichte sie. Gerade Florian hatte so wenig Disziplin, der brauchte öfter mal eine harte Hand."

„Und ihre Frau brauchte auch eine harte Hand?", schoss Bröker hinterher. Er hatte den Eindruck, dass er durch diese kleine Provokation eventuell Schlangenbaders Geständnis abrunden konnte.

„Wir haben uns gegenseitig bis aufs Blut gereizt", gab Schlangenbader zu. „Und es stimmt, dass ich mich dabei nicht immer unter Kontrolle hatte und sie geschlagen habe. Aber das war ebenso ihre Schuld."

„Und was geschah nun genau an dem Abend?" Auch van Ravenstijn wollte seinen Teil zur Aufklärung des Falles beitragen.

„Ich kam nach Hause und bemerkte, dass die Kinder wieder ferngesehen hatten. Sie sahen sich immer irgendwelche Schundsendungen an, während meine Frau sonst was tat. Wenn sie hörten, dass ich heimkam, schalteten sie den Apparat immer schnell aus, aber ich konnte fühlen, dass er noch warm war. Wie lang das an dem Abend schon so ging, weiß ich nicht. Friederike hatte so Tage, an denen driftete sie einfach weg, trank, kümmerte sich um nichts und die Kinder waren ohne Aufsicht. Ich habe die beiden am Schlafittchen gepackt und nach oben in ihr Zimmer geschleppt und sie eingeschlossen. Dann bin ich wütend, wie ich war, zu meiner Frau ins Bad, wo sie in der Wanne lag."

Schlangenbader machte eine Pause.

„Und wie fanden Sie Ihre Frau vor?", hakte Bröker nach, der das Gespräch nicht ins Stocken kommen lassen wollte.

„Sie war ganz außer sich vom Krakeelen der Kinder, dabei aber nicht ganz bei Sinnen, weil sie wie so oft zu viel getrunken hatte. Sie schaffte es nicht mal aus der Wanne raus. Sie hat nach den Kindern geschrien und mich beschimpft."

„Und dann konnten Sie Ihre Wut nicht mehr zurückhalten?", folgerte der Polizeipsychologe.

„Nein. Als ich sie dort in der Wanne sitzen sah, überkam mich ein, ich weiß nicht … ein rasendes Gefühl. Ich wollte ihr eine Lektion erteilen, sie widerte mich an, da in der Wanne, ihre Schlaffheit, wie weggetreten sie war. Ich bin auf sie zu, sie hat geschrien, dass ich verschwinden soll, da habe ich sie untergetaucht. Einmal, zweimal, dreimal. Sie hat sich gewehrt, hat geschrien, nach Luft geschnappt. Das haben wiederum die Kinder gehört und in ihrem Zimmer gebrüllt, so kam zu meiner Raserei noch Panik hinzu und ich konnte nicht mehr von ihr ablassen. Und das obwohl ich mir in jedem Moment sagte, hör auf damit. Aber ein Teil von mir wollte offensichtlich nicht aufhören, meine Hände haben nicht losgelassen."

Schlangenbaders Stimme bebte. Bröker konnte sehen, wie der Professor den Abend noch einmal durchlebte.

„Ich habe sie nicht töten wollen", erklärte er dann ruhiger. „Ich wollte ihr nur einen Warnschuss verpassen, es nicht zu weit zu treiben. Aber mit einem Mal hat sie sich nicht mehr gerührt. Erst habe ich es gar nicht glauben können. Doch von dem Moment an, in dem ich begriff, dass sie wirklich tot war, war mir alles egal. Das hat es einfach gemacht. Ich musste keine Trauer verbergen, denn ich habe keine verspürt."

„Und wie sind Sie dann weiter vorgegangen?", fragte Bröker.

„Ich bin zu den Kindern ins Zimmer gegangen und habe sie ins Bett gesteckt. Dann habe ich sie wieder eingeschlossen, bin nach draußen und habe einen Sack für Gartenabfälle geholt. Mit dem bin ich dann wieder nach oben, habe Friederike darin verstaut und aus dem Haus getragen. Die Kinder sollten davon nichts mitbekommen, aber natürlich werden sie gelauscht haben."

„Darum hat Florian auch versucht, Sie anzuzeigen", ergänzte Bröker.

„Diese alte Geschichte haben Sie auch ausgegraben?" Schlangenbader hob erstaunt den Kopf.

Bröker nickte.

„Ja, Florian hat gemerkt, dass der Sack fehlte und irgendwelche Vorstellungen davon gehabt, was passiert ist – die Fantasie eines Kindes in seinem Alter reicht ja noch nicht wirklich aus, um einen Mord zu begreifen. Richtig zusammengereimt hat er sich das Ganze sicher erst später. Aber dass ich etwas Schlimmes mit seiner Mutter gemacht habe und dass sie tot war, das hatte er verstanden. Er hat dann einem Polizisten hier aus der Nachbarschaft eine Anzeige in den Briefkasten geworfen. Ich konnte diesen Versuch aber als die Fantasie eines kleinen Jungen abtun, mit dem es generell nicht leicht war."

„Und warum hat Florian Sie später nie beschuldigt?", erkundigte sich van Ravenstijn.

„Ich habe immer dafür gesorgt, dass ihn seine Angst davon abhält", sagte der Professor. „An dem Tag, an dem ich von der Anzeige erfahren habe, habe ich beispielsweise damit gedroht, Carolin zu bestrafen, wenn er noch einmal etwas gegen mich unternimmt. Und Florian hing an seiner Schwester, hatte sowieso schon immer das Gefühl, sie beschützen zu müssen. Carolin war von klein auf sehr zart besaitet, müssen Sie wissen, und je mehr ich sie zur Disziplin ermahnt habe, desto zerbrechlicher wurde sie. Nach dem Tod von Friederike nahm das noch einmal extrem zu. Sie hat so gut wie mit keinem Menschen mehr gesprochen, auch fast nichts mehr gegessen und ihre ganze Persönlichkeit schien sich einfach nicht mehr weiterzuentwickeln. Mich ließ sie gar nicht mehr an sich heran. Schließlich konnte ich es nicht mehr verantworten, sie zu Hause allein zu lassen. Bis heute ist sie das Mädchen von damals geblieben und lebt in ihrer eigenen Welt."

„Ja", bestätigte Bröker.

Schlangenbader nickte nur kurz. Er schien sich damit abgefunden zu haben, dass Bröker eine ganze Menge mehr aus seinem Leben wusste, als er vermutet hätte.

„Florian war ebenso labil wie seine Schwester. Zwar nicht unbedingt nach außen hin, er hat zumindest früher schon Ärger provoziert, aber letztlich hatte er ein Hasenherz. Und ihm fehlten ja auch Beweise. Er kann ja nicht gewusst haben, dass ich den Sack mit Friederikes Auto hierher geschafft habe. Man kann sich das nicht vorstellen, aber nachts um drei ist die Brücke hier wenig befahren. Zumindest damals war sie es. Ich bin ausgestiegen, habe den Sack mit einem Wagenheber und Werkzeug beschwert und ihn ins Wasser geworfen. Dann habe ich den Wagen in der Nähe des Hauses ihrer Eltern geparkt und bin mit dem Zug zurückgefahren. Das erschien mir die beste Lösung. Falls jemand die Leiche fände, hätte ich nicht gleich unter Verdacht gestanden."

„Wieso?", fragte van Ravenstijn, der anscheinend den Clou noch nicht verstanden hatte.

„Nun, der Fundort der Leiche wäre dort gewesen, wo meine Frau sowieso hinfahren wollte – jedenfalls gemäß dem, was ich bei der Polizei angegeben habe. Und nach ein paar Wochen wäre auch nicht mehr so leicht ersichtlich gewesen, dass meine Frau in unserer Badewanne ertränkt wurde und nicht in diesem Fluss."

„Schlau", murmelte Bröker.

„Aber nicht schlau genug", befand der Professor. „Auch wenn die Polizei mich in Ruhe gelassen hat, weil sie davon ausging, dass Friederike, fertig wie sie war, einem Verbrechen zum Opfer gefallen war, was nicht mehr aufzuklären sei, und mein Sohn mir nichts beweisen konnte, so hat Florian doch immer wieder Andeutungen gemacht, die mich vermuten ließen, dass er sogar ahnte, wo ich die Leiche entsorgt hatte. Mich offen anzuklagen, mir offen ins Gesicht zu sagen, dass ich seine Mutter umgebracht habe, dazu fehlte ihm aber der Mut. Er ist Zeit seines Lebens feige geblieben."

„Immerhin hat er sich selbst umgebracht", warf Bröker ein, der das wenig feige fand.

„Ja, weil es die einzige Art für ihn war, auf meine Tat aufmerksam zu machen", sagte Schlangenbader bitter.

Dabei war Bröker nicht klar, ob der Tonfall größere Enttäuschung über den eigenen Sohn oder über die Entdeckung des Mordes widerspiegelte. „Darum hat er ja auch diesen Selbstmord inszeniert und die Art, wie meine Frau zu Tode kam, nachgeahmt."

Bröker nickte. Genau so hatte er sich das gedacht. Zugleich staunte er, wie nah er mit seiner Rekonstruktion des Mordes dem wahren Tatverlauf gekommen war.

„Und schlussendlich war er damit ja sogar erfolgreich, wenn man das so nennen kann", resümierte Schlangenbader. „Sie sind mir auf die Schliche gekommen, Bröker. Auch wenn ich so jemandem wie Ihnen das wohl am wenigsten zugetraut hätte."

„Nun, ohne meine Hilfe hätte das wohl auch nicht geklappt", meldete sich van Ravenstijn zu Wort. Anscheinend fühlte er seinen Beitrag zu den Untersuchungen nicht ausgiebig genug gewürdigt. „Ich nehme Sie vorläufig fest, Herr Schlangenbader!", fügte er bestimmt hinzu, obwohl zumindest Bröker Zweifel daran hatte, ob ihm das überhaupt zustand.

Gleichzeitig zog der Fallanalytiker sein Telefon hervor und wählte.

„Herr Schewe? Van Ravenstijn hier. Ich habe soeben Herrn Professor Schlangenbader festgenommen."

Offenbar musste Schewe auf der anderen Seite der

Leitung einen mittelschweren Wutausbruch bekommen haben, denn der Holländer kam nicht zu Wort.

„Nein, nein. Nicht für den Mord an seinem Sohn, sondern für den Mord an seiner Frau", versicherte er bei der ersten Gelegenheit, die sich bot.

Wieder folgte eine Pause. Schewe schien zögerlich. Dann aber nickte van Ravenstijn: „Ja, es ist das Beste, wenn Sie selbst vorbeikommen. So können Sie sich ein Bild machen."

Er gab die Adresse durch.

„Wir warten hier. Natürlich. Übrigens können Sie auch die Taucher wieder abziehen, wir benötigen sie nicht mehr."

Zufrieden klappte van Ravenstijn sein Telefon wieder zu.

„Hauptkommissar Schewe wird in einer Stunde hier sein", erklärte er dem Professor. „Bitte setzen Sie sich so lange in meinen Wagen!"

Schlangenbader tat wie ihm geheißen.

„Wissen Sie, was ich ein wenig seltsam finde", wandte sich der Holländer vertraulich an Bröker.

„Nein, was denn?"

„Als ich Schewe sagte, wir bräuchten die Taucher nicht mehr, hat er geantwortet, er wisse nichts von Tauchern. Wieso sind die dann hier?"

„Oh, die habe ich selbst mitgebracht", grinste Bröker. „Ich dachte, sie seien vielleicht nützlich."

Der Froschmann, der sich immer noch um Carolin kümmerte, hatte die letzten Worte zwischen van Ravenstijn und Bröker anscheinend mitbekommen und kam zu ihnen herüber. Als er die Tauchermaske abzog, konnte man Gregor erkennen. Er nickte Bröker anerkennend zu. Bröker nickte zurück.

Kapitel 37
Zu guter Letzt oder ein Roller für einen Roller

Die folgenden zwei Wochen waren für die Polizei anstrengend gewesen, während Bröker langsam wieder in seinen gewohnten Trott geriet. Schlangenbader hatte sein Geständnis im Beisein Schewes wiederholt, der hatte daraufhin nach der Leiche suchen lassen. Gefunden wurde sie jedoch nicht. Inzwischen hatte ein zweites Team auch den Computer von Florian untersucht und dort genau die Dateien sicherstellen können, die Gregor auf den Speicherstick gezogen hatte. Dies bewies zwar nicht einwandfrei, dass Schlangenbader tatsächlich nichts mit dem Tod seines Sohnes zu tun hatte, aber die verbleibenden Verdachtsmomente genügten in diesem Licht nicht für eine Anklage.

Doch all dies beschäftigte Bröker nicht. Er freute sich, dass er endlich wieder tief und fest schlafen konnte, ohne durch Sorgen darüber, zu wenig oder zu viel zu tun zu haben, wachgehalten zu werden. Morgens frühstückte er sein Lachsbrötchen samt Rührei. Gelegentlich bekam Uli, der Ulfs Weggang von allen drei Bewohnern der kleinen Stadtvilla am Sparrenberg am meisten zu bedauern schien, einen Happen ab und den Kopf getätschelt. Das war aber auch das Maximum an Kompromissbereitschaft, die Bröker dem Kater gegenüber aufzubringen bereit war – einen Fernseher, damit Uli weiterhin von seinem Lieblingsplatz aus Reportagen über Tierkliniken schauen konnte, würde er sich nicht ins Haus holen.

Dafür blieb auch gar keine Zeit, denn er war zu seiner intensiven Lektüre der beiden Bielefelder Lokalzeitungen zurückgekehrt. In der *Neuen Westfälischen* hatte

Charly gegen Brökers Bitten eine Artikelserie veröffent-licht, die unter dem Titel „Neues von Mr. Marple" die Aufklärung des Falles Schlangenbader schilderte. Selbst die bezaubernde Jeanette war tatsächlich mit einem Dreimannteam vorbeigekommen und hatte eine Repor-tage zusammengestellt. Noch einmal erlebte Bröker, wie er in Restaurants angesprochen wurde und ihn völlig un-bekannte Menschen auf der Straße grüßten. Und dann hatte noch Schewe angerufen und Bröker und Gregor zum Essen einladen wollen. Doch der Junge hatte dan-kend abgelehnt. Zum Glück fühlte der Kommissar sich nicht beleidigt, ja, vielleicht war er sogar selbst erleich-tert, um solch ein privates Treffen herumzukommen. Je-denfalls schlug er eine Alternative vor, die nicht nur bei Gregor auf große Zustimmung stieß: Die beiden Freun-de sollten einfach Mütze anstelle seiner mitnehmen.

Und so saßen Mütze, Bröker und Gregor schon we-nige Tage später im *Pallas Athene*, einem griechischen Lokal im Bielefelder Westen, zusammen. Von Gregors Aversion gegen die Polizei war an diesem Abend nichts zu spüren, als sie jeder vor einem Lammfilet und einem hervorragenden Rotwein saßen. Er schien Mütze eher als Brökers Freund denn als Polizisten zu sehen.

Bröker schloss genießerisch die Augen, als er sich den ersten Bissen in den Mund schob. „Hm, das ist aber besonders zart", schwärmte er.

Mütze, der auch schon auf seinem ersten Stück Fleisch kaute, nickte zustimmend. Dann kam er auf den Fall zurück, der die drei in das Lokal geführt hatte.

„Sagt einmal, wie seid ihr eigentlich darauf gekom-men, dass Schlangenbader seine Frau umgebracht ha-ben könnte? Und vor allem, woher wusstet ihr, wo er die Frau versenkt hatte?"

Bröker und Gregor schauten sich an. Genau das hatten sie sich in den letzten beiden Wochen auch schon oft gefragt.

„Ganz ehrlich, Mütze?", antwortete Bröker für beide.

„Wir haben eine ganze Menge Glück gehabt."

Alle drei lachten und Bröker spülte sein Geständnis mit einem guten Schluck Wein hinunter.

Als sie fertig gegessen hatten, wischte Bröker sich zufrieden den Mund mit der Serviette ab und wandte sich Gregor zu.

„Dafür, dass ich dir zu so einem köstlichen Mal ganz ohne Hauptkommissar verholfen habe, bist du mir aber noch was schuldig!"

Gregor nickte vergnügt. „In Ordnung."

„Gut. Ich brauche dich und deinen Roller."

„Was? Habe ich das richtig verstanden, du bittest mich, dich auf meiner Vespa mitzunehmen? Was hat es mich für Überredungskünste gekostet, dass du heute Abend auf ein Taxi verzichtet hast!"

Bröker Gesicht zeigte eine Mischung aus Verlegenheit und Vergnügen.

„Inzwischen hat mich der gute Rotwein ja schon etwas mutiger gemacht."

Gregor schüttelte belustigt den Kopf über seinen Freund. „Und wo soll es hingehen?"

„Erst nach Hause, dann nach Werther. Ich habe dort noch etwas zu erledigen."

„Und was? Willst du Ausschau halten, ob dort vielleicht noch irgendwelche Brüder von Schlangenbader ihr Unwesen treiben?", lachte Gregor.

„Nein", winkte Bröker ab und musste auch lachen. „Wenn wir zu Hause sind, zeige ich dir, worum es geht."

Die beiden Freunde verabschiedeten sich von Mütze, nicht ohne Brökers Versprechen, selbstverständlich beim nächsten Heimspiel der Arminia dabei zu sein. Dann stiegen sie auf die Vespa und fuhren Richtung Sparrenburg.

Doch keine Stunde später sah man Gregor mit seinem Freund als Sozius schon wieder Richtung Werther flitzen. Bröker hatte sich dabei den kleinen Roller unter den Arm geklemmt, der ihm zur Flucht vor Schlangenbader verholfen hatte. An dem Spielplatz in der Nähe von Schlangenbaders Haus hielt Gregor an. Bröker stieg umständlich ab, betrat den kleinen Spielplatz und stellte den Kinderroller wieder an den Baum, an dem er gelehnt hatte. Aus der Tasche holte er einen kleinen Zettel, den er am Lenker des Rollers befestigte. Auf ihm stand ein großes „Danke" und darunter ein Satz, der nicht nur an den Rollerbesitzer gerichtet war, sondern – wie Bröker nicht ohne Stolz fand – auch an ihn selbst. All die Wochen vor diesem Fall hatte er schlecht geschlafen, war rastlos und unzufrieden gewesen. Und all diese Gefühle waren nun wie weggeblasen. Wieso fühlte er sich nun so anders? Hatte das alles die Arbeit an dem Fall bewirkt? Bedeutete ihm diese so viel? Der Satz auf dem Zettel jedenfalls lautete: „Manchmal muss man erst etwas wiederfinden, bevor man weiß, wie sehr einem daran liegt."

Pendragon Verlag
gegründet 1981
www.pendragon.de

5. Auflage 2022

Originalausgabe
Veröffentlicht im Pendragon Verlag
Günther Butkus, Bielefeld 2012
© by Pendragon Verlag Bielefeld 2012
Alle Rechte vorbehalten
Lektorat: Eike Birck und Günther Butkus
Herstellung und Umschlag: Uta Zeißler, Bielefeld
Satz: Pendragon Verlag auf Macintosh
Gesetzt aus der Adobe Garamond
ISBN 978-3-86532-352-1
Gedruckt in Polen

Lisa Glauche und Matthias Löwe
Tod an der Sparrenburg

Brökers erster Fall
Krimi, Originalausgabe, 8. Auflage
280 Seiten, Paperback, Euro 13,00
ISBN 978-3-86532-257-9

Bröker ist Privatier und führt in einer der besten Wohngegenden Bielefelds ein beschauliches Leben. Ohne Stress und mit viel gutem Essen. Ein Todesfall in der Nachbarschaft reißt ihn aus seinem Trott und weckt seinen detektivischen Spürsinn. Bröker wittert Mord. Unerwartete Unterstützung erhält er von dem jugendlichen Hacker Gregor, der am Sparrenberg seine Sozialstunden ableisten muss. Als er endlich die Polizei davon überzeugen kann, dass das Opfer nicht an einer natürlichen Todesursache starb, ist der ansonsten eher gemütliche Bröker schon mitten in einem spannenden Fall.

Das Autorenduo Löwe & Glauche legt mit seinem Debüt einen spannenden Krimi vor, der durch seinen Humor, seine liebevoll beschriebenen Charaktere und vor allem durch viel Lokalkolorit zu einem lesenswerten Ereignis wird. »Tod an der Sparrenburg« ist der erste Band einer neuen Krimireihe.

PENDRAGON

Lisa Glauche und Matthias Löwe
Endstation Siegfriedplatz

Brökers dritter Fall
Krimi, Originalausgabe, 2. Auflage
360 Seiten, Paperback, Euro 13,00
ISBN 978-3-86532-432-0

Nach einem sensationellen Sieg der Arminia sitzt Bröker zufrieden auf dem Siegfriedplatz bei einem großen Glas Weizen und genießt den Spätsommer. Doch die lauschige Stimmung wird jäh unterbrochen. Eine in Tränen aufgelöste Mutter vertraut dem wildfremden Bröker ihr Baby an und verschwindet. Als Bröker erfährt, dass der Vater des kleinen Julian ermordet wurde, regt sich der detektivische Spürsinn des eigentlich so gemütlichen Privatiers. Und schon steckt der Mr. Marple von der Sparrenburg wieder mittendrin in einem spannenden Kriminalfall.

Bröker im Einsatz: eigenwillig und mit Humor löst er auch seinen neuen Fall!

PENDRAGON

Matthias Löwe
Almfieber

Brökers vierter Fall
Krimi, Originalausgabe, 3. Auflage
384 Seiten, Paperback, Euro 13,50
ISBN 978-3-86532-597-6

Während eines Fußballspiels bricht ein Spieler der Arminia Bielefeld tot zusammen. Bröker ist schockiert. Noch schlimmer kommt es für den eingefleischten Arminia-Fan, als bekannt wird, dass es keine natürliche Todesursache war. Sofort brodelt die Gerüchteküche, und schnell ist von Dopingmissbrauch die Rede. Bröker kann nicht länger tatenlos zusehen, wie sein Lieblingsverein in den Medien durch den Dreck gezogen wird. Unterstützt von seinen Freunden Gregor, Mütze und Charly ermittelt der Mr.

Marple von der Sparrenburg erneut auf eigene Faust. Dabei trifft er auf dubiose Spielervermittler, redselige Sportmediziner und einen besorgten Zeugwart und gerät immer wieder in skurrile Situationen, die ihn überraschend auf eine heiße Spur bringen ...

PENDRAGON

Matthias Löwe
Leinewebertod

Brökers fünfter Fall
Krimi, Originalausgabe, 1. Auflage
384 Seiten, Paperback, Euro 13,90
ISBN 978-3-86532-659-1

Bei einer Tanzshow auf dem Leineweber-Markt fällt ein Scheinwerfer aus. Als ein Techniker auf das Gerüst über der Bühne klettert, um den Schaden zu beheben, stürzt er zu Tode. Hobby-Detektiv Bröker wird zufällig Zeuge des Unfalls und ahnt: Hier stimmt was nicht! Sein Verdacht bestätigt sich, als die Polizei K.-o.-Tropfen im Blut des Toten findet. Unerschrocken geht Bröker allen Spuren nach. Mit dabei natürlich seine alten Freunde Gregor, Mütze und Charly.

PENDRAGON